가치가 이끄는 삶

<개정판>

가치가 이끄는 삶 〈개정판〉

2013년 3월 18일 초판 1쇄 발행
2024년 4월 15일 개정판 1쇄 발행

지은이   김형민 노영상 문시영 박도현 성신형 오지석
        이상훈 이장형 이재명 이종원 이지성 조용훈
펴낸이   김영호
펴낸곳   도서출판 동연
등 록   제1-1383호(1992. 6. 12)
주 소   서울시 마포구 월드컵로 163-3
전화/팩스 (02)335-2630 / (02)335-2640
이메일   yh4321@gmail.com

ISBN 978-89-6447-001-5 03190

가치가
이끄는 삶

김형민 노영상 문시영 박도현 성신형 오지석
이상훈 이장형 이재명 이종원 이지성 조용훈

개 정 판 에 부 쳐

이 책은 2013년 3월에 나온 책입니다. 어느덧 11년의 시간이 흐른 시점에, 출판사로부터 이 책을 다시 인쇄하자는 이야기를 듣고 여전히 이 책의 효용성이 남아 있다는 반가움과 동시에 아직 이 책이 필요하다는 생각에 양가감정으로 책을 처음부터 다시 살펴보았습니다.

처음 책을 내게 되었을 때 12명의 기독교윤리학자들이 함께 모여서 각자의 관심 주제로 엮었습니다. 이 책의 저자들과 함께 인권, 생명, 생태, 경제, 정치, 경제, 다문화, 복지 등의 사회적인 이슈들과 더불어 기독교인의 정체성에 대한 이야기들을 함께 나누면서 엮은 책입니다. 저자들은 이 책을 통해서 한국 기독교가 조금 개선되었으면 하는 바람이 있었습니다.

10여 년이 지난 이 시점에 책을 다시 보면서, 한국 기독교가 그때보다 지금이 더 후퇴한 것은 아닌가 하는 반성을 하게 됩니다. 다시 이 책이 나와서 앞으로 독자들에게 읽히게 될 10년을 내다봅니다. 10년 후에는 지금처럼 반성과 후회가 남는 시간이 되지 않기를 바라는 마음입니다. 기독교적인 입장에서 보면, 앞으로의 10년은 지난 10년보다 더 어려워질 것 같습니다. 어려운 시대에 이 책이 하나의 작은 촛불이 될 수 있기를 바라는 마음입니다. 감사합니다.

2024년 3월
저자를 대표하여 박도현 목사

머 리 말

이 책은 '기독교윤리'를 가르치며 연구하는 학자들과 목회자들의 필요에 의해 기획되었습니다. 대학 교양과목 시간이나 성숙한 삶을 지향하는 교회 교우들의 성경공부반 등에서 사용할 수 있는 교재가 필요하다는 공통적 인식과 집단적 노력의 결과물인 것입니다. 이러한 책의 저술 목적과 성격을 반영하여 이 책은 이야기를 바탕으로 한 '개념 소개'와 고전에서부터 현실의 삶까지 아우르는 '포괄적 접근'을 통해 누구나 쉽게 이해할 수 있는 글쓰기를 시도하였습니다.

기독교윤리에서 다루어야 할 많은 주제가 있습니다만, 이 책에서 다룬 주제들은 결국 기독교를 향한 비판에 마주서서 한국 사회에서 기독교인으로 살아간다는 것은 어떤 모습으로 드러나야 하는지를 함께 성찰해 보고자 하는 것입니다. 필자들은 그러한 문제의식을 바탕으로 인권, 생명, 생태, 경제, 다문화, 복지, 정치 등 우리 삶의 다양한 문제들로부터 참된 기독교적 윤리의 실천적 대안을 모색하고 있습니다.

책의 구성 방식을 살펴보면 각 장별로 우선 서두에 '이슈의 발견'이 있습니다. 이 부분은 해당 주제에 대한 최근의 이슈 및 관련된 '이야기'를 제시합니다. 다음으로 '개념 빚기'에서는 제시된 이슈와 이야기의 핵심을 찾아가기 위해 관련 기본 개념이 간단히 정리되며, 이어서 강연이 소개됩니다. 강연의 내용은 해당 주제와 관련된 현대 학계의 다양한 논의와 입장들을 소개합니다. 집필한 학자들에 따라 전개 방식이 다소 상이함을 이해해 주시기 바랍니다. 끝으로 해당 주제와 관련된 질문과 대답이 소개되고 있습니다. 이 문제는 다양한 방식으로 토의될 수 있을 것이며, 필자들의 대답 이외에 또 다른 답변도 가능할 것입니다.

오늘날 한국교회가 허약해진 중요한 요인 중 하나가 "윤리적 실천의 부재"임을 부정할 수 없는 상황 속에서 이 기독교윤리 교재가 "기독교인다움"을 회복하며 가치의 부재 및 혼돈을 극복하는 데 일조할 수 있기를 기대합니다. 책이 나오기까지 수많은 토론과 합의의 과정이 있었으며, 때로는 필자들에게 송구할 정도로 글을 다듬고 고치기도 했습니다. 물론 이 작업에 대한 평가는 독자 여러분들의 몫입니다.

분주한 가운데서도 연구소의 기획 의도에 동의하고 귀한 원고를 주신 필자들과 이 책이 출판, 보급되는데 애써주신 여러분께 깊이 감사드립니다.

2013년 2월
니버연구소 윤리교재 간행위원회
편집위원 박도현 오지석 이장형

차 례

1부

사람답게
살아가기

누구를 위한 권리인가

김형민

(호남신학대학교 교수)

이슈의 발견: 이야기로 생각하기

이야기 하나 ☞ 왜 분노하지 않는가

인간의 윤리적 삶에 대한 논의는 인류의 출발과 함께 시작되었다고 해도 과언이 아니다. 그리스의 철학자 아리스토텔레스는 인간의 삶을 '공동체적 삶'(사회성)과 '이성적이며 언어적인 삶'(합리성)으로 구분하고 이 둘은 결코 분리될 수 없다고 말한다. 그렇다면 인간의 사회성과 합리성을 가장 잘 드러내는 가치 개념은 무엇일까? 그것은 아마도 인권의 이념일 것이다. 인권은 오직 인간이 인간이기 때문에 갖는 기본적 권리로서 존엄한 각 개인의 삶에 속한 것이지만 동시에 타인과 함께 공유해야 하는 사회적인 것이다. 얼마 전 제2차 세계대전 당시 나치에 맞섰던 레지스탕스 출신 스테판 에셀Stephane Hessel이 쓴 『분노하라』는 책이 출간

되어 많은 사람에게 큰 감명을 주고 있다. 이 책에서 저자는 인간성을 상실하고 윤리적 방향성을 잃어버린 전 세계 인류를 향해 인권의 정신으로 돌아가자고 호소한다. 에셀은 지금은 '분노의 시대'라고 말한다.[1] 그러나 에셀이 말하는 윤리적, 도덕적 당위로서의 분노가 올바른 방향을 찾지 못한다면 세계는 엄청난 사회적 혼란과 폭력에 휩싸일 수 있다. 그렇다면 무엇을 위한 분노여야 하는가? 오직 정의와 인권을 지키고 되찾기 위한 분노만이 그러한 윤리적, 도덕적 정당성을 부여 받을 것이다.

이야기 둘 ☞ 여성 장애인의 인권

얼마 전부터 우리 사회에선 장애인을 위한 복지 정책의 일환으로 이동 차량을 이용한 목욕 서비스가 제공되고 있다. 중증 장애를 앓는 서모(34) 여인은 최근 A 장애인 단체에서 운영하는 이동 목욕 서비스를 신청했다. 그러나 그 단체에서 알몸 상태인 서 씨를 욕조에 옮기는 작업은 여성 봉사자가 아닌 그 단체의 남자 운전기사가 맡았다. 화들짝 놀란 서 씨가 여성 자원봉사자들에게 자신을 욕조에 옮겨 줄 것을 부탁했지만 서 씨는 오히려 "장애인이 무슨 성별을 따지냐", "다른 장애인들은 아무 불평도 없는데 당신만 왜 그러느냐"는 등 별종 취급을 당했다. 그 후에도 미혼인 서 씨는 목욕 봉사를 받을 때마다 수치심을 느끼지 않을 수 없었다. 서 씨는 자신의 불편함을 보건복지부와 시청 게시판에 올려 보았지만 개선되지 않았다. 주요 장애인 단체들은 인원 부족과 빡빡한 일정 탓에 성별로 나누어 목욕 봉사를 할 수 없다며 이해를 구한다. 결국

---

1 스테판 헤셀(S. Hessel)/임희근 역, 『분노하라』 (돌베개, 2011).

한 주에 한 번 돌아오기도 힘든 목욕 서비스를 받으려면 장애인들은 수치심을 참을 수밖에 없는 것이 현실이다. 한 사회복지관 관계자는 장애인뿐만 아니라 노인들도 동년배 이성에게 자신들의 알몸을 보이는 것을 힘들어하지만, 괜히 말했다가 목욕 서비스를 못 받을까 봐 수치심을 그대로 감수하고 있다고 털어놓는다. 장애인 재활을 위해 도입된 이동차량 목욕 서비스가 서비스 단체의 배려 부족으로 오히려 장애인들에게 깊은 마음의 상처를 안겨 주고 있는 것이다.

이야기 셋 ☞ 정보의 자유와 인권

알 나키라는 쿠웨이트 남성이 2012년 3월 27일 체포된 후 쿠웨이트 중앙교도소에 수감되었다. 그가 트위터에 사우디아라비아와 바레인의 지도층을 비판하고 이슬람교를 모욕하는 메시지를 올렸기 때문이다. 쿠웨이트 법정은 하마드 알 나키에게 징역 10년을 선고했다. 알 나키의 변호사인 알 샤티 변호사는 알 나키의 재판이 진행되는 동안 수사 과정에 참여하는 것은 물론 법정 기록 사본을 확보하는 것도 허용되지 않았다고 말한다. 알 나키는 자신의 트위터가 해킹당했으며, 문제가 된 트위터 메시지는 자신이 올린 것이 아니라고 밝힌 바 있다. 쿠웨이트의 국가보안법 제15조에 따르면 국가안보를 위협하는 것으로 간주되는 발언을 트위터 등을 통해 공개적으로 퍼뜨릴 경우 3년 이상의 구금에 처할 수 있다. 지난 4월 쿠웨이트 의회는 '신과 예언자들, 신의 말씀을 전하는 사람들'을 비난하며 이슬람교를 모욕하거나 신성을 모독하는 행위에 대해 당사자가 공개적으로 뉘우치지 않을 경우 사형에 처하는 법률 개정안을 표결에 부쳤다. 이 법안은 셰이크 사바 알 아흐메드 알 사바 쿠웨이트 국왕이 거부하면서 의회로 돌아가게 됐다. 그러나 의회에서 이를 표결에 부쳐 3분의 2 이상의 찬성표를 얻으면 입법화될 가능성이 여전히 남아 있다. 국제법상 "종교적인" 비난은 사형제를 적용할 수 있는 최소한의 기준인 "가장 심각한 범죄"에 해당되지 않는다.

개념 빛기

1. 인권이란 무엇인가

에셀은 이렇게 말한다: "구체적인 실천 방안까지 명시한 1948년 유엔에서 선포된 '세계인권선언'(Universal Declaration of Human Rights)이 말해준 권리들은 보편적인 것입니다. 만약 여러분 가운데 누군가 이 권리들을 제대로 누리지 못하는 사람을 만나시거든 부디 그의 편을 들어주시고 그가 그 권리를 찾을 수 있도록 도와주십시오." 비판 이론가 벤야민Walter Benjamin의 말과 같이 "문명의 기록은 야만의 기록"이기도 하다. 이러한 야만적 행위는 세대에서 세대로 전수되면서 인류의 기본적 양심을 해쳐왔다. 최근 미국의 법률가 존 커크 보이드J. Kirk Boyd가 제안한 '2048 프로젝트'가 우리 사회에 소개되었다.[2] 세계인권선언 선포 100주년이 되는 2048년까지 모든 국가의 법정에서 집행할 수 있는 세계권리장전 (International Bill of Rights)을 만들자는 21세기 새로운 인권 운동이다. 보이드는 책 서두에서 아인슈타인의 말을 인용하면서 새로운 인권 운동의 의미를 다음과 같이 말한다: "세상은 위험한 곳이다. 나쁜 짓을 하는 사람 때문이 아니라, 그것을 보고도 아무런 행동도 취하지 않는 사람들 때문이다." 지금도 우리 주위에는 시급하게 해결되어야만 하는 수많은 불법행위가 만연하고 있다. 인권은 기능적으로 분화된 현대 사회 속에서 신앙적 삶과 실천을 촉진하는 준거점이다.[3] 하지만 그리스도 공동체

---

2 존 커크 보이드(J. K. Boyd)/최선영 옮김, 『왜 분노하지 않는가』 (중앙북스, 2011).
3 김형민, 『하나님의 권리와 인간의 권리』 (북코리아, 2011), 25f.

는 인권의 신앙적 의미를 오랫동안 잊고 살아왔다. 나치의 홀로코스트 Holocaust를 목도한 후에야 뒤늦게 교회는 인간성의 회복과 인권의 중요성을 인식하게 되었다.

그렇다면 과연 인권(human rights)이란 무엇인가? 인권은 오늘날 매우 다양한 관점에서 논의되고 있기에 간단히 정의하기란 쉽지 않다. 하지만 인권 이념이 지향하는 바는 분명하다. 모든 인간은 존엄한 존재이며, 누구나 태어날 때부터 인간으로서의 기본적 권리를 갖고 있다는 것이다. 1948년 세계인권선언서의 전문은 다음과 같이 말한다: "우리는 인류 가족 모두에게, 그들이 원래부터 존엄성과, 남들과 똑같은 권리와, 남에게 빼앗길 수 없는 권리를 가지고 있다는 사실을 인정해 주어야만 자유롭고 정의로우며 평화적인 세상의 밑바탕이 마련될 수 있다는 점을 인정한다."[4] 이 선언은 인권 이념의 두 가지 측면을 강조한다. 첫째는 모든 인간의 존엄성이다. 인간은 누구나 존엄한 존재로 태어났다. 그런 점에서 인간 존엄성에 기초하고 있는 인권은 국가가 국민에게 양도하거나 부여한 권리가 아니다. 인권은 법보다 선재하며 법은 단지 이를 인정했을 뿐이다. 둘째로 인권은 모든 사람이 향유하는 보편적 권리다. 즉, 인종, 피부색, 정치·종교적 신념, 사회적 신분 혹은 경제적 영향력, 성과 나이, 언어에 구별 없이, 인권이란 단지 인간이기 때문에 누리는 당연한 권리다.

---

4 미셸린 이샤이(M. Ishay)/조효제 옮김, 『세계인권사상사』(길, 2005), 684.

2. 기독교 신앙의 관점에서 보는 인권

창세기 1장에 기록된 말씀과 같이 태초에 하나님께서는 "자기 형상 곧 하나님의 형상대로 사람을 창조하시되 남자와 여자를 창조"(창 1:27) 하셨다. 이 말씀은 인간이 하나님이 지으신 존귀한 피조물이라는 사실을 확인시켜 주신다. 뿐만 아니라 성서는 인권을 인간의 내적 본성보다는 하나님과의 관계 속에서 이해하고 있다. 다시 말해 성서의 관점에서 볼 때, 인권이란 인간의 자율적 권리가 아니라 인간을 자기 형상대로 지으신 창조주 하나님이 자기 피조물과 맺은 그분의 절대적 권리다.[5] 그러므로 기독교적 윤리관에서의 인권은 신권에 근거하고 있다. 다른 인간의 권리를 침해하는 자는 그를 존귀한 자로 지으신 하나님의 권리를 침해하는 자요, 하나님과 대적하며 불경을 저지르는 자다. 그러므로 오늘날 전 지구적 차원에서 인권의 실현은 인간을 창조하신 하나님의 권리를 회복하는 일이기도 하며, 그런 만큼 전 세계의 모든 교회는 서로의 긴밀한 연대를 통해 인권 실현을 위해 노력해야 할 것이다. 글로벌 플레이어Global Player로서의 교회가 세상의 고난을 해결하기 위해 생활로 기도하는 '글로벌 플레이어'가 되기를 소원해 본다.

---

5 김형민, 『하나님의 권리와 인간의 권리』, 109.

기독교 신앙과 인권

1. 신앙의 현실과 인권

우리 기독교인들이 인권을 신앙의 주제에서 배제해서는 안 되는 이유는 무엇인가?

첫째, 하나님이 지으신 이 땅에서 파렴치하고도 불의한 인권 침해가 끊이지 않기 때문이다. 위에서도 언급한 것처럼 태초에 하나님께서는 인간을 그의 형상대로 존귀하게 지으시며 자신과 특별한 관계를 맺고 살아가도록 축복해 주셨다(창 1:26-27; 5:1, 3). 그렇지만 첫 사람 아담으로부터 인간은 죄를 짓고 타락하여 하나님의 존귀하신 형상을 온전히 보존하지 못하였다. 사람들은 아담에게서 하나님께 불순종하는 자신의 모습을 발견하고 인식하게 된다. 인간의 불순종은 결국 불신앙으로 인도되었다. 그렇다면 아담의 불순종으로 인해 인간은 하나님이 선사하신 존엄한 형상을 완전히 상실하고 말았는가? 그렇지 않다. 하나님은 그리스도를 통해 회복의 가능성을 열어 놓으셨다. 사도 바울의 말씀같이 "그리스도는 하나님의 형상"이시다(고후 4:4. 기타 골 1:15상 참조). 인간은 첫 사람 아담의 죄로 인해 자신의 존엄한 형상을 보존하지 못했지만 보이지 아니하시는 하나님의 형상이신 예수 그리스도 때문에 다시 의와 자유를 얻고 존엄한 존재가 되었다. 그런 의미에서 인권의 보존은 전적인 하나님의 은총이다. 이러한 믿음으로 사는 기독교인들은 그분의 형상을 닮아가려고 노력해야 한다. 하지만 우리가 살아가는 사회 곳곳에서 이토록 존귀한 인간의 존엄성이 무시되고 짓밟히고 있다. 이러한 '보편적 불법 경험'은 현대 사회 속에서 인권을 위한 신앙적이며 교회적 책임과 행위를 요청하고 있다.

둘째, 신학의 해석학적 과제이다. 세계인권선언서의 마지막 조항인 제30조는 다음과 같이 선언한다: "이 선언의 그 어떤 내용도 다음과 같이 악의적으로 해석해서는 안 된다. 즉, 이 선언을 해석함에 있어, 어떤 국가, 집단 또는 개인도 본 선언에 나와 있는 권리와 자유를 파괴하기 위한 활동에 종사할 수 있는 권리가 있다거나, 그런 활동에 참여할 수 있는 권리가 있다는 식으로 해석해서는 절대로 안 된다."[6] 아무리 고귀한 믿음과 이념이라고 할지라도 잘못 해석되어 악용되거나 오용될 수 있다. 마치 노아의 세 아들 함, 셈, 야벳에 대한 성서적 기록을 근거로 인종차별을 정당화하려던 사람들과 같이. 그러므로 세계인권선언서 제30조는 인간의 보편적 존엄성을 촉진하고 확정하기 위해선 세계인권선언서가 선포된 역사적 정황과 정신에 따라 각 조항을 바르게 해석해야 함을 강조하고 있다. 이러한 해석학적 과제는 교회와 신학의 과제다. 인간은 어째서 존엄한 존재인가를 묻기는 하지만, 그 근거를 분명히 제시할 수 없는 철학과 달리 신학은 그에 대해 응답할 수 있기 때문이다. 성경은 말씀하신다. 모든 인간은 하나님의 형상대로 존귀하게 지음 받은 존재이며 죄를 지었음에도 불구하고 그리스도로 인하여 회복되었다. 그

---

6 이샤이, 『세계인권사상사』, 694.

러므로 인권은 은혜의 법이요 사랑의 법이다. 법과 도덕과 철학이 어째서 인간이 존엄한 존재인지를 물었다면 신학은 이에 응답한다, 모든 인간은 하나님의 형상대로 지어졌으므로 존귀한 자라고.

2. 인권의 신학

기독교 신학에서 인권은 어떻게 이해하면 좋을까. 일반적으로 종말론, 그리스도론 그리고 창조론이라는 세 가지 관점에서 해석해 볼 수 있겠다.7 먼저 종말론적 관점에서 인권의 신학적 의미를 살펴보자. 광야의 설교자 세례요한은 사람들에게 하나님 나라의 임박한 도래와 심판을 선포하고 회개를 촉구하였다(마 3:7 이하; 21:32; 막 1:4). 회개란 무엇일까? 자신의 뜻을 버리고 삶을 돌이키며 하나님께 돌아가는 화해의 운동이요, 마지막 날의 심판을 생각하며 하나님과 이웃 앞에서 책임적인 삶을 살겠다는 신앙의 결단이다. 회개는 마음의 돌이킴만이 아니라 책임 있는 행위를 통해 이에 합당한 열매(마 3:4)를 맺어야만 한다. 돌이킴이 없는 기독교인의 삶이란 거짓된 것이다. 이는 개인적 차원을 넘어 이웃과 자연으로까지 확대되어야 한다. 후버W. Huber가 말했듯이 모든 기독교인은 너나없이 하나님 앞에서 '보편적 책임공동체'를 이루며 살아가고 있다. 오고 계신 하나님의 종말의 날을 바라보며 이웃을 위한 책임적 삶을 이 땅에서 선취하며 실현하기 위해 노력하는 것이야말로 그리스도인의 책임 있는 자세다.

둘째, 그리스도론에 근거해서 그 신학적 의미를 살펴보아야 한다.

---

7 김형민, 『하나님의 권리와 인간의 권리』, 177ff.

여기서 우리는 그리스도를 통해 인간을 죄에서 자유롭게 하시고 의롭다 하신 하나님의 은혜를 기억한다(롬 1:17; 3: 21하; 10:3). 마르틴 루터는 기독교인을 "의인이요 동시에 죄인"(Simul iustus, simul peccator)이라고 선언한 바 있다.[8] 하지만 의인은 소망(iustius in spe)이며 실제로는 죄인(peccator in re)이다. 그러므로 예수께서도 제자들에게 기도를 가르치시며 '악으로부터의 구원'을 간구하라고 말씀하셨다(마 6:13). 루터는 의인과 죄인이라는 이중적 도식을 통해 두 가지를 강조한다. 무엇보다도 하나님께서는 그리스도를 통해 우리에게 참된 자유를 주셨다. 세속적 인권 사상도 자유를 얻기 위한 투쟁에서 생성되었다. 하지만 이러한 자유 추구가 자신만을 위한 이기적 자유로 변질되거나 이웃의 자유를 희생시키는 반인권적 상황을 흔히 발견하게 된다. 현대 사회가 자신만의 자유를 쟁취하기 위한 전투장이 될 것만 보더라도 알 수 있다. 그러므로 기독교는 진정한 자유란 자기만의 자유나 자율성에 대한 요구가 되어서는 안 된다는 사실을 각인시키고 모범을 보여야 한다. 자유란 그리스도로 인해 우리에게 주신 하나님의 선물인 만큼 사랑을 통해서만 온전히 성취될 수 있다. 갈라디아서 3장 13절에서 이렇게 말씀하신다: "형제들아 너희가 자유를 위하여 부르심을 입었으나 그러나 그 자유로 육체의 기회를 삼지 말고 오직 사랑으로 서로 종노릇 하라."

셋째, 인권의 창조 신학적 이해이다. 하나님은 인간만을 자기의 형상대로 창조하셨다(창 1:27; 5:1; 9:6). 인간의 하나님의 형상은 모든 인간은 평등하고 존귀한 존재요, 하나님과 관계를 맺고 살아가는 존재라는 것을 말씀해 주신다. 하나님의 형상대로 지음 받은 인간은 하나님과의 바

---

8 M. Honecker, *Evangelische Ethik ala Ethik der Unterscheidung* (Münster, 2010), 124ff.

른 관계 속에서만 진실한 삶을 살 수 있다. 만약 이 관계에 균열이 생기면 모든 다른 관계도 무너지고 만다.

3. 인권의 기독교적 기원

오랫동안 인권 사상에 대해 기독교인들이 오해했던 사실이 있다. 그 것은 인권이 반기독교적 역사와 사상에서 유래했다는 생각이다. 프로 테스탄트는 물론 가톨릭교회만 하더라도 인권 이념에 대해 매우 비판 적 입장을 취해 왔다. 그 원인은 근대의 인권 사상이 교회에도 큰 타격을 주었던 프랑스혁명 이념에 뿌리를 두고 있다고 확신했기 때문이다. 혁 명의 주체들은 구체제를 무너뜨리고 인민의 존엄성과 자율성을 쟁취하 기 위해 투쟁하면서 인권 이념을 수구적 통치 구조를 타파하기 위한 사 상적 무기로 삼았다. 당시 프랑스의 가톨릭교회는 국가종교로서 구체 제를 지탱하는 지렛대의 역할을 하였기에 혁명가들은 구체제의 수혜자 인 교회를 적극적으로 공격하였다. 그 과정에서 많은 성직자들과 신자 들이 죽임을 당했으며, 교회 재산은 국유화되고, 심지어 주일까지 폐지 되기도 했다.9 교회는 이에 강력하게 대항하며 인권 이념을 반기독교적 사상으로 배격하였다. 하지만 오늘날 인권 사상에 대한 가톨릭교회의 입장은 매우 다르다. 교황 요한 바오로 2세는 1980년 프랑스를 방문하 면서 프랑스혁명의 3대 이념에 깊은 존경심을 표했는데, 이는 1791년 교황 비오 6세가 프랑스혁명의 자유정신을 하나님의 계시에 위배되는

---

9 프랑스혁명과 가톨릭교회의 역사적 관계에 대해서 한스 큉(H. Küng)/이종한 옮김, 『그리스도교. 본질과 역사』 (분도출판사, 2002), 884f.

가증스러운 철학이라고 판단한 것과 매우 상반되는 태도이다. 또한 요한 바오로 2세는 회칙 '100주년'에서 라틴아메리카, 아프리카 그리고 1989년 동구에서 민주화가 성취된 것은 그동안 인권을 옹호하고 촉진해 온 가톨릭교회의 노력이 대사회적 결실을 맺은 것이라고 평가하였다.

하지만 프랑스혁명만이 근대 인권의 발전에 기여한 것은 아니다. 우리는 여기서 독일의 공법학자 옐리네크G. Jellinek의 주장을 살펴볼 필요가 있다. 그는 1895년 출간한 『인권과 시민권 선언』에서 혁명기의 역사적 상황과 여러 선언서를 자세히 분석한 후 프랑스혁명의 모범이 되었을 뿐만 아니라, 이를 고무시킨 것은 루소의 사회계약론이 아니라 미국 각 주 헌법의 권리장전들(Bills of Rights)이라는 견해를 피력하였다.[10] 이러한 주장은 헌법이 보장한 인권의 이념이 17~18세기 시민혁명에 그 근원을 두고 있는 것이 아니라 더 거슬러 올라가 종교개혁에 그 근원을 두고 있다는 주장이다. 옐리네크는 미국의 권리장전들이 1789년 프랑스 인권선언이 생겨나기 전에 이미 유럽에서 번역·출판되었으며, 그중 가장 오래된 권리장전은 1776년 버지니아 권리선언으로 다른 주의 권리선언의 모범이 되었다고 단정하였다. 그렇다면 어째서 미국은 유럽보다 먼저 이 같은 권리장전을 만들게 되었는가? 옐리네크에 의하면 영국 국가교회의 박해를 피해 미국으로 이주한 청교도들이 교회와 국가의 분리와 종교의 자유를 얻으려는 노력 가운데서 위의 권리장전들이 생겨났다는 것이다. 이와 같은 역사적 검증을 통해 옐리네크는 현대 인권 요구

---

10 G. Jellinek, *Die Erklärung der Menschen- und Bürgerrechte*, R. Schur(hg.), *Zur Geschichte der Erklärung der Menschenrechte*, Darmstadt, 1964, 1-77; 옐리네크/김효전 옮김, 『인권선언논쟁』(법문사, 1991).

의 역사적 기원과 사실적인 모범은 종교개혁 정신에 근거한 종교의 자유라고 주장하였다. 이를 처음으로 성문화한 것이 버지니아 권리선언이고 프랑스 인권선언은 후에 이를 받아들였다고 한다. 예컨대 1631년 영국에서의 박해를 피해 미국 매사추세츠 셀렘Salem으로 이주한 로저 윌리엄스Roger Williams 목사는 교회와 국가의 전적인 분리를 주장하고, 기독교인뿐만 아니라 유대인, 터키인, 이교도, 더 나아가 반 기독교인에게도 종교의 자유를 허락할 것을 요구하였다. 인간의 양심은 각 인간의 것이지 국가의 것이 아니기에 한 국가 내에서 기독교인만이 아니라 모든 사람이 동등한 권리를 향유해야 함을 주장하였다. 그러나 당시 신앙 동지들이 이를 거절함으로써 로저 윌리엄스는 매사추세츠를 떠나 로드아일랜드Rhode Island에 '섭리'라는 뜻의 프로비던스Providence시를 건설하였다. 국가의 영향력은 그 본질상 세상의 영역에 제한되어 있으며 영적인 것에 대해서는 간섭할 수 없다고 믿었던 로저 윌리엄스는 1644년 영국의회에 제출한 한 문서에서 모든 종류의 종교 탄압은 그리스도의 가르침에 전적으로 위배됨을 주장하였다. 그 후 1647년의 로드아일랜드 법전과 1663년 영국 왕 찰스 2세가 로드아일랜드 식민지 및 프로비던스 이주민과 체결한 식민 계약에서 종교의 자유가 최초로 승인된 후 점차적으로 다른 식민지와 국가들에서도 인정받게 되었다고 한다.

엘리네크에 의하면 종교의 자유는 다음 세대에 이르러 다른 요구들, 즉 언론, 출판, 결사의 자유 및 이주의 자유, 임의 체포 금지, 경제의 자유(영국의 세금 징수와 함께) 등으로 보편화되었다고 한다. 결국 엘리네크는 다음과 같은 결론에 이르렀다. "양보할 수 없고 천부적이며 신성한 개인의 권리들을 법률적으로 확정하겠다는 생각은 정치적인 것이 아니라 종교적인 데에 그 근원이 있다. 지금까지 혁명의 업적이라고 간주되어 왔던 것은 사실상 종교개혁과 그 투쟁의 결실이다."[11] 옐리네크는 프랑스혁명이 아니라 종교의 자유를 천부적으로 타고난 각 사람의 권리로 보고, 이를 법적으로 보증하기 위한 퓨리턴들의 정치적 노력 가운데서 현대 인권 사상의 기원을 찾았다. 신학자 렌토르프는 옐리네크의 그러한 주장을 "역사적으로 증명 가능한 인권 이념에 대한 프로테스탄트적 기원론"이라고 높이 평가하였다.[12] 옐리네크의 주장에 대한 많은 반론이 있는 것도 사실이나[13] 인권의 역사적 기원에 대한 이제까지의 편향된 견해를 교정했다는 점에서 그 의의가 크다고 할 수 있다. 먼저 옐리네크의 주장은 근대의 인권 이념을 오직 루소의 사회계약론이나 반교회적인 프랑스혁명의 열매로만 판단하고 공적 자리에서 기독교의 역사적 영향력을 애써 축소시키려는 노력들이 얼마나 무의미한가를 밝혀주었다. 또한 그의 주장은 오랫동안 종교와 신앙과 고백의 문제로 인해 인간의 기본적 자유가 억압되는 경우가 많았으며, 이는 결국 신앙과 종교의 자유가 반드시 해결해야 할 인권의 중심 문제라는 사실을 사례를 통해 역사적으로 반증하였던 것이다. 그러나 인권의 현대적 이념이 기독교에 기원을 두고 있다고 해서 개인적 인격의 인권적 개념이 종교적 권위에 종속되어야 한다는 뜻은 아니다. 인권의 요구는 각 시민의 권리로 인정될 때만이 온전히 실현될 수 있다.

---

11 G. Jellinek, 위의 책. 90.

12 T. Rendtorff, *Vielspältiges: protestantische Beiträge zur ethischen Kultur*, Stuttgart, 1991, 40.

13 김형민, 『하나님의 권리와 인간의 권리』, 276 이하 참조.

이런 것이 궁금해요!

질문 1. 오늘날 각종 비정부 민간단체들의 활동이 활발합니다. 이런 활동이
인권 실현과 어떻게 연결된다고 설명할 수 있습니까?

오늘날 인권 실현을 위한 각종 비정부 민간단체들(NGOs)의 활동이
활발합니다. 특히 각종 기독교 인권 단체들과 교회는 고난 받는 이웃과
연대하며 이들의 권리를 회복하기 위해 노력했을 뿐만 아니라, 다른 민
간단체들과의 연대를 통해서 그 목적하는 바를 효과적으로 이루어 왔
습니다. 국제법적으로 본다면 1929년 2월 11일 이탈리아와 교황 사이에
체결된 조약에 따라 바티칸 도시국가가 세워진 후 교황청은 민간단체
가 아니라 국제법상의 주체적 권리를 인정받았습니다. 세계교회협의회
(WCC) 및 그 산하 단체는 국제법상의 주권을 행사하지는 못하지만, "유
엔헌장 71조"에 따라 공인된 민간단체로서 인권 보호의 영역에서 중요
한 역할을 담당하고 있습니다. 정부 단체와 비교해 집권을 목적으로 하
지 않는 민간단체들은 인권의 실현을 위해 기여할 수 있는 많은 장점을
갖고 있습니다.

첫째, 그 조직의 활동이나 프로그램의 실행에 있어 민간단체들은 국
가적 조직체보다도 융통성을 갖고 있습니다. 즉, 조직의 독립적, 자율적
의사 결정에 따라 구체적, 개별적 인권 문제에 대해 신속하게 대응할
수 있습니다.

둘째, 정부보다 민간단체의 회원들은 적극적인 연대 행위를 통해 그
들이 이루고자 하는 목적을 더욱 적극적으로 성취할 수 있습니다. 민간
단체는 설립 시 제정했던 목적을 중심으로 행동하기 때문에 국가기관

보다 더 많은 신뢰성을 얻고 지속성 있게 일을 추진할 수 있습니다.

셋째, 대부분의 국제적 민간단체는 여러 국가조직의 연합체이기 때문에 다양한 정보를 주고받을 수 있습니다.

넷째, 민간단체들은 어떤 하나의 특별한 문제에 대해 관심을 갖고 모인 집단입니다. 그들은 오랜 경험을 통해 국가기관들이 갖지 못한 전문적 지식을 습득합니다. 이를 통해 민간단체들은 이 분야에서의 권한과 권위를 갖게 됩니다.

다섯째, 민간단체들은 간접적으로는 그의 회원들에 의해 대표됩니다. 이 회원들은 자신의 국가에서는 아직 합의에 이르지 못한 주제나 사안에 대해서도 의견과 행동의 일치를 이룰 수 있습니다. 이를 통해 국제적 여론의 조성도 가능합니다. 예컨대 우리 사회에서는 사형제도에 대한 합의가 이루어지지 않았지만, 기독 교회는 사형제도의 불법성을 지적하고 이의 폐지를 위해 힘쓰고 있습니다.

질문 2. 기독교의 교회는 인권 이념의 계속적 발전을 위해 어떤 신앙적 입장을 지켜나가야 할까요?

기독교 신앙은 현대의 인권 사상과는 서로 다른 지향점을 가지고 있지만 교회의 역사를 통해 설교되고 실천되어 온 "우리 구주 하나님의 자비와 사람 사랑하심"(딛 3:4)이 현대의 인권 사상에 지대한 영향을 주었음을 부인할 수 없습니다. 그러므로 모든 기독교 신앙인은 다음과 같은 입장을 중요하게 여겨야 합니다.

첫째, 인권의 사상적 기원은 다양하나 그 출발점은 전형적인 폭력과 불법의 경험입니다. 인권은 우연한 발견물이 아니라 불법과 폭력이 자행되는 역사 현장에서 요청되고 발전해 온 역사적 성과물입니다. 그런 만큼 기독교와 인권이 만나는 삶의 자리도 인간의 존엄하고도 인간다운 삶이 거부당하는 고난과 불법의 현장이어야 합니다.

둘째, 인권은 인간을 위해 필요한 법적 원리일 뿐이지 하나님 앞에서 요구할 수 있는 절대적 권리는 아닙니다. 현대 세계 사회는 인권 이념을 인간의 공존과 평화를 위해 필요한 절대적 원리로 인정하지만, 기독교 세계는 인권을 복음의 진리에 비해 상대적 가치로만 인정할 뿐입니다. 인권이 실현되었다고 구원이 성취되는 것은 아닙니다. 인권을 구원의 방편으로 삼으려는 생각은 복음의 진리와 일치하지 않습니다.

셋째, 인권은 초법적인 권리로서 인간 존엄의 보편성을 그 출발점으로 삼습니다. 하지만 법이나 국가는 인간 존엄의 보편성을 전제할 뿐, 각 사람에게 존엄성을 부여하지 못합니다. 기독교 신앙과 교회는 성서에 근거해 인간 존엄의 초월적 성격과 보편적 근거를 제시하고 현대 세계 사회 속에서 인권 상황을 개선해 나가기 위한 공동의 노력을 경주해야 할 것입니다.

넷째, 인권은 미래적 성격을 갖습니다. 자신의 헌법을 통해 인권을 폭넓게 보장하고 있는 국가들 가운데서도 인권 침해는 끝없이 계속되고 있습니다. 역사적으로 볼 때 급진적 인권 투쟁은 더 큰 인권 침해를 낳기도 했습니다. 그러므로 기독교의 인권 이해는 오직 오고 계시는 하나님의 종말론적 전망에서 이해되어야 합니다. 우리는 단지 이 세계 안에서 점진적인 인권 실현을 추구합니다.

다섯째, 인권은 법률적 제도화의 과정을 겪습니다. 인권이 처음부터 법규범으로 받아들여지는 것은 아닙니다. 처음에는 단순한 새로운 도덕적 이념으로 표현되거나 프랑스혁명에서와 같이 단순한 정치적 등대의 역할을 하기도 하나 결국에는 법의 모양을 갖추어 성문화되는 과정을 밟습니다.

여섯째, 인권은 사회와 국가의 보편적 합의를 목적으로 합니다. 오늘날 실재하는 사회적 갈등이나 불의 또는 이질성 등은 인권 이념과 같은 이상화된 합의 유형, 곧 보편적 규범으로서의 인권에 대한 논증과 합의를 통해 중재될 수 없다고 주장하는 학자들이 적지 않습니다. 하지만 필자는 현대 사회가 아무리 다원화되었을지라도 보편적 규범의 논증과 합의는 가능하다고 확신합니다. 1948년 유엔총회에서 세계인권선언문이 채택될 때 한 표의 반대도 없었던 사실이 이에 대한 역사적인 증거일 것입니다.

함께 보면 좋을 책들

1. 스테판 에셀(S. Hessel)/임희근 옮김,『분노하라』(돌베개, 2011)

정의로운 분노는 어떻게 가능할까? 2011 올해의 책 중에서 스테판 에셀의『분노하라』를 주목한 까닭이다. 제목이 주는 인상이 강하다 보니 그것만으로도 제목이 파편화되는 경향이 있다. 그럴수록 제목은 균열이 생기면서 단순해져 누군가는『분노하라』를 굳이 읽지 않더라도 얼마든지 내용을 지레짐작할 수 있다. 그럼에도 불구하고 이 책의 메시지는 무관심과는 상당히 거리가 멀었다. 레지스탕스 운동의 백전노장인 저자는 역사를 좀 더 나은 방향으로 진보시키려면 '참여'야말로 자신의 창조적 능력을 발전시키며 삶의 공동체적 가치를 회복할 수 있다고 역설하였다.

2. 김형민,『하나님의 권리와 인간의 권리』(북코리아, 2011)

본서는 두 가지 목적으로 집필되었다. 첫째, 서로 다른 신학적 전통들이 인권을 어떻게 이해하고 있는지 탐구한다. 이제까지 여러 교회와 신학은 자신의 전통에 따라 서로 다른 신학적 논증을 시도해 왔다. 둘째, 인권 신학적 논의와 동향을 살핌으로써 현대 독일 신학계에서 벌어지고 있는 학파 논쟁의 쟁점과 문제점을 소개하고자 한다. 인권의 문제는 1970년부터 본격적으로 시작되어 오늘날에는 독일 사회윤리학계의 핵심 담론으로 제기되고 있다. 특히 신학과 법의 관계, 신학적 인권 이론의 사회적 기능에 대한 논의를 눈여겨보고 있다.

3. 류은숙, 『인권을 외치다!』 (푸른숲, 2009)

세계인권선언, 인간과시민의권리선언, 미국독립선언서 등 인권의 기념비가 된 문헌들을 소개하면서 문헌이 담고 있는 '모든 사람의 권리'란 어떤 맥락에서 등장하게 되었고, 어떤 정치적인 목적과 한계가 있었는지 그리고 그 선언들은 역사를 어떻게 바꿨는지를 자세하게 보여준다. 본문은 다양한 문헌을 인권론의 흐름에 따라 총 4장으로 분류하고 있다. 개인의 자유와 평등을 주창하는 1장 "인권이 우리를 자유케 하리라", 사회권에 대해 설명하는 2장 "인권은 자격을 묻지 않는다", 연대에 기초한 인권론을 이야기하는 3장 "인권으로 미래를 약속하다" 그리고 우리 인권의 현주소를 바라보는 4장 "지금, 여기, 우리, 인권"으로 인권의 어제와 오늘, 보편성과 구체성을 한눈에 볼 수 있다. 또한 3백여 년 전 영국의 인신보호법, 2백여 년 전 프랑스에서 폐지된 단결금지법 그리고 시민불복종, 표현의 자유, 국가인권기구 원칙 등 이미 세계가 약속하고 인정한 권리들이 지금 우리의 일상에서 어떻게 실현되고 있는지를 보여준다. 또한 '모든 사람'에서 소외되었던 노예, 여성, 노동자들이 저마다 자신들의 인권을 얻기 위해 외쳤던 문헌들도 함께 소개한다.

정치
정치 참여 어떻게 할 것인가

박도현

(숭실대학교 겸임교수)

이슈의 발견: 이야기로 생각하기

이야기 하나 ☞ 교회에서 정치에 대한 말을 하지 마라

선거철만 되면 교회에서는 두 가지 현상이 나타난다. 하나는 자기 교회에 출석하는 교인이 후보로 나왔을 때 당을 떠나서 지지를 호소하기도 하고, 예배를 드리는 가운데 광고 시간에 소개하는 경우다. 그로 인해 교회에서 왜 정치인을 소개하느냐는 비판을 받기도 하고, 한편에서는 같은 교회의 교인이 출마했으니 이왕이면 지지해 줘야 한다고 주장하기도 한다. 다른 하나는 교회에서 정치에 대해서 침묵해야 한다는 분위기이다.

만일 교회에서 누군가 어떤 당의 후보를 지지한다면, 반대편을 지지하는 교인들의 반대에 부딪히거나 논쟁을 하게 된다. 그래서 아예 교회에서는 가급적 개인의 정치적 견해를 밝히지 않는 것을 미덕으로 여긴다. 특정인을 강하게 지지하는 교회도 있지만, 그런 뉴스가 언론에 나게 되면 비난을 받게 된다. 그래서 선거철이 되면 대부분의 교회에서는 가급적 지지하는 사람이나 당에 대해서 말하지 않으려고 한다. 이렇듯 교회에서는 오직 은혜로운 이야기만 하고, 세상 특히 정치에 관한 이야기는 하지 않는 것이 좋다고 생각하는 교인들이 많은 것이 현실이다.

이야기 둘 ☞ 노예제도를 폐지하라

유럽이 신대륙을 발견하고 새로운 자원을 착취하기 위해서 아프리카에 식민지를 세우면서 가장 잘못한 일 가운데 하나가 노예제도다. 이들은 피부색이 다른 아프리카 흑인들을 잡아다가 노예로 삼았고, 그것을 발판으로 값싼 노동력을 통해 국부를 쌓았다. 노예제도가 잘못되었다는 것을 알면서도 맞서 싸우는 사람은 거의 없었다.

그러나 모두가 이런 짓에 눈감은 것은 아니었다. 18세기 영국의 의원이었던 윌리엄 윌버포스William Wilberforce는 노예제도가 하나님의 뜻에 맞지 않다는 것을 확신하고 영국에 이 제도를 폐지하는 것을 소명으로 삼아 이를 실현하기에 노력하였다. 윌버포스는 웨슬리의 부흥회에서 회심한 이후 그 당시 영국 사회에 만연했던 노예제에 대한 반대 운동을 전개하기 시작한다. 그는 동료 기독교인 의원들 그리고 양심 있는 기독교인들과 함께 18세기 후반에서 19세기 초반 영국의 노예제도 반대 운동을 주도했으며 영국인의 잠자는 양심을 깨웠다. 그는 목숨을 걸고 많은 비난과 회유와 살해의 위협 속에서도 굴하지 않고 의회에서 아홉 번이나 노예제도폐지법을 상정하였다. 비록 이 법안은 부결되었으나 이에 절망하지 않았다. 그러다 마침내 1833년 영국 하원에서 노예제도를 전면 폐지하는 법안이 통과되었다. 그리고 사흘 후에 윌버포스는 세상을 떠났다. 이렇게 사회 정의를 위해 기독교인은 상식과 신앙의 양심으로 불의에 맞서 싸울 수 있어야 함을 보여 주었다.

개념 빚기

1. 교회와 정치: "가이사의 것은 가이사에게, 하나님의 것은 하나님께 바치라"(막 12:17)

예수의 말씀을 책잡으려고 했던 바리새인들이 예수께 물었다: "가이사에게 세금을 바치는 것이 옳습니까?" 이 질문은 궁금해서 물은 것이 아니라 예수를 궁지로 몰려고 하는 질문이다. 만일 세금을 황제에게 내라고 하면 민족의 반역자이자 친로마적인 인물로 낙인찍혀서 유대인들의 적이 될 것이요, 하나님에게 바치라고 한다면 반로마적인 인물로 로마의 지배를 부정하는 것으로 되어 로마의 군인들에게 잡혀갈 것이기 때문이었다.

여기에 예수께서는 황제의 것은 황제에게 바치고 하나님의 것은 하나님께 바치라고 함으로써 상대방이 아무 말도 할 수 없게 만들었다. 이 말을 들은 바리새인들은 더 이상 할 말이 없었다. 모두 맞는 말이기 때문이요, 그들이 쳐 놓은 함정을 벗어나는 지혜로운 말씀이었기 때문이다. 기독교인은 세상과 하나님 나라의 지배를 동시에 받고 있음을 보여주고 있는 말씀이다. 우리는 하나님 나라를 바라보고 살지만, 살고 있는 땅에는 세속 권력과 나라가 있다. 이 두 세계 사이에 어떤 모습으로 살아가야 하는가가 중요하고, 그래서 기독교인은 정치적일 수밖에 없는 것이다.

니콜라스 월터스토프Nicholas Wolterstoff는 『정의와 평화가 입 맞출 때까지』라는 책에서 종교를 두 가지로 구분한다. 그것은 회피적(avertive) 종교와 형성적(formative) 종교다.[1] 회피적 종교는 세상에 관심을 갖지 않고 더 고상하고 추상적인 것을 얻으려고 하는 종교를 말한다. 반면에 형성적 종교는 우리의 일상의 삶에 문제들에 대해 개혁하려고 한다. 회피적 종교는 중세의 가톨릭을 들 수 있는데, 중세의 가톨릭은 종교적인 열망으로 종교적 의무만을 다하려고 했다. 그 반대로 형성적 종교는 초기 칼빈주의라고 말한다. 칼빈주의는 세상의 사회구조를 개혁하려고 했기 때문이다. 칼빈의 중요한 신학적 개념 가운데 하나인 소명은 모든 기독교인이 하나님께 받은 소명이 있으며, 그 소명을 사회에서 각자가 성실하게 수행하는 것이 중요하다고 보았다. 이는 결국 사회의 개혁을 낳았고, 중세의 기존 질서를 근본에서부터 흔들어 놓았으며, 잘 알려진 막스 베버Max Weber는 『프로테스탄티즘 윤리와 자본주의 정신』에서 칼빈의 소명 개념을 자본주의 발달의 초석으로 보았다. 따라서 교회는 세상에 관여해서는 안 되며, 오직 영적인 것만 추구해야 한다는 견해는 반쪽만 보고 다른 반쪽은 보지 못하는 오류를 범하는 것이다.

2. 교회와 국가의 관계

교회가 생기고 난 후에 로마의 국교가 된 기독교는 많은 변화를 겪게 된다. 그 이전에는 소종파로서 세상과는 상관없이 오직 신앙을 지키며 복음을 전도하는 것에 머물렀다면, 국교가 된 후에 교회는 국가의 모든 일에 책임을 져야 할 자리에 서게 되었다. 즉, 교회는 로마제국의 국교로서 시민들에게 정신적 안정을 주고, 힘들 때 위로와 격려를 주며, 전쟁이

---

1 니콜라스 월터스토프(Nicholas Wolterstoff)/홍병룡 옮김, 『정의와 평화가 입맞출 때까지』 (IVP, 2007), 25-45.

일어나면 승리를 기원해야만 했다. 이제 교회는 국가의 종교로서 점점 제도화되고, 국가의 많은 문제에 자연스럽게 개입하게 되면서 정치에도 관여하게 되었다. 로마의 국교화 이후 중세 시대까지 기독교는 국교로서 국가보다 우위에 있었다. 즉, 중세의 왕권보다 더 강력한 교권을 가진 교회가 되었고, 교회는 국가를 지배하게 되었다.

이 시대의 교회는 철저하게 세상보다 우위에 있어서 세상의 모든 법과 제도, 윤리와 개인의 사생활에까지 영향을 주게 되었다. 이것이 중세의 전반적인 모습이다. 신 중심적 사회의 반동으로 일어난 르네상스를 통해 인간을 재발견하는 인본주의가 등장하게 되었다. 이 같은 교회의 간섭으로부터 국가들이 독립하기 시작하였고, 교회의 국가 개입을 금지하려는 경향이 강해졌다. 그런 전통이 오늘날까지 이어져 교회는 국가에 개입하지 않는 것이 좋다는 통념이 널리 퍼지게 되었다. 그러나 교회가 완전히 국가의 일에 전혀 개입하지 않고 따로 존재할 수는 없다. 만일 그렇게 하고 싶다면 교회는 소종파로 남아서 세상과 등지고 살아가는 길 외에는 없다.

교회와 정치 참여

1. 들어가는 말

기독교는 이 세상을 바라보는 종교가 아니라 내세를 바라보는 종교라고 말한다. 그래서 세상 것에 연연하지 말고 하나님 나라를 위해서 사는 것이 바람직한 태도라고 한다. 교회에서는 정치적인 발언을 하지 않는 것을 좋아하고 그것을 미덕으로 여긴다. 또한 정치는 세속적인 것이어서 교회에서 정치를 이야기하는 것은 옳지 못하다는 편견이 대다수 한국교회의 모습이다. 즉, 교회에서는 세상 돌아가는 이야기보다는 교회 일이나 전도, 성경에 관한 일들만 말하는 것이 은혜롭다고 여긴다.

그런데 가만히 생각해 보면 그 말은 상당히 모순적인 것임을 알 수 있다. 왜냐하면 기독교인들 역시 교회에서만 사는 것이 아니라 더 많은 시간을 세상에서 보내기 때문이다. 기독교는 중세 수도사들처럼 세상을 등지고 조용한 곳에서 영성 생활을 하는 것을 옳다고 생각하지 않는다. 세상 속에서 빛과 소금의 삶을 살아가라고 성경은 말씀하고 있기 때문이다. 세상에서 살아가는 삶은 정치적인 삶이다. 문제는 이러한 정치적 삶을 살아가는 기독교인들이 세상에서는 기독교적 관점으로 정치를 하는 것이 아니라 일반적인 시민들의 관점으로 자신의 정치적 의견을 내세운다는 것이다. 예를 들어 한국의 국회의원 가운데 많은 수가 기독교인이다.[2] 그들이 함께 모여 예배를 드린다는 소식은 들리지만, 그들이 기독교인으로 성서의 가르침을 실천하기 위해서 연대했다는 소리는 들어보지 못했다. 이렇게 된 이유가 무엇일까? 많은 사람이 교회와 정치의 관계에 대해 오해하고 있기 때문이다.

2. 교회와 정치

정치가 무엇인가? 이를 위해 그리스의 철학자 아리스토텔레스Aristotle가 말한 "인간은 정치적 동물(zoon politikon)이다"라는 말을 기억할 필요가 있다. 사람은 혼자 살 수 없고 더불어 함께 살아야 한다는 뜻으로 해석할 수 있다. 이 말은 단순하지만 중요한 말이다. 그것은 오늘 우리의 삶에서 정치가 얼마나 중요한지를 보여주기 때문이다. 정치란 "함께 사는 사람들의 다양한 의견과 생각을 조정하고 합의하여 질서 있고 행복한 사회를 만드는 행위"라고 정의할 수 있다. 즉, 정치란 사람들이 모여 살면서 생기는 의견이나 생각의 불일치를 합리적으로 일치시키는 것이다.

이런 정치의 의미를 잘 설명한 사람은 미국의 여성 정치철학자인 한나 아렌트Hannah Arendt[3]이다. 그녀는 정치란 인간의 복수성(plurality)[4]에서

---

2 「국민일보」 2012년 4월 12일 자에 의하면 19대 국회의원 지역구 당선자 246명을 대상으로 집계한 결과 40%인 120여 명이 개신교 신자인 것으로 파악되었다고 보도되었다.

3 한나 아렌트(Hannah Arendt, 1906~1975)는 독일계 미국 정치철학자로서 전체주의에 반대하여 이상적인 민주 공화국을 진정한 정치 공동체로 제시하였다. 그녀의 저서는 『인간의 조건』, 『예루살렘의 아이히만』, 『전체주의의 기원』, 『공화국의 위기』와 같은 것들이 있다.

4 김선욱, 『정치와 진리』 (책세상, 2001). 이 책은 한나 아렌트의 정치철학을 잘 설명하고 있으며, 정치의 출발점을 인간의 복수성에서 찾고 있음을 잘 보여주고 있다.

시작되었다고 말한다. 복수성은 한 사람이 아닌 다수의 사람이 있으면서 서로 다른 생각과 의견들을 가지기 때문에 생기는 것이다. 이는 아리스토텔레스가 말한 "인간은 정치적 동물"이라는 정의와 상통한다. 사람들의 생각과 의견이 다를 수 있기에 어떤 일을 하기 위해서는 상호 합의를 하거나 하나의 의견에 동의할 수 있도록 하는 것이 중요한데, 이것이 바로 정치다. 그런 점에서 우리의 삶의 많은 행위가 알고 보면 정치적 행위들이다. 기독교인들은 우리 사회에서 기독교의 정신이나 정의를 적극적으로 알리거나 기독교 사상으로 정치를 행하는 것을 주저한다. 한국의 전·현직 대통령 가운데는 장로 대통령이 세 명이나 있었다. 그런데 이들은 기독교인으로서 기독교의 가치관이나 사상을 가지고 대통령직을 수행하지 않았다. 그것과 상관없이 종교와 정치는 분리되어야 한다는 생각으로 기독교와는 상관없는 정치를 했을 뿐이다. 이들이 믿는 종교가 기독교였을 뿐 기독교적인 가치관과 비전들을 정치에 반영한 것은 아니기 때문이다. 그런데도 한국교회는 이들로 인해 비난받을 때가 여러 번 있었으며, 그런 비난을 받았던 것에 대해 전체 한국교회 입장에서는 받아들일 수 없는 점이 있음은 분명하다.

3. 교회와 정치의 역사적 관계

기독교인이 정치를 해야 하는 이유는 성경에서 찾아볼 수 있다. 하나님은 이스라엘 백성들에게 율법을 주시면서 그 안에 약자를 어떻게 대해야 하는가를 말씀하셨다. 특히 성경은 "객客과 고아와 과부"에 대한 관심이 많다. 신명기 14:29; 16:11, 14; 24:17, 19, 20, 21이 대표적인 본문들인데, 이 중 한 구절만 보자.

너와 네 자녀와 노비와 네 성중에 있는 레위인과 및 너희 중에 있는 객과 고아와
과부가 함께 네 하나님 여호와께서 자기의 이름을 두시려고 택하신 곳에서 네
하나님 여호와 앞에서 즐거워할지니라(신 16:11).

여기서 '객과 고아와 과부'는 가장 가난하고 힘든 삶을 살아가는 사람들을 대표한다. 하나님은 이들에게 관심을 가지라고 하시며, 그 공동체 안에서 생기는 빈곤의 문제는 개인이 아니라 공동체 모두의 책임임을 말씀하고 있다.

바리새인들이 예수께 가이사(황제)에게 세금을 바치는 것이 가可하냐고 질문했을 때, 예수께서는 "가이사의 것은 가이사에게, 하나님의 것은 하나님에게 바치라"(마 22:21)고 했던 것을 한편으로는 가이사로 대표되는 세속 권력 기구인 국가와 하나님의 나라를 분리하여 생각하라는 의미로 해석할 수도 있다. 성경은 정치권력이 하나님께로부터 온 것이라고 인정한다. 그러나 하나님의 뜻에 어긋난 정치권력에 대해서는 저항할 수 있어야 한다는 주장도 있다. 그 대표적인 사람은 독일의 신학자이자 목사였던 본회퍼Dietrich Bohnhoeffer(1906~1945)였다. 그는 다른 나라와 전쟁을 일으키고, 많은 국민의 자유와 권리를 억압하며, 유대인들을 정당한 이유 없이 죽이고, 오직 독일을 세계의 대국으로 만들려고 하는 히틀러의 야욕에 대항하였다. 그래서 그는 히틀러를 암살하려는 계획에 가담하였다가 붙잡혀서 순교하였다. 본회퍼는 정치권력이 오직 하나님의 뜻에 합당할 때만 정당화될 수 있는 것으로 생각한다. 그에게 교회의 영역은 사랑이지만, 세상의 영역은 정의라고 여겼다. 그는 믿음과 행위를 구분하는 것을 넘어서 둘 모두를 세상과 일치시켜야 한다고 생각했으며, 수많은 사람에게 죽음과 고통을 주는 히틀러를 악의 화신

으로 보고 그 악을 제거함으로 더 많은 사람을 구하려고 했던 정치참여형 기독교인이었다.

그렇다면 기독교 역사 속에서 교회와 정치는 어떤 관계였을까? 기독교 역사를 보면 초대교회는 세상에 대해 별 관심이 없었다. 초대교회 교인들은 주님이 속히 재림하기만을 고대했다. 그러나 주님의 재림은 지연되고, 로마에 기독교인들이 점점 많아지게 되면서 문제들이 생기기 시작했다. 기독교는 그 당시의 로마를 유지했던 제국주의적인 제도와 여러 면에서 반대되는, 즉 로마의 입장에서 보면 반체제적인 면이 있다. 로마의 기독교 박해는 단순한 박해가 아니라 사실은 기독교가 로마의 기존 사회체제, 즉 정치·경제·사회적 면에서 위험하다고 보았기 때문이다. 예를 들어 사도 바울이 "헬라인이나 유대인이나 할례파나 무할례파나 야만인이나 스구디아인이나 종이나 자유인이 차별이 있을 수 없다"(골 3:11)고 말한 것은 이미 계급으로 사회를 유지하던 로마에게 커다란 위협이 된다. 노예제를 근간으로 하는 사회에서 모두가 주 안에서 평등하다고 말하는 것은 로마제국의 사회 질서를 근본에서부터 흔드는 것이기 때문이다. 이로 인해 교회는 핍박 받게 되었지만, 그럼에도 희망이 없던 사람들에게 희망의 복음을 주었던 교회는 A. D. 313년 콘스탄티누스 1세 황제의 밀라노칙령을 통해서 공인된 종교가 된다. 그리고 392년에 테오도시우스 황제가 기독교가 로마의 국교임을 선언하게 되어 결국 기독교는 제국의 국교가 되었다.

국교가 된 기독교는 엄청난 변화를 경험하게 된다. 지금까지 세상에 관심이 없던 기독교가 이제는 로마제국을 이끌어가는 정신적, 영적 기둥이 된 것이다. 이 일로 인해 교회는 제도를 만들고, 군대에 복무하는 것을 인정하게 되고, 전쟁도 정의로운 전쟁은 가능하다고 선언하게 된다. 이를 콘스탄틴주의(Constantinism)라고 하는데, 즉 작은 종파였던 기독교가 로마제국의 국교가 됨으로써 이루어진 기독교의 변형을 총체적으로 말한다.[5] 그 뒤 기독교는 르네상스 이전까지 세상을 지배하는 종교이면서 동시에 정치적 집단이 되었으며, 기독교의 현실적인 모습인 교회는 유일한 정치적 권력 기구로서 유럽 사회를 천 년 이상 지배하게 된다. 이후 유럽은 기독교의 지배 체제하에서 정치, 사회, 문화 전반에 걸쳐 지대한 종교적 영향을 받게 되었다.

그러나 기독교에 의한 신정 일치적 지배 체제는 로마 시대를 지나 중세에 이르러 왕권보다 교황의 권력이 더 커지면서 많은 문제를 낳았다. 즉, 교회가 국가 위에 있으면서 세속 정치에 깊이 개입함으로 가톨릭 교회 스스로 부패의 깊은 수렁 속으로 빠져들게 되었으며, 초대교회와의 모습과는 완전히 다른 타락한 교회로 변모하였다. 초대기독교의 교부였던 아우구스티누스Augustinus는 정치란 죄성罪性에 깊이 물든 사회적 인간의 삶이 왜곡된 형태라고 보았다. 그래서 그는 세상의 정치를 그다지 신뢰하지 않았다. 오히려 교회가 교회답게 회복되었을 때 세상에 더 깊은 영향을 준다고 보았다. 그러나 신의 이름으로 지배되었던 중세의 기독교는 하나님의 뜻에서 멀어져 제도와 법으로 경직되고 죽어가는 종교가 되었으며, 이에 대한 반동으로 나온 것이 르네상스Renaissance 운동이다. 르네상스 운동은 다시 그리스-로마 문화로 돌아가자는 운동인 동시에 인간을 긍정하고 인간에 관심을 가지자는 운동이다. 그 이후 르네상스와 계몽주의를 거치면서 교회 내에서는 종교개혁 운동이 촉발되게 되었다.

---

5 박도현, 『정의로운 전쟁과 평화주의』 (예영커뮤니케이션, 2010), 134-137.

종교개혁의 목적 역시 다시 초대교회로 돌아가자는 운동이었다. 로마 가톨릭과 같이 교회가 국가를 지배하게 되면 결국 교회는 타락하게 된다는 것을 보았기에 종교개혁자들은 초대교회의 순수한 교회로 다시 돌아가자는 운동을 전개한 것이다. 그러나 종교개혁자인 마르틴 루터 Martin Luther나 존 칼빈John Calvin도 정치에 대해서 관심을 갖지 말라고 하지는 않았다. 그들 역시 기독교인이 세상에 관심을 가져야 한다고 생각했다. 종교개혁의 첫 불을 당긴 루터는 기독교인들은 두 왕국에 속해 있다고 했다. 하나는 하나님의 나라이고, 다른 하나는 세상의 나라이다. 그는 하나님의 나라뿐 아니라 세상의 나라 곧 정부에게도 복종해야 한다고 주장했다. 다만 세상의 통치자들이 하나님의 계명에 위반될 때는 과감하게 저항해야 한다고 주장하였으며, 더 나아가 불의한 군주를 따라가서는 안 된다고 하였다. 종교개혁 이후 유럽은 왕정을 거쳐 민주주의가 성립되면서 자연히 정교분리가 이루어졌으나, 기독교 사상이나 비전을 가지고 정당을 만들어 정치에 참여하는 전통이 지금까지 이어지고 있다.

한편으로 기독교는 신대륙 미국에서 새로운 부흥을 맞이하게 된다. 박해받던 유럽의 청교도들이 신대륙 미국으로 가서 새로운 하나님의 나라를 만들기 위해서 노력한 결과이다. 미국은 신앙의 이름으로 시작된 나라가 되었다. 하버드, 예일과 같은 대학 교육은 모두 목회자를 양성하는 신학교에서 출발하였다. 미국은 기독교 신앙에서 출발하여 거대한 제국이 되었기에, 현재의 미국은 신앙과 정치를 구분하려고 하지만 실제로는 정확하게 분리하기가 쉽지 않다.

미국의 기독교는 현재 보수와 진보로 나뉘어 있으며, 대통령 선거 때마다 극심한 분열과 논쟁으로 뜨겁다. 보수적이고 근본적인 성향을 가진 기독교 진영은 공화당을 지지한다. 그들은 후보자의 정견을 들은 후에 자신들의 이해에 맞으면 지지를 선언하고 모금을 하여 도와준다. 예를 들어 낙태 문제에 대해 어떤 입장인가를 묻고 그 대답에 따라 지지 자를 결정하는데, 기독교는 선거전의 당락을 좌우할 만한 능력을 가진 거대한 세력이다. 반대로 진보적이고 자유주의적인 기독교 진영은 민주당을 지지한다. 그들은 정의와 평화를 주장하며 공화당의 패권주의와 소수의 부자를 위한 정책에 반대한다. 특히 진보적 기독교 진영의 대표인 짐 월리스Jim Wallis는 그의 책『하나님의 정치』에서 기독교와 정치에 관한 새로운 비전을 제시하고 있다. 그는 기꺼이 현실 정치에 개입하여 공공연하게 부시의 이라크 침공을 반대하고, 계층 간 빈익빈 부익부 貧益貧 富益富 현상의 본질에 대해 비판하며, 인종 문제에까지 기독교적 이념의 목소리를 높이고 있다. 동시에 이제 기독교인은 세상의 변화에 참여해야 한다고 독려한다.[6] 이렇듯 미국의 기독교는 보수든 진보든 정치에 적극적으로 참여하며 자신들의 목소리를 내고 있다.

그런 가운데 새롭게 부각하고 있는 미국의 메노나이트파 신학자인 존 하워드 요더John. H. Yoder는 그의 저서『예수의 정치학』을 통해 예수께서 정치적이었던 사실을 잘 보여준다.[7] 사실 보수적인 기독교에서 예수는 정치에 상관하지 않으시고, 오직 하나님 나라와 병든 자들을 치유하시는 데 관심을 가지셨다고 생각했었다. 그러나 요더는 예수가 정치적이셨으며, 다만 그는 비폭력의 정치를 통해 교회의 정치화가 아닌 세상

---

6 짐 월리스(Jim Wallis)/정성묵 옮김,『하나님의 정치』(청림출판, 2008). 이 책은 기독교인이 어떻게 정치에 참여해야 하는가를 잘 보여준다.

7 존 하워드 요더(John. H. Yoder)/신원하 · 권연경 옮김,『예수의 정치학』(IVP, 2007). 이 책에서 요더는 예수의 정치성을 잘 드러내고 있으며, 예수의 정치는 세상의 평화를 이루기 위한 것임을 주장하면서, 결론적으로 기독교인은 평화주의자가 되어야 하며, 그 길이 예수를 따르는 제자의 길이라고 말한다.

의 기독교화를 추구했다고 주장한다. 요더는 이를 통해 정치는 정치가만이 하는 것은 아님을 제시했다. 기독교인이 교회를 바르게 하는 것도 정치적 행위이며, 동시에 세상에서 기독교의 가치관과 비전을 가지고 살아가는 것 역시 정치이다. 요더가 주장한 것처럼 우리 앞에는 세상을 기독교화하는 일이 사명으로 주어져 있다. 이 말은 단순히 기독교인이 많아지게 하라는 의미가 아니다. 하나님의 뜻대로 모든 사람이 행복한 삶을 살고, 정의가 살아있으며, 객과 고아와 과부로 대변되는 가난한 자들이 기쁨을 얻으며 살아가는 세상을 이루는 것이다. 거기에 예수의 사랑과 평화가 넘치는 세상이 되게 하는 것이 기독교화의 핵심이다.

4. 기독교인이 정치에 참여하는 이유

기독교인은 정치에 참여해야 하는가? 물론 참여해야 한다. 그 이유는 다음의 세 가지로 정리할 수 있다.

첫째, 국민의 의무이기 때문이다. 우리는 세상에 대한 책임을 버릴 수 없으며, 기독교인 역시 대한민국의 국민이다. 국민으로서 정치에 참여하는 것은 당연하다. 다만 그냥 참여하는 것이 아니라 기독교적인 정신을 가지고 참여해야 하며, 분명한 목적이 있어야 한다. 그 목적은 세상을 하나님이 원하시는 정의로운 세상으로 만드는 것이다.

둘째, 신앙의 자유를 유지하고 복음 전파와 기독교의 가치관과 문화를 세상에 전해야 하기 때문이다. 기독교는 세상 속에서 복음을 전파하며 지금까지 존재해 왔다. 세상에 복음을 전하기 위해서라도 우리는 적극적인 정치적 참여가 필요하다. 동시에 세상의 문화와 구별된 기독교문화를 확산시킴으로 세상의 빛과 소금의 역할을 감당해야 한다.

셋째, 하나님의 정의를 이루기 위해서이다. 하나님은 이 땅에 정의가 이루어지기를 원하신다. 하나님의 관심은 늘 '객과 고아와 과부'에게 있음을 성경은 말한다. 가난한 자와 약자에 대한 세상의 관심은 미약하다. 오늘날 기독교는 세상이 외면하는 가난한 자와 약자에 대한 배려와 사랑을 보여야 한다. 그런 사랑을 보여줌으로써 교회는 세상의 소망이 되어야 한다. 더 나아가 사회 정의에 대한 관심을 가져 구조적인 악을 드러내고, 개선할 수 있는 방안을 모색하며, 세상에 대해 외쳐야 할 것이다. 불의와 부조리에 침묵하면서 오직 심령의 구원에만 관심을 갖는 것은 현실의 아픔을 외면한 시대착오적인 생각이다.

기독교인들은 세상에서 살아간다. 그러므로 많은 사람들이 세상의 잘못된 구조와 어그러진 제도로 인해 피해를 당하고, 노력해도 노력한 만큼의 대가를 받지 못하며, 가난을 대물림하고 있는 사회적 현실을 보고도 그 모든 구조적 모순을 단순히 개인의 노력 부족으로 돌리고 외면하는 것은 옳지 못하다. 교회와 신앙인들은 개인 구원도 중요하지만 사회 구원도 중요하다는 것을 놓치지 말아야 한다. 사회에서 개인은 도덕적일 수 있지만 집단이 되면 비도덕적일 수밖에 없다는 라인홀드 니버Reinhold Niebuhr의 입장8을 따른다면, 개인이 도덕적인 삶을 사는 것만으로 세상은 바뀌지 않기 때문이다. 제도와 사회 시스템이 바뀌어야 하고, 그것을 위해서는 교회라는 힘을 가진 조직이 세상에 영향을 미쳐서 기독교적 가치관과 사상이 이루어지는 제도와 시스템으로 바꾸어 나가야

---

8 라인홀드 니버(Reinhold Niebuhr)/이한우 옮김, 『도덕적 인간과 비도덕적 사회』 (문예출판사, 2000). 니버는 개인적으로는 어느 정도 윤리적일 수는 있으나 공동체나 국가가 되면 공동체의 이익을 위해 개인의 목소리는 묻히게 된다고 보았다.

한다.

　기독교가 국교였던 유럽을 보면 대부분의 나라에는 기독교적인 가치관과 정책들을 펴는 정당들이 있다. 네덜란드에서는 1901년에 아브라함 카이퍼Abraham Kuyper 목사가 수상으로 재임하면서 기독교인으로서 정치를 하였다. 물론 그에 대한 정치인으로서의 평가는 논외로 치고, 중요한 것은 기독교 정당으로 정치에 참여한다는 것이다. 그 외에도 독일을 비롯한 여러 유럽 나라들에서도 기독교라는 이름을 단 정당들이 존재하고, 집권도 하고 있다. 이러한 모습을 보더라도 기독교적인 정치가 가능한 것이라고 할 수 있을 것이다.

　그러나 한국처럼 타 종교가 문화적으로 지배하고 있으며, 동시에 여러 종교가 존재하고 있는 다종교적인 상황에서 기독교가 정치에 나서는 것은 조심해야 한다. 우리의 정치적 지형이 유럽과는 사정이 많이 다르기 때문이다. 타 종교와 함께 공존해야 하는 한국적 상황에서 한 종교의 정당화나 적극적인 정치 참여는 다른 종교에 영향을 주거나 경쟁적 정치 구조를 만들 수 있다. 지난 총선에 기독교의 한쪽에서 '기독당'이란 정당을 만들었다. 그 정당에 대해 대부분의 기독교인이 우호적이지 않았다. 그 이유에는 기독당을 만든 사람들의 면면이 기독교를 대표하고 있지 못하기도 했지만, 기독교인들의 정치 참여에 대한 부정적 인식과 정치와 종교는 분리되어야 한다는 생각이 여전히 우리 사회를 지배하고 있기 때문이다.

5. 나가면서: 우리는 어떻게 행해야 하는가

　몇 년 전부터 우리 사회에 많은 영향을 미치는 책이 미국의 정치철학자인 마이클 샌델Michael J. Sandel이 쓴 『정의란 무엇인가』이다. 이 책은 지금도 베스트셀러 목록에 오르고 있다. 잘 읽어보면 결코 쉬운 책은 아니다. 그런데도 잘 팔리는 이유에 대한 여러 해석이 있지만, 모두가 인정하는 것은 오늘 한국 사회에 정의가 필요하기 때문이라는 것이다. 즉, 한국 사회가 부정의하다는 것, 잘살게 된 것 같기는 한데 경쟁은 끝이 없고, 살기는 더 어렵고, 미래는 불투명하고, 정의로워야 할 정치 지도자나 국가기관은 그렇지 못하다는 것에서 오는 실망감과 새로운 대안을 찾아보고자 하는 독자들의 생각이 샌델의 책을 베스트셀러로 만들었다고 본다.

이렇게 하나님의 정의로부터 멀어진 세상을 살아가는 이 땅의 기독교인들은 이제 무엇을 해야 할까? 마땅히 정의를 실천해야 한다. 정의를 어렵게 생각할 필요는 없다. 개인윤리적인 면에서 본다면 상식과 양심이 정의를 가능하게 한다. 세상의 모든 일에 상식만 가져도 우리는 올바른 시민으로 살아갈 수 있고, 상식만 있어도 바른 삶을 살아갈 수 있다. 투기해서는 안 된다는 것, 세상에 공짜로 쉽게 돈을 벌 수 있는 방법은 없다는 것을 아는 것이 상식이다. 또 하나 양심이 필요하다. 양심은 인간 내면에서 들리는 하나님의 음성이다. 이 양심이 살아있다면, 기독교인은 세상에서 바른 삶을 살아갈 수 있다. 양심이 실종된 사회, 비상식이 상식이 되는 사회에서 상식과 양심만 잘 지키고 살아가기만 해도 정의를 행하는 것이다. 그런데 개인윤리적인 면에서 상식과 양심으로 살아가는 것으로는 부족하다. 개인이 아무리 노력해도 사회 정의가 이루어지지 않으면, 정의는 이루어지지 못하기 때문이다.

그러므로 기독교인은 사회 정의에도 깊은 관심을 가져야 한다. 사회 정의를 위해서 기독교인은 세속의 가치가 아닌 하나님 나라의 가치를 갖고 세상의 정치에 참여해야 한다. 개인의 이익이나 집단의 이익이 아닌 하나님의 관점에서 세상이 어떻게 해야 하나님의 원하시는 나라로 이루어질 것인가를 깊이 생각하고 살아가야 한다. 그 길은 결코 쉬운 길은 아니다. 그러나 하나님께서 원하시는 일은 하나님의 정의가 이루어지는 세상이요, 올바른 상식이 통하는 세상임은 분명하다. 그러한 하나님의 세상을 이루기 위해 우리는 정치에 관심을 가지고 살아야 한다. 이것이 신앙인으로서 우리에게 주어진 과제이며, 정치에의 참여는 그것을 사회적으로 실현하기 위한 첫걸음이다.

예수께서 나사렛에 사실 때 안식일에 회당에 들어가서 성경을 읽으셨다. 그 본문이 바로 이사야 61:1 이하의 말씀이었다:

주의 성령이 내게 임하셨으니 이는 가난한 자에게 복음을 전하게 하시려고 내게 기름을 부으시고 나를 보내사 포로 된 자에게 자유를, 눈 먼 자에게 다시 보게 함을 전파하며 눌린 자를 자유롭게 하고 주의 은혜의 해를 전파하게 하여 하심이라(눅 4:18-19).

우리가 세상에서 정치에 참여해야 하는 가장 큰 이유는 바로 예수의 말씀처럼 세상 사람들에게 참된 희망의 복음과 정의를 이루기 위해서이다. 정의를 이루는 과정이 바로 정치요, 기독교인이 세상에서 복음을 전하며 살아가는 모습이다. 정의를 향한 걸음과 복음 전도는 다른 것이 아니라 같은 것이다. 교회가 세상의 빛이 되는 것은 추상적인 설교나 공허한 사랑을 말하는 것이 아니라 현실에서 예수의 십자가의 길을 구체적으로 실천하는 것으로 나타나야 한다. 기독교인의 정치 참여는 예수의 십자가의 길을 걸어가는 것일 뿐이다.

이런 것이 궁금해요!

질문 1. 우리 교회 교인 가운데 한 분이 공직 선거에 출마했습니다. 기독교인으로서 이분을 무조건 지지해야 합니까?

실제로 이런 경우가 한국교회에 종종 있어 왔습니다. 이런 경우 대개 목사님이 광고 시간에 소개하거나 인사를 시켜줌으로써 교인이 후보로 나왔다는 것을 알려줍니다. 이는 말은 안 하지만 선거에서 교회 교인이 당선될 수 있도록 밀어달라는 말과 같습니다. 만일 같은 교회에 다닌다고 찍어준다면, 이는 같은 학교를 졸업했거나 동향이라는 이유만으로 찍어주는 것과 다를 바가 없게 됩니다.

앞에서도 설명했지만 우리나라는 아직 기독교 정당이 성공하지 못하고 있습니다. 이는 그 정당에 참여한 사람들이 기독교인으로서 정체성을 가지고 정치를 하는 것이 아니라, 정치를 하려고 하는데 단지 자신의 종교가 기독교일 뿐이라는 데 그치기 때문입니다. 그러므로 우리가 단순히 같은 교회의 교인이라고 해서 그 사람에게 투표하는 것은 옳지 못합니다. 출마한 후보의 정견과 정책 그리고 가치관 등을 잘 살펴보고 지역이나 나라를 위해서 바로 일할 사람을 선택하는 것이 바람직한 그리스도인의 모습일 것입니다. 우리나라의 선거에서 지금은 많이 사라졌지만 고향이나 같은 학교 출신이라는 이유만으로 찍어주는 것은 바른 민주주의를 방해하게 됩니다. 기독교인은 이런 의식에서 벗어나 바른 생각과 정책을 가지고 좋은 후보자를 택할 수 있어야 하고, 그런 정치적 식견을 기르는 것이 중요하다고 생각합니다.

**질문 2. 신앙적인 이유로 징집을 거부하는 사람들을 뉴스에서 보았습니다.
기독교인으로서 어떻게 보아야 합니까?**

신문이나 방송에 종종 신앙을 이유로 징집을 거부하는 소식을 듣게
됩니다. 그들은 신앙적 이유를 들고 있습니다. 그런 종파 가운데, 한국에
는 잘 알려져 있지 않지만, 재세례파가 있습니다. 이들은 예수님이 평화
를 주장하셨기 때문에 군대에 가지 않는 것이 기독교인이 의무라고 말
합니다. 이들이 자신들의 입장을 강화하기 위해서 내세우는 것은 초대
교회입니다. 초대교회는 군대에 가지 않았고, 평화주의를 주장했으며,
예수님의 사랑을 실천하려고 했다는 것입니다. 그러다 콘스탄티누스
대제에 이르러 기독교가 공인됨으로 기독교가 제국의 종교가 되어 제
국의 안전과 발전을 기원하는 것으로 변질되었다고 합니다.

사실 작은 종파였던 초대교회와 로마의 국교가 된 교회는 세상을 대
하는 방식이 다를 수밖에 없습니다. 초대교회일 때는 로마제국 내의 아
주 미약한 종파에 불과했고 박해가 극심했기 때문에 국가와 상관없이
오직 교회에만 집중해야 했습니다. 그러니 자연스럽게 군대에 가는 것
도 거부하게 됩니다. 즉, 교회가 국가에 책임을 질 필요가 없었습니다.
그러나 교회가 성장하고 교인들이 늘어나면서 결국 313년에 기독교가
공인이 되고, 국교화가 되는 과정을 거치게 되면서 이제 교회는 교회뿐
아니라 로마제국도 책임을 져야만 했습니다. 그래서 교회와 국가에 대
한 재정립이 일어나게 되고, 교회는 국가의 발전과 안전을 위해서 최선
을 다해야 했습니다. 이에 따라 세속 국가를 위해 전쟁도 인정하게 되고,
군대에 복무하는 것도 기독교인이자 동시에 국가의 국민으로서 당연히
감당해야 할 의무와 책임이 되었던 것입니다. 이렇게 교회와 국가 두

조직 모두에 최선을 다해야 한다는 것이 중세를 거쳐 근세의 종교개혁가인 루터나 칼빈에 이르기까지 교회와 국가의 관계에 대한 기독교의 일관된 주장입니다.

질문 3. 기독교인으로서 전쟁과 평화의 문제를 어떻게 보아야 할까요?

기독교에서 전쟁과 평화를 어떻게 보느냐 하는 문제는 중요합니다. 기독교에서는 세 가지 입장이 있습니다. 거룩한 전쟁(Holy war), 정의로운 전쟁(Just war), 평화주의(Pacifism)가 그것입니다. 먼저 거룩한 전쟁은 구약적 전통에서 나오는 입장입니다. 구약 성경에서는 이스라엘이 다른 나라와 전쟁을 합니다. 그런데 그 전쟁은 인간의 전쟁이 아니라 하나님께서 명령하신 전쟁입니다. 예를 들어 여리고 성을 치라고 하셨는데, 그 성을 치는 것은 하나님의 뜻이고 명령이었습니다. 그 명령대로 이스라엘은 전쟁을 합니다. 그래서 이런 전쟁을 거룩한 전쟁이라고 합니다. 이런 전쟁은 오늘날에는 거의 용인되지 못합니다.

두 번째는 정의로운 전쟁입니다. 이는 로마가 기독교를 공인한 후에 생겨나게 된 것입니다. 로마의 국교가 된 기독교는 이전에 경험하지 못한 제국의 수호자로서 또한 제국의 평화를 지켜야 할 위치에 놓이게 되었고, 그로 인해 기독교는 이제 정의로운 전쟁을 인정하게 되어, 제국의 평화를 위해서는 전쟁을 할 수밖에 없게 되었습니다. 이런 상황에서 아우구스티누스는 전쟁을 하되, 정의로운 전쟁을 해야 한다고 했습니다. 예를 들어 다른 나라에서 쳐들어왔을 때, 나라와 국민을 지키기 위해서 하는 전쟁은 정당화되고, 그런 전쟁은 정의로울 수 있기 때문에 전쟁을 할 수 있다고 보는 입장입니다. 다만 정의로운 전쟁의 기준을 상당히 엄격하게 제한할 필요가 있습니다. 이런 주장은 아우구스티누스로부터 중세의 토마스 아퀴나스와 루터와 칼빈을 지나 현재에는 니버에 이르기까지 일관되게 가지고 있는 기독교 주류의 입장입니다. 그래서 오늘 우리나라에서도 군대에 가는 것이 인정되고, 군대에 군목이 있는 이유도 바로 정의로운 전쟁의 입장을 지지하기 때문입니다.

세 번째 입장은 평화주의입니다. 이는 초대교회의 전통과 중세의 수도원과 재세례파를 거쳐 지금도 기독교 비주류에 흐르는 하나의 입장입니다. 예수님은 평화주의를 주장했고, 따라서 예수님의 말씀대로 살아야 한다는 입장으로, 당연히 평화주의를 주장합니다. 군대도 거절하고 세속과는 관계를 하지 않는 소종파로서의 기독교는 가능했지만, 국가의 주류 종교가 되면서 이 입장은 정의로운 전쟁의 입장으로 변화를 가져왔습니다. 그런데 오늘날 요더와 같은 메노나이트파들이 성경의 말씀대로 살아야 한다는 문자적 해석을 중시하는 성서적 현실주의 입장에서 평화주의를 주장합니다. 오늘과 같이 늘 전쟁의 위험 속에 놓인 세계는 이런 평화주의에 보다 귀를 기울여야 합니다. 그러나 문제는 현실 세계가 단순히 평화주의를 주장한다고 해서 평화를 이룰 수 없다는 데 있습니다.

이 세 가지 가운데 대부분의 기독교인은 정의로운 전쟁의 입장에 서 있습니다. 가능하면 전쟁을 피해야 하며, 평화주의가 주는 의미가 있지만, 그럼에도 기독교인은 국민이기도 하기에 국민의 의무를 다하는 것이 중요하다는 것을 인정합니다.

함께 보면 좋을 책들

1. 니콜라스 월터스토프(Nicholas Wolterstoff)/홍병룡 옮김, 『정의와
   평화가 입맞출 때까지』(IVP, 2007)

월터스토프는 기독교 신자였으나 신학자가 아니라 철학자이다. 그
는 예일대학에서 가르쳤고, 미국 철학회 회장을 역임하였다. 이 책은 많
은 철학자와 신학자가 나오고, 풍부한 역사적 사례를 통해서 논리적으
로 입증하고 있기에, 쉽지 않지만 반드시 읽을 필요가 있다. 이런 고전의
반열에 오른 책을 읽음으로 우리의 지식은 한 단계 올라갈 수 있기 때문
이다. 또한 이 책은 풍부한 사례와 근거를 통해서 세 가지 문제를 제기한
다. 첫째가 빈곤의 문제이고, 둘째는 민족주의 문제 그리고 세 번째는
도시의 문제를 다룬다. 이를 통해 기독교인이 세상을 위해 무엇을 해야
하는지를 잘 보여준다.

2. 라인홀드 니버(Reinhold Niebuhr)/이한우 옮김, 『도덕적 인간과 비
   도덕적 사회』(문예출판사, 2000)

기독교 현실주의 입장에서 개인과 국가와의 관계가 어떻게 설정되
어야 하는가를 잘 보여준 명저이다. 제목 그대로 개인은 도덕적일 수
있으나 집단이나 국가가 되면 공동체나 집단의 이익이 우선하여 비도
덕적일 수밖에 없다는 것을 잘 보여주고 있다. 이 책은 특별히 니버의
정치적 현실주의자로서의 면모를 아주 잘 보여주고 있다. 니버는 현실
주의적인 관점을 바탕으로 정의를 이루기 위해서 기독교인이 어떻게

해야 하는지를 잘 설명하고 있다.

3. 존 하워드 요더/신원하 · 권연경 옮김, 『예수의 정치학』(IVP, 2007)

오늘 미국의 윤리학계에 많은 영향력과 통찰력을 주는 요더의 주저이다. 요더는 평화주의를 주장하는 미국의 재세례파의 이론적 지주이다. 그는 성서적 현실주의를 바탕으로 신약 성경을 예리하게 분석하면서 예수가 삶으로 보여주시고 말씀하신 핵심이 평화주의였음을 우리에게 보여준다. 재세례파의 특징인 무저항, 비폭력, 평화주의의 이론을 뒷받침하면서 현대인에게 우리가 왜 평화주의로 나아가야 하는가를 설득력 있게 보여준다. 기독교 평화주의를 알고 싶은 사람에게는 교과서와 같은 책이다.

4. 짐 월리스(Jim Wallis)/배덕만 옮김, 『그리스도인이 세상을 바꾸는 7가지 방법』(살림, 2009)

짐 월리스는 오바마 대통령의 정책 조언자이자 영적 상담가로 활동하며, 미국 복음주의 진영에서 정치, 빈곤, 정의, 전쟁과 같은 문제들에 대해 날카롭게 비판하는 학자이자 활동가이다. 이 책은 종교적 우파 이후 시대에 기독교인은 어떻게 정치에 개입하고 세상을 하나님이 원하시는 공의와 정의가 넘치는 사회가 되게 할 것인가를 아주 예리하게 분석하고 있다. 또한 기독교인이 실천할 수 있는 방안을 잘 제시하고 있다.

복지
삶의 방식을 바꾸는 삶

성신형

(숭실대학교 교수)

이슈의 발견: 이야기로 생각하기

이야기 하나 ☞ 착한 사람 콤플렉스

교회에 출석하고 있는 사람들에게 항상 따라다니는 말이 있다. "교회 다니니까 착하겠네…", "교회 다녀서 그런지 착하네…" 하는 말이다. "착하다"는 말…, 그냥 듣기에는 좋은 말 같지만, 왠지 의무감에 사로잡혀서 좋은 일들을 해야만 하는 것으로 여기기 때문에 교회 다니는 사람들에게는 이 말이 어딘지 모르게 부담스럽게 느껴진다. 특히 다른 사람과의 관계에서 이익을 분배해야 하는 일이 벌어질 경우에 기독교인들은 마치 착한 사람 콤플렉스에 사로잡혀 있는 것처럼 보인다. "교회 다니니까 양보해야지 혹은 내가 손해 봐도 참아야지" 하게 되는 경우도 많이 본다. 그래서 심지어 어떤 사람은 자신이 교회에 다니고 있는 것을 철저하게 숨기기도 한다.

엘리트 국어사전을 보면 '착하다'는 말의 사전적 정의는 '마음씨나 행동이 바르고 어질다'는 뜻이다. 하지만 오늘을 살아가는 우리에게 착하다는 말은 무엇인가 조금 어두운 의미가 있는 것 같다. 사람들이 착하다는 말에 대한 부정적인 느낌을 가지는 이유는 그 말이 주는 수동적인 의미 때문일 것이다. 주체성이 결여된 상황에서 그냥 수동적으로 끌려가는 경우가 많다.

이야기 둘 ☞ 기독교인은 정말 착한가

그런데 요즘 광고 카피에 착하다는 말이 심심찮게 등장하면서부터 착하다는 말의 어감이 조금은 긍정적으로 바뀐 것을 보게 된다. 그것은 바로 '착하다'는 단어의 사전적 의미에서 약간 벗어나서 '좋다'는 의미를 더해서 가장 적합한 어떤 상품을 연상하게 만드는 광고 카피다. 착한 가격, 착한 품질 혹은 착한 몸매 등등의 광고 카피를 보면서 '착하다'는 말의 의미가 많이 바뀌게 된 것을 보게 된다. 필자는 여기에서 질문을 하나 하고 싶다. 앞에서 예로 든 상품 광고의 카피들처럼 "착한 기독교인"이라고 말했을 때, 과연 기독교인들은 그 의미를 어떻게 이해하고 받아들여야 할까? 사전적인 정의처럼 '마음씨나 행동이 바르고 어진 기독교인'으로서의 의미라기보다는 광고의 메시지처럼 '좋은 기독교인'의 의미로 물어보았을 때, 과연 기독교인들은 어떻게 대답을 해야 할까?

좋은 기독교인이란 무엇인지에 대한 대답의 기준은 다양할 수 있다. 그러나 굳이 가장 중요한 하나의 기준을 들어보자면, 그것은 무엇보다도 기독교인의 삶에 어떤 행동의 열매가 맺혀지는가 하는 점일 것이다.

개념 빚기

1. 사마리아 사람이 선하다고?

예수께서 말씀하신 비유 중에 선한 사마리아인의 비유가 있다(눅 10:25-37). 이 말씀은 당시 사람들이 가지고 있었던 사마리아인의 이미지를 완전히 바꾸어 놓은 비유다. 한 율법교사가 예수께 최고의 율법에 대해서 묻자, 예수님은 하나님과 이웃을 사랑하는 것이라고 말씀한다. 그러자 율법교사는 얼른 질문을 바꾸어서 누가 우리의 이웃이냐고 다시 묻는다. 이때 예수는 선한 사마리아인의 비유를 말씀해 주셨다. 예수가 선택한 이웃은 당시의 종교 지도자들을 대표하는 레위인도, 제사장도 아니었다. 사마리아 사람만이 여리고 성으로 가다가 강도 만난 한 사람을 구해주었다. 이 비유를 하시고 예수께서는 "누가 강도 만난 사람의 이웃이 되어주었느냐?"고 반문하셨다. 율법교사는 누가 이웃이냐고 물었는데, 예수는 누가 이웃이 되어주었느냐고 반문하신다. 그리고 너희들도 이웃이 되어주어야 한다고 말씀하신다.

이 비유의 말씀 때문에 사마리아 사람에 대한 이미지가 완전히 바뀌었다. 당시에는 사마리아 사람은 더러운 사람, 함께 해서는 안 되는 사람으로 인식되었다. 당연히 레위인이나 제사장들이 훨씬 중요하고 가까이해야 할 사람이었다. 하지만 예수의 이 비유의 말씀으로 인해 우리는 지금까지도 좋은 이웃을 말할 때 사마리아 사람을 떠올린다. 심지어 영어에서는 좋은 이웃이란 단어를 'Good Samaritan'으로 표기한다. 어쩌면 오늘날 한국의 기독교인으로 사는 일은 당시 사마리아 사람들처럼 좋지 않은 이미지를 가지고 있는 것 같다. 오늘날의 기독교는 선한 이미지를 가지고 있기보다는 욕심 많고, 고집 세고, 말이 통하지 않는 이미지이다. 이런 현실 속에서 기독교인으로 사는 일은 더욱 어렵다. 하지만 어렵다고 포기할 것이 아니라, 예수의 말씀대로 선한 이웃이 되어주는 일을 통해서 새롭게 시작할 수 있어야 한다. 이것이 기독교인의 길이다.

2. 나눔과 섬김 그리고 돌봄

한국전쟁 이후 교회는 우리 사회를 재건하는 일에 동참하면서, 자선을 베푸는 일을 중심으로 사회봉사에 참여하여 왔다. 88올림픽 이후 한국 사회의 경제적인 발전과 함께 크게 성장한 한국교회는 지속적으로 사회봉사에 참여하는 한편, 경제적 발전 속에서 나타나는 다양한 사회적인 모순들을 지적하고 고치는 데에도 많은 힘을 쏟아 왔다. 이러한 봉사의 정신 속에는 한국교회의 나눔과 섬김의 정신이 들어 있다. 하나님께서 교회와 성도들에게 주신 좋은 것들을 함께 나누고, 어려운 이웃들을 찾아가 섬기라고 하신 사명에 따라 한국교회는 봉사를 실천하여 왔다.

그러나 1990년대 말부터 지금까지 여러 번의 경제 위기를 경험하면서 한국 사회는 새로운 전환기를 맞이하게 된다. 한국 사회가 이제 새롭게 고민하는 것은 바로 국민의 삶의 질, 즉 복지의 문제다. 이와 같은 사회적 변화를 바탕으로 한국 사회는 정치, 경제 혹은 사회 전반적인 분야에서 복지를 가장 큰 과제로 설정하게 되었다. 예를 들어 정당들은 복지를 자신들의 가장 중요한 공약으로 선정하였다. 국민 전체에게 골고루 혜택이 돌아가게 하자는 '보편적 복지'와 필요한 사람들에게 적절한 시기에 혜택을 주자는 '선별적 복지'에 대한 이해도의 차이는 있지만, 정당

모두는 복지를 제일의 공약으로 내세운다. 그만큼 한국 사회가 복지에 대한 관심이 커졌음을 의미한다.

지금이 바로 이 질문에 대해서 더 깊게 고민하고, 방향성을 함께 찾아가는 일에 함께 머리를 맞대어 고민하고 또 실천적인 방향을 모색할 때다. 책임감을 가지고 더 넓은 마음으로 사회로 나아가야 한다. 마치 어머니가 아이들을 돌보아 주듯이, 우리 주변을 사랑의 마음으로 돌보는 일로 나아가는 것이다.

기독교와 사회봉사

1. 들어가는 말

여기서는 크게 세 부분으로 나누어 주제에 접근하려고 한다. 첫 번째 우리가 함께 생각할 문제는 과연 사회봉사가 기독교인으로 사는 일과 어떤 관련이 있는가 하는 점이다. 기독교 신앙이란 하나님께서 약속하신 구원을 얻고자 하는 것인데, 과연 구원 받은 기독교인으로 살아가는 것과 사회에 봉사하는 것이 어떤 관련이 있는 것인지에 대한 생각이 바로 그것이다. 두 번째 우리가 생각해 볼 것은 과연 기독교가 지향하는 사회봉사는 어떤 것인가 하는 것이다. 정부를 비롯해서 사회봉사 혹은 복지를 위해서 일하고 있는 기관이나 단체들이 수없이 많은데, 그중 기독교가 하는 사회봉사는 특별히 어떤 의미가 있는 것인지 혹은 그 차이는 무엇인지 하는 것이 두 번째 우리가 생각할 점이다. 끝으로 이상적인 사회봉사를 위해서 기독교는 어떤 역할을 담당해야 하는가에 대해서 생각해 볼 것이다. 이를 통해 기독교 사회봉사의 이상적인 방향성을 제시하고, 앞으로 우리가 더욱더 관심을 가져야 하는 것이 어떤 일인지 생각해 보고자 한다.

이 글에서는 먼저 신학적, 신앙적 접근을 통해 기독교 사회봉사의 기초를 생각해 보고, 이를 토대로 여러 가지 다양한 실천적 접근법을 살펴볼 것이다. 이어서 한국교회가 그동안 담당해 왔던 역할과 앞으로 우리가 함께 노력해야 할 일들에 대해 검토하면서 우리가 기독교인으로 감당해야 할 사회봉사의 이론적, 실천적 역할을 조망해 보려고 한다.

2. 기독교인은 사회봉사를 꼭 해야 하는가

먼저 우리가 생각해 볼 질문이 있다. 과연 기독교인으로 부르심을 받았다는 것은 어떤 의미일까?

기독교인이란 그리스도를 따르는 사람(Christian)을 말한다. 그리스도(Christ)란 그리스어로 메시아, 즉 구원자라는 의미로 그 사전적인 뜻은 기름 부음을 받은 자라는 뜻이다. 그리스도는 하나님의 기름 부음을 받은 자로 세상을 구원할 자다. 기독교인이란 그리스도를 주님으로 고백하는 사람들을 일컫는 것으로 처음으로 Christian이라고 불린 사람들은 사도행전 8장에 나오는 안디옥교회의 사람들이다. 예수를 그리스도로 믿고 따르는 사람들이 바로 기독교인(Christian)이다. 그러나 예수를 그리스도로 믿고 따르는 일은 하나님의 특별한 부르심으로만 가능한 일이다. 세상을 살아가는 많은 사람이 예수라는 이름에 대해서도 알고 그리스도에 대해서도 들어보았지만, 예수를 그리스도로 믿고 따르는 일은 하나님의 특별한 부르심이 있어야 가능하기 때문이다. 이 부르심은 하나님의 특별한 은혜이면서, 우리에게 새로운 삶을 허락하시는 하나님의 계획이다.

하나님께서 우리를 부르셨을 때, 그 부르심은 두 가지 의미를 내포하고 있다. 첫 번째는 하나님의 전적인 은혜로 우리에게 구원을 얻도록 부르셨다는 것이다. 그것은 오직 하나님의 놀라운 사랑이다. 그리고 부르심의 두 번째 의미는 하나님의 백성으로 살도록 부르신 것을 의미한다. 이것은 하나님의 거룩한 소환(Calling)이다.[1] 즉, 하나님의 부르심은 우리의 신분이 기독교인으로 변화되었음을 말하는 것이면서 동시에 하나님께서 우리를 이제 하나님의 백성이 되었으니 하나님의 백성다운 품위를 유지하면서 살라고 요구하시는 것이다. 사회적 기준에서의 품위 유지가 다른 어떤 사회적인 요건을 채우는 것이라고 한다면, 기독교인이 그 품위를 유지하는 길은 기독교인으로서 이 사회에 대한 책임을 다하고 봉사함을 통해서 다른 사람들이 기독교인들을 보고 하나님을 알도록 하는 데에 있다.[2] 이것이 바로 예수께서 우리에게 사랑하면서 살라고 하신 이유이다. 그러므로 예수께서 선한 사마리아인의 비유를 통해서 율법교사에게 말씀하신 대로 하나님에 대한 사랑과 이웃에 대한 사랑을 실천하는 일은 기독교인으로서 아주 중요한 일이다. 그것이 바로 하나님이 우리를 기독교인으로 불러주신 이유이자 목적이므로 사랑의 실천은 해도 되고 안 해도 되는 자의적 선택의 문제일 수 없는 것이다.

여기 그런 사랑에 대한 좋은 가르침이 하나 있다. 독일 나치에 저항하다가 안타깝게도 나치가 망하기 2주 전에 감옥에서 처형 당한 세계적인 신학자 본회퍼의 가르침이다. 본회퍼는 사랑을 신적인 사건으로, 즉 예수 그리스도를 통해서 인간과 인간 그리고 인간과 하나님 사이의 분열을 극복한 화해의 사건이라고 말했다. 사랑을 통해서 인간의 존재는

---

1 존 스토트(John Stott)/한국기독교학생회출판부 옮김, 『온전한 그리스도인이 되려면』 (서울: 한국기독교학생회 출판부, 1980), 35.
2 같은 책, 82-85.

변화되게 되고, 하나님 앞과 하나님 안에서만 살 수 있는 존재로 끌려 들어가게 된다. 그러므로 사랑이란 우리의 자의적인 선택이 아니라 하나님께 끌려 들어가는 존재의 변화를 의미하는 것이다.[3] 이와 같은 존재의 변화란 사랑이라는 사건 이전의 '나'는 오로지 개인적 존재인 '나'로서만 존재하는 것이었던 반면, 사랑으로 하나님 그리고 이웃과의 화해를 경험한 '나'는 이제 더 이상 자아 중심적인 차원의 '나'에서 머물러 있는 것이 아니라 다른 사람들과 함께하는 새로운 '나', 즉 관계적 '나'로 거듭나는 것을 말하는 것이다.[4] 그러므로 이렇게 새로 거듭난 '나'는 화해와 평화의 눈으로 이웃을 바라보고 사회를 감싸 안게 된다. 이제는 나와 타인을 함께 생각하는 전인적 자아로 나아가게 되는 것이다.

기독교인으로 부르심을 받았다는 것은 교회로 부르심을 받았다는 말이다. 교회로 부르심을 받았다는 것은 나 자신이 예수의 화해의 사건을 체험하고 그 사랑을 살기로 고백하면서 예수께서 세우고자 하신 공동체에 함께 하게 되었음을 의미하는 것이다. 즉, 교회로 부름을 받았다는 것은 우리의 자아를 교회로 세우심을 의미하고, 우리의 자아가 머리 되신 예수 그리스도의 몸의 지체로 변화된다는 것이다. 교회의 머리가 되신 예수는 우리를 그분의 지체로, 즉 한 공동체로 부르셨다. 그러므로 교회 전체를 그리스도의 몸으로 보고 교회의 한 부분인 우리가 교회로 올바로 세움을 받기 위해서 노력하는 것이 바로 부르심을 받은 교회라

---

3 디트리히 본회퍼(Dietrich Bonhoeffer)/손규태 옮김, 『기독교윤리』 (서울: 대한기독교서회, 1974, 2001), 45-47.
4 고범서, 『개인윤리와 사회윤리』 (서울: 한국신학연구소, 1978, 1984), 186-187. 이 책의 저자는 새로운 자아를 사회적 자아 혹은 전체적 자아로 명명하였다. 관계적 자아라는 단어는 글쓴이가 첨가한 것이다.

는 말이다. 그 부르심에 합당한 삶이란 결국 사랑을 구체적인 행동으로 만들어 가면서 살라는 의미이다. 이런 점에서 교회가 사랑의 행위를 하는 것은 교회의 출발점이면서 동시에 교회의 마지막 종착역이다. 그러므로 하나님에 의해 교회로 부르심을 받은 우리는 그 부르심대로 살기 위한 구체적인 실천의 방법들을 고민하게 되는 것이다.

3. 교회가 지향하는 사회봉사는 어떤 것인가

비교적 짧은 교회의 역사 가운데 한국교회가 어떻게 사회에 봉사해 왔는지에 대해서 생각해 보는 것은 앞으로 한국교회 사회봉사의 나아 갈 방향성을 살펴볼 수 있는 중요한 잣대가 될 것으로 생각한다. 한국교회사에서 사회복지의 역사는 크게 세 단계로 분류될 수 있다. 그것은 초기 선교 시기부터 일제강점기(1905~1945), 해방 이후부터 재건기(1946~1989) 그리고 현대화 시기까지(1990~현재)이다.[5]

한국 초기 선교사들은 의료와 교육, 복지 시설을 함께 가지고 들어와서 선교함으로 그 선교 사역을 조금 더 효율적으로 감당할 수 있었다. 최초의 서양식 병원 광혜원(1885년), 세브란스병원(1904년), 1909년부터 일제강점기까지 950여 개가 넘는 기독교 학교 등이 설립되었으며, 그 외에도 고아원과 양로원, 맹아학교 등 근대적 사회 복지 시설들이 곳곳에 설립되었다.[6] 또한 한국교회는 일제 치하 독립운동의 큰 축을 감당하면서 여성해방운동, 구제 사업, 사회 계몽운동 등에 앞장서서 광범위한

---

5 이정서, 『기독교사회복지와 사회선교』 (서울: 교육과학사, 2009), 77-83.
6 손병덕, 『교회사회복지』 (서울: 학지사, 2010), 56.

사회운동들을 주도했다. 사회를 계몽하기 위해서 교회는 문맹 퇴치, 생활 개선, 농촌 계몽 등에 앞장섰으며, 고아원을 설립하고, 구제 사업 및 여성과 아동을 위한 사회복지에 기여함으로 여성해방과 민족의식 함양에 큰 공헌을 하였다. 하지만 안타깝게도 일제 말기의 극심한 탄압 정책으로 민족 전체가 큰 고난을 맞이한 상황 속에서 기독교가 점차로 종말론적이고 개인주의적인 종교로 흐르는 등의 아픔을 겪기도 했다.[7]

해방 이후의 혼란기에 이어 우리 사회는 민족적 비극인 한국전쟁을 겪게 되었다. 전쟁 이후 한국 사회는 극심한 혼란 속에서 재건과 생존을 위해서 몸부림쳤다. 이 시기에 한국교회는 두 방향에서 사회봉사에 참여하였다. 하나는 지속적으로 복지적인 차원의 일을 발전시켜 나가는 것이었으며, 또 하나는 정치적인 사회 참여를 통해서 민주주의 발전에 기여하는 것이었다. 한편 1970년대에 이르러 절대 빈곤에서 벗어나게 된 한국은 교회의 복지적인 역할과 사회의 복지적인 역할의 구분이 시작되었다. 기존 교회에서 담당하던 일들을 이제는 국가나 민간 사회단체에서 보다 많은 책임을 지게 되면서 점차 교회는 개인적인 차원에서 이러한 일들에 참여하는 쪽으로 기울게 되었다.[8]

1980년대에 한국교회는 정치적인 변화와 더불어 새로운 참여와 봉사의 시기에 접어들게 되었다. 한국교회는 교회의 성장에 비례하여 한국교회가 가지고 있는 인적, 물적 자원을 잘 활용하면서 적극적으로 사회에 참여하는 등의 사회적 책임을 다해야 한다고 주장하였고, 그러한 생각을 바탕으로 한국교회는 사회복지 활동에 더욱 노력을 기울이게

---

7 『기독교사회복지와 사회선교』, 78-80.
8 같은 책, 81-82.

되었다.9 이 시기 사회복지 활동의 특징으로는 주로 대도시의 중대형 교회들을 중심으로 여러 가지 사회복지 사업이 펼쳐졌으며, 교단을 중심으로 사회복지를 관할하는 부서가 생기고 그를 통해 복지 재단으로 발전시키는 등의 활동을 하였다는 점이다. 이러한 운동들은 교회와 지역사회를 효과적으로 연결시켜 주는 역할을 하였다. 그러나 이러한 일들에는 하나의 큰 아쉬움이 남는다. 그것은 한국교회 전체가 교회적으로 일을 하기보다는 개별 교회 혹은 교단 중심으로 사업이 진행되는 가운데 한국교회 전체 차원에서의 논의나 공동 사업이 진행되지 못하여 파급 효과가 그다지 크지 못했다는 점이다. 실제 한국교회의 인적, 물적 구성의 측면에서 보면 한국 사회 전반에서 사회봉사 혹은 사회복지 현장에서 70퍼센트를 웃도는 인적, 물적 자원을 제공하면서도 실제 국민들이 피부로 느끼는 영향력은 매우 미미했던 것이 그 특징이라고 할 수 있다.10

이와 같이 한국교회는 초기 선교기부터 계속해서 사회에 참여하면서 봉사해 왔다. 사회의 발전에 따르는 여러 가지 한계에 부딪히기도 했지만, 한국교회는 사회적 책임을 다하기 위해서 노력해 왔다. 이러한 노력들을 두 가지 면에서 생각해 본다면, 그것은 나눔과 섬김의 정신이었다. 섬김은 우리 주변의 헐벗고 굶주린 사람들에게 다가가서 직접 몸으로 봉사하면서 그들을 섬기는 일이다. 교회가 해 온 여러 가지 사회봉사 활동은 섬김의 정신에 바탕을 두고 있다. 또한 한국교회는 나눔을

---

9 같은 책.
10 박종삼, "한국기독교사회복지의 역사와 새로운 역할," 제35회 새문안교회 언더우드 학술강좌, 1998년 9월 27일.

실천해 왔다. 나눔이란 한국교회에게 부여된 여러 가지 많은 물질적인 부를 가난한 이웃들에게 나누는 일이다. 한국교회는 여러 가지 시설을 만들고 가난한 사람들에게 부조를 하고, 더 나아가서 가난한 나라들에게 도움의 손길을 펼치면서 나눔의 정신을 실천해 왔다. 일제강점기, 한국전쟁 그리고 산업화와 민주화 과정을 거치면서 교회가 꾸준하게 보여주었던 이 섬김과 나눔의 정신은 한국교회가 한국 사회에 기여한 가장 중요한 정신으로서, 이제는 많은 사람에게 나눔과 섬김을 보편적인 가치로 여기도록 하는 데까지 이르렀다. 선교 초기부터 지속되어 온 사회봉사에 대한 교회의 헌신으로 이와 같은 소중한 가치가 한국 사회에 뿌리를 내리게 되었다고 말할 수 있을 것이다.

4. 미래를 위해서 한국교회는 무엇을 해야 하는가

그동안의 사회경제적인 변화로 인해서 우리 사회는 지금 시급히 해결해야 할 여러 가지 과제들을 안게 되었다.[11] 노동의 양극화가 심해지면서 비정규직의 문제가 주요한 사회적 이슈로 제기되었고, 급속하게 증가한 외국 여성들의 결혼이민과 값싼 노동력을 확보하기 위한 해외 이주 노동자의 수요 증가로 인해서 우리 사회는 급속하게 다문화 사회로 변하게 되었다. 또한 북한의 극심한 빈곤으로 인해서 망명을 원하는 북한 난민들이 계속해서 늘어나면서 민족적인 아픔도 사회문제를 더욱 심화시키고 있다. 한편 지구 공동체(Global Community)가 겪는 여러 가지 이슈들도 인간의 전반적인 삶의 질에 영향을 미치면서 한국 사회에도

---

11 『교회 사회사업의 전망과 과제』, 310-312.

영향을 미치고 있다. 경제적인 양극화의 문제는 비단 한국 사회 내부의 문제일 뿐 아니라 전 세계 모든 국가의 중요한 사회문제로 제기되고 있다. 환경 문제 역시 그 수위가 점점 더 심각하게 대두되어 이제는 지구 곳곳에서 이상기후로 인한 재해가 일상화되어 가고 있다.[12] 또한 공업 선진국 및 브릭스BRICS를 중심으로 산업화를 추진하고 있는 국가들이 배출하고 있는 독성 오염물질은 자신의 국가들뿐 아니라 다른 세계를 위협하고 있다. 또한 인터넷의 발전으로 인해서 소셜 네트워크가 강력하게 형성되고, 사람과 사람 간의 관계가 얼굴을 보고(face-to-face) 이루어지는 관계에서 얼굴 없는 관계(faceless relationship)로 발전하게 되면서, 점차 인간관계에 대한 새로운 접근이 이루어져야 하는 시점에 도달하였다.

이제 우리나라는 국제 사회의 일원으로서 경제협력개발기구(OECD)에 가입되었고, 국민총소득(GNP) 12위, 국내총생산(GDP) 13위 등의 경제 지표를 기록하고 있다. 전반적인 경제 수준이 올라가면서 한국 사회는 이전에 비해서 복지에 더 많은 관심을 가지고 정부 주도하에 복지 정책을 꾸준히 실행하고 있다. 이와 같은 현실 속에서 교회는 새로운 고민을 하게 되었다. 이전에 개별 교회에서 해오던 여러 가지 봉사활동을 이제는 국가와 지방자치단체가 더욱 효율적으로 감당하고 있기 때문이다. 이제 교회는 교회가 감당할 수 있는 일을 찾아서 새롭게 고민하고 실행해야 하는 중대한 기로에 서게 되었다. 이와 같은 현실 속에서 한국교회는 사회복지 혹은 사회봉사의 방향성을 정립해야 할 시기에 이르렀다.

---

12 Martin Wolf, *Why Globalization Works* (New Haven and London: Yale University Press, 2005), 3-12.

앞으로 한국교회는 더욱 탄탄하고 지속가능한 사회봉사를 위한 방향을 모색해야 한다. 위에서 살펴본 대로 그동안 한국교회의 사회봉사 모델은 섬김(Service)과 나눔(Sharing)의 실천이었다. 초기 한국교회의 시작부터 한국전쟁 이후 현재의 경제적인 발전을 이루기까지, 한국교회는 민족의 고난을 함께하며 성장해 왔으며, 헌신적으로 섬김과 나눔을 실천하였다. 교회가 가지고 있는 재원을 바탕으로 도움이 필요한 사람들을 찾아가 구제하고 재화를 나눔으로써 그들의 필요를 채워주는 일들은 지상에 교회가 존재하는 한 계속되어야 하기에 한국교회도 지속적으로 이러한 일을 감당해야 할 것이다.

그러나 이제 필자는 한국교회와 사회의 미래를 위해서 또한 앞으로의 교회 사회봉사에 있어 보다 근본적으로 중요한 의미를 지닌 개념의 모델을 제안한다. 그것은 한국교회가 우리 사회와 더불어 지구 공동체를 함께 생각하면서 섬김과 나눔의 사역을 더 깊게 발전시키고 보다 더 책임감 있는 사회봉사의 방향성을 모색하기 위한 것이다. 필자는 그것을 '돌봄Caring'의 봉사라는 이름으로 부르고자 한다.

오늘날 심각하게 제기되고 있는 전 지구적 환경 문제 및 빈곤 문제와 이에 따르는 수많은 반생태적, 비인간적 현실을 목도하면서 이제 교회는 한국 사회를 구체적으로 책임지는 동시에 온 지구 공동체를 돌보는 활동을 전개해야 한다. 물론 이런 활동들은 이전의 활동들을 무시한 전혀 새로운 시도가 아니다. 기존의 여러 가지 일들의 의미를 파악하는 가운데 그러한 일들이 조금 더 효과적이고 풍부하게 진행되기 위해서 이와 같은 안목이 필요하게 되었음을 말하는 것이다.

돌봄이란 한 사람이 다른 사람과의 관계 속에서 계속해서 인식되고 지각되어지는 기본적인 바탕이 되는 것이다. 돌봄을 통해서 사람은 존재와 존재 사이의 관계적인 접근을 하게 되고 이러한 접근을 바탕으로 도덕적/윤리적 존재로 성장하게 된다.[13] 돌봄의 윤리적 접근을 통해서 우리는 윤리를 추상적이고 사변적인 추론의 개념에서 구체적이고 책임적인 행동의 개념으로 바꿀 수 있다. 예를 들어 돌봄은 여성성의 윤리적 가치를 보여주는 것으로 남성성이 가지는 이성적, 추상적 추론에서 여성성이 가지는 감성적, 책임적 행동을 살펴보고, 그것에 대해서 구체적인 행동을 하도록 하고 있다.[14] 이와 같이 돌봄은 아주 구체적이고 여성적인 개념이다. 즉, 어머니의 마음으로 한국 사회와 지구 공동체를 바라볼 수 있을 때 우리는 돌봄이 있다고 말할 수 있다. 어머니가 아이를 품고 키우며 늘 함께 아파하는 마음으로 돌보듯이, 세계를 돌보는 일이 바로 돌봄이다. 현재 서구 사회에서는 이처럼 여성주의 운동과 환경운동이 함께 어우러지면서 돌봄(Caring)의 운동이 계속해서 확산되어 나가고 있다. 그러므로 돌봄은 추상적이고 보편적인 의미의 사랑이 가지는 윤리적 행동의 구체성 결여를 극복할 수 있는 개념이다. 돌봄의 행위란 사람이 경험하고 있는 일들에 대해서 사건 하나하나를 구체적으로 파악하고, 그것에 대해서 책임감 있는 행동을 하도록 하기 때문이다.

이제 우리는 한 걸음 더 나아가 돌봄을 사회봉사의 영역으로 확장시킬 수 있어야 한다. 특히 나라 밖에서 벌어지고 있는 문제나 혹은 나라 안에서 다문화적인 시각에서 일어나고 있는 여러 가지 일들에 대해서 그리고 전 지구적인 환경 문제나 문화의 문제에 있어서 이와 같은 접근

---

13 Nel Noddings, *Caring — A Feminine Appriach to Ethics and Moral Education* (Berkeley: University of California Press, 1984), 4-5.
14 같은 책, 8.

이 무엇보다도 필요하다. 우선 중요한 것은 점점 더 다문화 사회가 되어 가고 있는 한국 사회 내부의 문제를 집중해서 보아야 한다. 해외 이주 여성의 증가로 상당수에 이르는 다문화가정이 있으며, 이들의 자녀들은 현재 국내의 공교육에 편입되지 못하고 소외된 가운데 점차 그 사회적 문제가 심각해지고 있다. 이들 가정이 겪는 인종차별과 노동 착취, 집단따돌림 그리고 빈곤의 문제는 심각한 수준에 이르렀다.[15] 한국교회가 이들의 아픈 경험을 치료하고 이들을 한국 사회의 일원으로서 맞아주고, 격려해 줄 수 있는 길은 어머니의 마음으로 이들을 돌보는 것이다. 또한 새터민(북한 이주민)이나 중국 동포 이주민의 문제도 이와 비슷한 맥락에서 이해할 수 있다. 물론 이들은 한국어를 사용할 줄 알기에 그 고통의 정도는 조금 덜하지만, 여전히 한국 사회의 높은 벽을 넘지 못하고 사회의 그늘진 구석에서 신음하고 있는 것이 현실이다. 이들에게 한국교회가 돌봄을 실천함으로 이들의 상처를 치료하고, 사회의 일원으로 살 수 있는 길을 열어줄 수 있다.

새로운 봉사 문화를 세우기 위해서 교회는 돌봄의 정신으로 봉사활동에 접근하는 것이 필요하다. 그동안 기독교의 봉사 문화는 기독교 가치를 사회에 주입시켜 세속적 사회의 가치관이 기독교 내부로 들어오지 못하도록 하는 것에 중점을 두고 일을 해 왔다. 그러나 사회적 봉사활동이 그렇게 진행되어 오는 과정에서 흑백논리만이 무성해지고, 실제로 미래의 교회 활동을 감당할 다음 세대들은 문화 창조에 대한 올바른 가치관을 전혀 형성하지 못하고 있다. 이러한 현실 속에서 '돌봄'의 문화를 창조하는 일은 무엇보다도 시급한 과제로 제기되고 있다. 내 옆의

---

15 조용훈, "다문화 사회에서 기독교의 윤리적 과제," 「기독교사회윤리」 제22집 (2012), 314.

사람들을 돌보고, 내가 살고 있는 자연을 돌보고, 함께하고 있는 사람들의 생각과 마음을 돌보는 가운데, 욕망에 끌려가는 문화를 사랑으로 채워가는 문화로 바꾸는 일이 시급할 것이다. 물론 이러한 일은 사회봉사의 영역뿐 아니라 문화 창조의 영역까지 생각하게 하는 일이다. 그러나 이웃을 사랑하고 미래의 가치를 돌보는 구체적이고 책임감 있는 행동을 한다는 점에 관해서는 더욱 충분히 고민하고 실천해 나가야 한다. 한국교회의 기독교인들이 한국 사회와 세계를 향해 나아가면서, 세계 곳곳의 후미진 구석에 상처 입고 외면당하고 있는 사람들을 향해서 그리스도의 십자가 사랑을 들고 나아가서 구체적으로 돌보고 치료하는 일을 할 때, 기독교인의 삶의 새로운 가치가 확립되게 될 것이다.

5. 나가는 말

예수께서는 선한 사마리아인의 비유로 사마리아 사람에 대한 사고의 전환을 만드셨다. 오늘날 기독교인들에게도 이와 같은 전환이 필요하다. 욕망이 덧칠된 기독교인의 이미지가 선한 이웃의 이미지로 전환되는 길이 여기 있다. 거대한 초대형 교회와 수많은 기독교인으로 넘쳐나는 오늘의 현실에서 과연 기독교인은 사람들에게 어떠한 이미지로 각인되어 있는지를 생각해 보면, 마치 강도를 만난 이웃을 지나쳐 간 레위인이나 제사장처럼 여겨지는 것은 아닌지 하는 걱정이 든다.

이와 같은 시대를 살고 있는 기독교인들에게 있어서 근본적 사고의 전환은 무엇보다 중요한 과제다. 또한 그 사고의 전환은 구체적인 행동 속에서 드러나야 한다. 예수께서 하신 말씀에 귀를 기울이면서 강도를 만난 자들의 이웃으로 거듭나야 한다. 그럴 때만 기독교의 이미지는 쇄

신되고, 교회의 존재 이유가 다시 확인되며, 하나님께서 우리를 기독교인으로 선택하신 이유를 발견하게 될 것이다.

이제는 한국교회가 다른 사람들을 위해 섬기고 나누어 온 아름다운 전통을 더욱 발전시켜 더욱 넓고 큰 세상을 보듬어 안고 보살핌으로써 미래의 대안으로 다시 거듭날 수 있기를 바란다.

이런 것이 궁금해요!

질문 1. 제 주변의 교회 다니는 친구들을 보면 일요일에 교회에 나가는 대신 봉사활동을 가는 친구들이 더러 있습니다. 이 친구들은 "봉사활동이나 교회에 가는 것이나 똑같은 것이다"라고 말합니다. 이 친구들에게 어떤 말을 해 주어야 하나요?

주변에 보면 교회에 다니는 일과 일반 사회 봉사활동에 참여하는 것을 동일하거나 비슷하게 생각하는 친구들이 많이 있습니다. 이런 친구들에게 예배와 봉사의 차이점과 비슷한 점을 설명해 줄 필요가 있습니다.

무엇보다 예배는 기독교인이 하나님을 만나고 하나님께서 베풀어 주시는 은혜를 경험하는 시간입니다. 하나님과의 만남은 다른 사람들과의 만남으로 자연스럽게 어우러지고, 그 속에서 우리는 어려운 교우들을 위해 함께 도움을 주게 됩니다. 그러나 봉사는 비기독교인이나 기독교인이 똑같이 어려운 사람을 도움으로써 다른 사람을 만나 어우러지고, 그렇게 사회에 필요한 일을 하면서 스스로 보람을 느끼는 사회적 활동인 것입니다. 다른 사람들을 만난다는 점에서 예배와 봉사는 비슷한 점이 있기는 하지만, 예배를 통해서 하나님을 만나고 하나님께서 공급해 주시는 은혜와 사랑으로 다른 사람을 만나는 점에서 예배와 봉사는 완전히 다른 것입니다. 중요한 것은 예배는 기독교인에게 가장 아름다운 시간이라는 것입니다. 물론 봉사를 통해서 사랑을 전하는 일도 중요하지만, 예배를 통해서 사랑을 배우는 일이 기독교인에게는 꼭 필요한 일입니다.

질문 2. 많은 교인이 "기독교는 영혼을 구원하는 곳이지 봉사단체가 아니다" 라고 말하면서, 봉사는 교회 활동에 부수적인 것 혹은 전도를 위한 하나의 방편으로 생각합니다. 과연 영혼 구원과 사회봉사가 무슨 관련이 있는 것인가요?

사실 많은 교회가 봉사활동을 교회가 꼭 해야만 하는 본질적인 일로 이해하기보다는 전도나 선교를 위한 하나의 부수적인 일로 생각하고 있습니다. 이런 경향은 봉사활동을 활발하게 진행하고 있는 교회들도 마찬가지입니다. 그것은 하나님의 부르심에 대한 오해와 교회의 사명에 대한 충분한 이해가 부족해서 생긴 일입니다.

하나님께서 우리를 기독교인으로 부르신 이유는 구원의 은혜를 주시면서, 구원받은 하나님의 백성으로 살도록 하시기 위함입니다. 구원은 신분의 변화를 말한다면, 봉사는 신분이 변화된 사람이 하나님 나라의 법을 지키는 것으로 생각하면 됩니다. 그러므로 기독교인으로 사랑의 일을 하는 것은 선택이 아니라 필수입니다. 그리고 교회의 표지는 예배, 복음 전파, 구제, 교제, 교육입니다. 이 일들이 가장 아름답게 이루어진 교회가 초대 예루살렘교회였습니다. 그 다섯 가지의 사명 중 어느 것 하나도 중요하지 않은 것이 없습니다만, 오늘날의 한국교회는 교회 성장이라는 목표를 위해서 다른 많은 것들, 그중에서도 특히 구제를 소홀히 하는 것을 보게 됩니다. 그러나 교회로 세움을 받는 것은 위의 다섯 가지 일들이 모두 잘 수행될 때 임을 꼭 기억해야 할 것입니다.

질문 3. 요즘 우리나라는 국가에서 여러 가지 복지 정책을 시행하고 있으며, 그중에는 교회에서 하는 사회봉사 프로그램과 비슷한 것도 많이 있습니다. 이런 현실 속에서 왜 꼭 교회가 사회봉사를 해야 합니까? 교회가 지향하는 사회봉사는 과연 무엇인가요?

일면 타당성이 있는 말입니다. 대부분의 서구 복지국가는 국가에서 복지 사업을 모두 관할하고 있기 때문에 구태여 그런 일에 교회가 나설 필요가 없는 것으로 여기게 되었습니다. 그들에게 교회가 필요한 이유는 그저 결혼식 서약과 장례식 때뿐입니다.

한국교회도 그렇게 되지 말라는 보장은 없습니다. 중요한 것은 봉사가 하나의 종교적인 행사로 인식되거나 부수적인 일로 여겨서는 안 된다는 것입니다. 봉사는 교회의 본질 중 하나임을 인식하고 더욱 낮은 마음으로 사회를 섬기고 나눌 줄 아는 교회가 되어야 합니다. 그리고 무엇보다도 중요한 것은 사회에 대한 책임 의식입니다. 교회가 이 사회를 밝게 하고, 사회에 빛을 줄 수 있는 든든한 버팀목이 되어야 함을 명심하고, 사회를 돌보는 마음으로 사회에 나가야 합니다. 분열, 아픔, 탄식, 고통, 두려움, 전쟁의 공포, 기근, 환경 파괴 등의 사회적 어려움을 교회가 돌보아야 합니다. 이 일을 위해서 교회는 서로 함께 기도하면서 협력해야 합니다.

질문 4. 성경에는 오른손이 하는 일을 왼손이 모르게 하라고 했습니다. 그런데 교회를 보면 남에게 보이기 위해서 봉사활동을 하고 있는 것 같습니다. 왜 이런 현상이 나타나는 것인가요? 이 현상에 친구들이 비판하는 것을 듣고 어떻게 대답해야 하나요?

이런 비판은 일면 타당성이 있지만, 한편으로는 교회가 감당하기에 조금 억울한 측면도 있습니다. 현실을 보자면 오늘날까지도 기독교인들은 사회복지에 있어서 인적인 자원이나 물질적인 자원을 제공하는 일에서 중추적인 역할을 감당하고 있기 때문입니다. 이렇게 다방면에서 열심히 일하고 있는 것에 비하면 교회가 많이 드러나지 않은 것이 사실입니다. 그럼에도 불구하고 교회는 이와 같은 비판에 자유로울 수 없습니다. 왜냐하면 복음의 정신은 선한 일들을 소금처럼 혹은 빵 속에 들어가는 효모처럼 드러내지 않고 행하는 것을 가장 중요한 가치로 여기기 때문입니다. 그러므로 보다 중요한 것은 교회가 진정성을 가지고 사회를 돌보는 일을 계속하면서 겉으로 보이는 홍보나 관리보다는 내실을 기하는 것입니다. 예를 들자면 그런 일을 하는 한 교회나 단체를 너무 부각시키는 일은 자제해야 하겠습니다. 이런 경우 때문에 전체가 비판을 당하는 경우가 너무 많이 있습니다. 진실한 마음으로 사회를 위해서 기도하고, 절제된 모습으로 봉사하며, 하고 있는 일들에 대해서 겸손하게 드러내고, 자신들만을 알리는 것 보다 교회 전체를 드러내는 쪽으로 진행될 수 있다면 아름다운 일들이 더욱 잘 퍼지게 될 것입니다. 무엇보다도 어머니의 마음이 되어야겠습니다. 어머니는 어떤 대가를 바라고 돌보는 것이 아니라 오직 다 주어도 끝이 없는 사랑의 마음으로 자녀들을 돌봅니다. 교회도 이와 같은 어머니의 마음으로 사회를 돌보아야 한다고 생각합니다.

함께 보면 좋을 책들

1. 존 스토트(John Stott)/한국기독학생회 편집부 옮김,『온전한 그리스
   도인이 되려면』(IVP, 1986)

존 스토트는 영국의 복음주의 신학자이자 목회자이다. 이 책은 그리
스도인이 되려면 우리가 어떻게 해야 하는지를 신학적인 부분에서 시
작하여 사회적 책임을 지는 데까지 쉬우면서도 깊이 있게 잘 보여주고
있다. 그리스도인으로 살고자 하는 초보자나 사회에서 어떻게 살까를
고민하는 사람들에게 아주 적절한 책으로 추천할 만하다.

2. 디트리히트 본회퍼(Dietrich Bonhoeffer)/손규태 · 이신건 · 오
   성현 옮김,『윤리학』(대한기독교서회, 2010)

본회퍼 목사는 히틀러 치하에서 불의에 저항하다가 순교한 분으로
유명하다. 이 책은 본회퍼가 히틀러에 대항하다가 감옥에 갇힌 후에 출
간을 목표로 단편적으로 옥중에서 기록한 글들을 모은 것이다. 이 책에
서 본회퍼는 궁극적으로 기독교인으로서 책임윤리를 말하고 있다. 예
수님이 우리를 위해 십자가를 대신 지신 것처럼 우리도 타인을 위해 대
신 십자가를 지고 세상에 대한 책임을 다해야 한다고 주장한다. 기독교
인의 삶을 보여주는 이정표와 같은 책이다.

3. 이정석,『기독교 사회복지와 사회선교』(교육과학사, 2009)

이 책은 교과서적인 성격을 갖는 책이다. 기독교가 사회에 행하는 복지를 단순한 복지가 아닌 선교적 관점과 차원에서 바라보게 하는 데 이 책의 장점이 있다. 특히 이 책은 사회의 다양한 복지 분야를 신학적 접근을 통해 분류하면서 잘 정리하고 있다. 기독교 사회복지를 어떻게 할 것인가를 고민한다면 읽어볼 만한 책이다.

교회와 세상의 소통

노영상

(호남신학대학교 전 총장)

이슈의 발견: 이야기로 생각하기

이야기 하나 ☞ 교회와 세상 사이의 단절 — 소통의 부재? 홍보의 부족?

김홍권의 책『좋은 종교 좋은 사회』에 수록되어 있는 아래의 표에서 보는 대로, 개신교는 불교보다 적은 교세를 가지고 있음에도 여러 종류의 구휼 활동 실적에서 전체의 절반 이상을 감당하고 있다.1 이와 같이

---

1 김홍권,『좋은 종교 좋은 사회』(서울: 예영커뮤니케이션, 2008). 김홍권 한국종교사회윤리연구소장이 저술한 이 책에는 각 종교의 사회봉사 상황에 대한 여러 통계가 수록되어 있다. 대북 인도적 지원, 수재의연금, 대구지하철 화재사고의연금, 해외 인도적 지원 등 모든 분야에서 종교단체들의 활약상은 두드러지며, 이중 개신교의 기여도는 절대적이다. 종교인구가 2005년 통계청 조사 기준으로 불교가 전체인구의 22.8%(1,072만여 명), 개신교가 18.3%(861만여 명), 천주교가 10.9%(514만여 명)인 것을 비교해 보면 이 차이는 더욱 드러난다. 이중 개신교는 금액 면에서도 대북

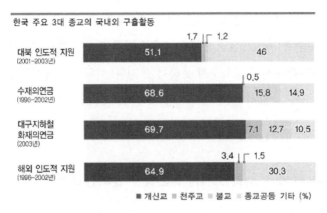

한국 주요 3대 종교의 국내외 구휼활동

	개신교	천주교	불교	종교공동 기타 (%)
대북 인도적 지원 (2001~2003년)	51.1	1.7	1.2	46
수재의연금 (1996~2002년)	68.6	0.5	15.8	14.9
대구지하철 화재의연금 (2003년)	69.7	7.1	12.7	10.5
해외 인도적 지원 (1996~2002년)	64.9	3.4	1.5	30.3

자료: 한국종교사회윤리연구소

〈표 1〉 한국 3대 종교별 사회봉사 활동에 대한 통계

많은 부분의 일들을 개신교가 감당하고 있음에도 불구하고 기독교가 사회에서 비판의 대상이 되고 있는 원인은 과연 무엇인가? 교회에서 하고 있는 이러한 일에 대한 홍보의 부족인가? 아니면 교회가 사회와 소통을 잘 못하고 있기 때문인가? 필자의 의견으로는 이러한 현상은 소통의 부재와 이에 따른 홍보의 부족에서 기인한다고 말할 수밖에 없다.

그간 한국교회는 적절한 소통과 홍보를 위한 전략을 갖지 못했다. 이 같은 홍보와 소통의 효율화를 위해 개신교도 더욱 분발할 필요가 있다. 총회 내에 매스컴위원회 등을 두어 대외 홍보를 효과적으로 감독하는 것도 중요하다. 또한 교단 내의 언론인들로 구성된 위원회의 활동

인도적 지원에 3년간 6,985만 6천 달러, 수재의연금에 7년간 95억여 원, 대구지하철 화재사고 의연금에 21억 5천 만여 원, 해외 인도적 지원에도 7년간 1,330억여 원을 쏟아붓는 등 사회복지와 소외된 이웃돕기에 앞장섰음을 알 수 있다. 사회복지시설의 경우에도 종교단체들이 대부분을 담당하고 있다. 개신교, 불교, 천주교 등 3대 종교는 장애인·아동·노인복지시설 등을 2005년 기준으로 전체 906개 소 중 약 87%인 768개소를 설립했고, 약 6만 4천 명을 수용하고 있다. 이 중 개신교는 장애인 131개 소 1만 3천여 명, 아동 200개 소 1만 7천여 명, 노인 175개 소 1만 2천여 명의 규모로 절반 이상을 담당하고 있다(「크리스천투데이」 2008년 3월 14일).

이 요긴하다고 생각된다. "오른손이 하는 것을 왼손이 모르게 하라"(마 6:3)는 말씀에 따라 개신교도들은 그간 은밀한 봉사를 해왔으나, 사회는 그런 은밀한 봉사를 알아주지 못하는 것 같다. 사회를 위해 은밀한 봉사를 하는 것도 중요하지만, 적절히 홍보도 하고 소통도 하여 많은 사람에게 알리고 그 일에 참여하게 하는 것도 바람직한 일이라고 생각한다.

이야기 둘 ☞ 소통을 위한 접근법 — 문화선교 해석학

선교와 전도는 어쨌든 기독교의 진리와 장점을 선포하고 전하는 것으로 가능하다. 기독교가 선포하고 전하는 메시지가 올바르고 타당하다고 인식하는 사람들은 기독교를 자신의 종교로 받아들이게 되고, 타당하지 않다고 생각하는 사람들은 거부하게 될 것이다. 문제는 교회 밖의 사람들에게 기독교를 잘 소통시키는 것이 중요하다. 선교와 전도의 성공 여부는 상당히 많은 부분이 효과적인 소통과 연관되어 있다.

필자는 이러한 교회와 사회 사이의 소통을 위한 방법론적 접근으로 문화선교 해석학의 입장을 서술하려 한다. 이것은 문화라는 포괄적인 장을 통하여 세상과 소통하려는 노력의 한 방법이다. 오늘날의 한국교회는 선교를 일종의 종교적인 것으로만 이해하고, 그 사회의 문화 전반에 대한 반성과 소통을 소홀히 해 왔다. 종교적인 면에 대한 반성을 위시한 정치 · 문화 · 사회 · 경제 · 예술 등 전방위적인 입장에서 오늘의 복음이 가지는 의미가 무엇인지를 폭넓게 숙고하여야만 사회와 더 나은 소통을 할 수 있으며, 선교의 가능성도 커지리라고 생각한다. 이에 필자는 이 글에서 문화선교 해석학의 방법론을 간추리고 그것을 통한 소통과 선교의 가능성을 타진하려 하는 것이다.

개념 빗기: 문화, 선교, 문화선교 해석[2]

1. 문화

샤퍼D. Paul Schafer는 문화를 하나의 커다란 나무에 비유한다. 신화, 종교, 윤리, 철학, 우주론과 미학은 그것의 뿌리를 형성한다. 경제, 군사 체계, 과학기술, 정치 이데올로기, 사회구조, 환경 정책과 소비자 행태 등은 그것의 줄기와 가지를 구성한다. 교육 체계, 문학, 예술, 영적 신념, 도덕적 실천 등은 그것의 잎과 꽃과 열매들에 해당한다. 이와 같이 문화에 대한 접근을 위해서는 제반 학문의 융합이 요청된다.[3] 우주론과 철학과 신학에서는 세계관, 통전성, 부분과 전체와의 관계 등에 대한 통찰을 얻는다. 인류학으로부터는 문화의 패턴과 주제뿐 아니라 전체로서의 문화 형성에 관한 통찰을 얻게 된다. 사회학에서는 가치, 가치체계, 상징, 신념, 정체성, 인종, 계급, 종족 및 성에 대한 통찰을 얻는다. 또한 생태학으로부터는 인간의 종과 다른 종들 사이, 인간과 자연의 다른 영역 사이의 상호 연관성에 대한 통찰을 갖게 되며, 생물학에서는 다른 종들의 문화에서의 진화적 성격과 유기체적 과정의 본성에 대한 통찰을 발견하게 된다. 역사로부터는 서로 다른 문명과 문화의 성쇠 및 문화의 조직과 진화에 대한 의미를 배우고, 예술로부터는 진리와 미의 창조성, 탁월함과 그에 대한 추구 및 숭고함을 추구하는 것에 대한 통찰을

---

2 이하의 부분은 필자의 책, 『기독교 사회윤리 방법론에 대한 해석학적 접근』(서울: 장로회신학대학 교출판부, 2006), 제3장 "문화선교해석학의 이론과 실제"의 내용을 상당 부분 보완 수정한 것이다.
3 D. Paul Schafer, *Culture: Beacon of the Future* (Westport: Praeger, 1998), 42.

얻는다. 이렇게 우리는 제반의 학문에서 문화적 통찰들을 획득하게 되는 것이다. 문화학은 제반 학문들을 아우르는 통전적(wholistic) 학문이라 할 수 있겠다.4 "문화는 더 이상 삶의 영역 중의 한 부분적 영역, 즉 정치, 법률, 경제, 종교, 기술 등과 같이 구분된 영역의 부분 체계로 파악되지 않고 이를 모두 포괄하는 개념으로 파악된다."5

2. 선교

선교(mission)는 라틴어 동사 *mittere*(보내다, 파견하다)라는 단어를 어원으로 한다. 그리고 그 동사의 명사형인 *missio*는 '내보냄'(sending out)을 의미하는 바, 그런 의미에서 선교는 하나님으로부터 특별한 목적을 위하여 부름을 입은 사람들이 그 목적의 성취를 위하여 보냄을 받은 것으로 정의될 수 있다.6

이 선교의 정의에는 크게 네 가지의 요소가 포함되어 있다. 하나님, 부르심을 받은 사람들의 모임으로서의 교회, 보내심 그리고 그 보내심의 목적이다. 먼저 위의 선교의 개념은 선교의 주체가 인간이나 교회가 아니며, 보내시는 하나님임을 강조한다. 기독교의 선교는 교회의 팽창을 목적으로 하는 선교이기보다는 삼위일체이신 하나님의 선교(*Missio Dei*)이며 성령에 의한 선교인 것이다. 다음으로 하나님은 교회를 세상을

---

4 D. Paul Schafer, *Culture: Beacon of the Future*, 45. 이 문단의 글들은 필자의 책,『기독교 사회윤리 방법론에 대한 해석학적 접근』(서울: 장로회신학대학교출판부, 2006), 70-71을 참조하였다.

5 이상엽, "문화, 문화학, 문화철학," 사회와 철학 연구회 편,『과학기술시대의 철학』(서울: 이학사, 2004), 58.

6 이광순 · 이용원,『선교학개론』(서울: 한국장로교출판사, 1993), 18.

향해 보내신다. 교회가 세상을 위하여 보내심을 받는다는 것이다. 세상이 교회를 위해 존재하는 것이 아니라 교회가 세상을 위해 존재한다. 하나님-교회-세상의 구도에서 하나님-세상-교회의 구도로의 전환이 요청된다. 그러므로 교회 자체가 선교의 목적이 되어서는 곤란할 것이다. 무엇을 위한 교회이어야 하는가가 중요하다.

우리는 기독교의 구원 개념을 너무 협소하게 사용해 온 경향이 있다. 기독교의 구원을 일종의 영혼 구원의 개념으로 사용하여 영적인 문제로 국한시키기도 한다. 그러나 기독교의 구원은 인간의 영육을 포함한 전 영역을 포괄하는 것으로 문화 전반에 대한 포괄적 시야를 요청한다. 기독교의 구원은 인간 개인에게만 해당되는 것이 아니라 문화의 총체성에도 동일하게 해당된다. 구원이란 총체적이고 통합적인 어떤 것이기 때문에 그것은 전^全존재와 상관된다. 복음은 인간이 거주하는 역사적이고 사회적인 실재 그리고 공동체적 구조들을 포함한 문화 전반과 연관된다.7 이와 같은 구원의 개념은 넓은 문화의 개념을 사용하여 문화적 구원(cultural salvation)이란 용어로 포괄될 수 있다.

3. 문화선교 해석

성경을 해석하는 여러 방법이 있다. 먼저 성경의 구조 내에서 한 본문을 해석할 수 있다. 보통 이러한 성경의 구조 속에서 성경을 해석하는 입장을 구조주의 해석(structural interpretation)이라 한다. 다음으로 성경을

---

7 Herve Carrier, *Evangelizing the Culture of Modernity* (New York: Orbis Books, 1993), 146.

보다 큰 맥락인 저자와 당시 독자의 사회적 맥락 가운데서 해석하는 입장이 있는데, 보통 사회학적 해석(sociological interpretation)이라 칭한다. 그러나 우리는 성경을 보다 큰 맥락 가운데에서 해석할 수 있는바, 문화라는 포괄적이며 통전적인 맥락에 비추어 성경을 해석하는 것이다. 당시의 문화와 오늘의 문화적인 배경에서 성경을 해석할 때, 그 해석이 보다 포괄적인 것이 될 수 있을 것이다. 우리는 그러한 해석을 문화적 해석(cultural interpretation)이라 부를 수 있다. 이에 있어 문화선교 해석학은 기독교의 진리를 해석할 때, 이를 문화라는 포괄적인 큰 틀에서 해석하려 한다. 또한 기독교의 진리 이해가 문화라는 시점 안에서만 가능한 것임을 전제한다. 어떤 한 종교적 진리는 한 사회의 문화의 옷을 입고 표현되기 마련이며, 문화 전반과 영향을 주고받으며, 생성되고, 재현된다. 그러므로 문화선교 해석학은 다음과 같은 구성적 요건들을 포괄한다. 성경이란 텍스트, 교회의 전승, 성경을 쓸 당시의 저자의 전반적인 문화, 성경을 쓸 당시의 독자의 문화, 오늘의 선교 대상이 되는 사람들과 선교지의 문화 등이다. 이 같은 다각적인 문화에 대한 이해는 교회가 세상과 소통하는 길을 더 넓게 열어준다. 교회가 우리 사회의 문화에 대한 더 깊은 이해를 하며, 그러한 분석을 바탕으로 하여 복음을 적용하려 할 때, 복음의 전달 가능성은 더 커지게 마련이다.

문화선교 해석의 방법론

1. 스티븐 비번즈의 다섯 가지 해석 모델들

비번즈Stephen B. Bevans는 그의 책『상황신학의 모델들』[8]에서 문화신학으로서의 상황신학(contextual theology)을 다섯 가지 모델로 분류한 바 있다. 첫 번째로는 번역 모델(translation model)이 있다. 번역은 단어와 문법의 부합됨만으로 충분하지 않다. 그것은 의미(meaning)들을 읽어 내는 번역이 되어야 한다. 이에 의역(dynamic equivalence)의 중요성이 강조된다. 이러한 번역 모델은 문화를 복음 메시지를 담는 그릇으로 보고 있다. 초超문화적인 보편적 복음이 번역을 통해 특정한 문화적 형식에 담기게 된다. 핵심으로서의 초문화적(supracultural) 복음 메시지는 일차적인 것이며, 문화는 이차적인 것이다. 복음은 그 나라의 언어 문화를 통해 번역이 가능한 것으로, 이러한 번역의 가능성은 모든 문화가 동일한 구조(structure)를 갖고 있다는 데 있다. 문제는 골격(kernel)과 껍데기(husk)로 양자를 분리할 수 있는가 하는 것이다. 복음은 인간의 경험과 문화에 밀착되어 있는

---

8 Stephen B. Bevans, *Models of Contextual Theology: Faith and Culture* (New York: Orbis Books, 1997).

것으로 초문화적인 복음의 핵심을 그와 같이 뼈다귀 발라내듯 할 수 있다는 것이 의문이다.

두 번째의 모델은 문화인류학적 모델(anthropological model)이다. 번역 모델은 기독교의 정체성 보존을 강조하는 보수적인 모델인 반면, 문화인류학 모델은 기독교 신앙을 가진 사람이 그 자신의 문화적 정체성을 보존하는 것이 중요함을 강조한다. 이 모델은 하나님의 계시와 인간의 경험과 문화가 동등하게 중요하다고 말한다. 하나님의 계시는 초^책문화적인 메시지가 아닌바, 인간의 문화를 통해 전달된다. 성경은 사회적이며 문화적으로 조건 지워진 종교적 경험의 산물로서, 이스라엘 민족과 초기 기독교 공동체의 삶 그 자체에서 나온 것이다. 번역 모델은 속죄 중심의 신학을 바탕으로 한 반면, 문화인류학 모델은 창조 중심의 신학을 바탕으로 한다. 번역 모델은 진주를 파는 사람의 이미지와 연결되나, 문화인류학 모델은 진주를 캐는 사람의 이미지로 표현된다. 문화인류학 모델은 하나님의 계시를 그들의 문화 속에서 찾을 수 있다고 한다. 성경과 지난 서구의 기독교 전승은 그들이 그들의 문화 속에서 진주를 찾을 수 있도록 안내해 주는 지도의 역할을 한다는 것이다.

세 번째의 실천 모델(praxis model)은 문화를 사회변동(social change)의 개념으로 이해한다. 보통 이 실천 모델은 해방신학에 의거한 해방 모델(liberation model)로 불리기도 한다. 이들은 반성(reflection)이 행동(action)의 앞에 오는 것이 아니라 행동이 반성 앞에 와야 한다고 한다. 이 모델은 최고조의 앎(knowing)이란 책임적인 행동(responsible doing)에 있다고 언급한다. 이들은 오늘의 문화를 좋다고만 보지 않으며 심히 왜곡되어 있는 것으로, 해방과 치유가 필요하다고 말한다. 번역 모델은 하나님의 계시가 초문화적인 것으로서 변치 않는 메시지의 성격을 갖는다고 한다. 반면 문화인류학 모델은 계시를 하나님의 현존과의 개인적이며 공동적인 만남으로 이해한다. 그러나 실천 모델은 억압의 상황에 있는 사회경제적 구조 속에 하나님의 계시가 드러난다고 말한다.

네 번째 모델은 종합 모델(synthesis model)이다. 이 모델은 앞의 세 가지 모델을 종합한다. 이 모델은 지나치게 문화나 사회변동을 강조하지 않으며, 메시지와 전승에만 집중하지도 않는다. 이 모델은 위의 양면을 다 중시하는 일종의 대화적 모델(dialogical model)이다. 이 견해는 한 문화를 선하게만 보지도 않고 또한 악하게만 보지도 않는다. 이 견해는 하나님의 계시가 번역 모델에서와 같이 이미 완결된 것으로 봄과 동시에 문화인류학 모델에서와 같이 오늘의 삶에서 계속되는 것으로도 생각한다.

마지막 모델은 초월적 모델(transcendental model)이다. 이 모델은 하나님의 계시가 성경의 단어나 전통적 교리 및 문화의 구조 속에 있는 것이 아니라 인간의 주관적 경험 속에 있다고 설명한다. 그러나 이러한 주관성에 대한 지나친 강조는 보편적 객관성을 약화시킬 위험이 있다.

비번즈는 복음 메시지의 텍스트와 문화적이며 사회적인 콘텍스트 양자 중 어떤 면으로 더 치우쳐 있는가에 따라 상황신학을 여러 가지 모델들로 구분하였다. 번역 모델은 복음 메시지의 텍스트에 더 강조점을 두는 반면, 인류학적 모델은 문화와 사회적 정황에 더 많은 역점을 둔다.9 이 같은 양극단을 종합하는 위치에 있는 모델이 그가 제기한 종합 모델로, 종합 모델은 일면 텍스트에 강조점을 줌과 동시 문화적 콘텍스트에 대해서도 동일한 무게를 두고 있다. 성경의 텍스트와 문화적 콘텍스트를 상호 연관하며 해석할 것을 비번즈는 말한 것이다. 필자는 종합

---

9 Stephen B. Bevans, *Models of Contextual Theology*, 27.

모델이 문화선교에 가장 강점을 가지는 모델이라 생각한다.

2. 문화선교 해석을 통한 교회와 사회 사이의 소통

피선교지의 문화를 배려하는 상황신학적 방법론에 대한 논의에 의거하여 문화선교 해석을 위한 필수적인 과정에는 다음과 같은 것들이 포함되어야 할 것이다. 성경의 메시지를 우리의 언어로 번역(translation)하여 이해하는 일, 성경 저자의 당시 문화적 배경에서 복음 메시지를 이해하는 것, 오늘의 우리 문화에 대한 분석(analysis), 오늘의 우리 문화를 성경의 메시지를 통해 반성(reflection)하여 봄, 오늘의 문화적 상황에서 복음 메시지를 구현하고 실천하는 길에 대한 모색, 변혁(transformation)된 새로운 하나님 나라 문화 창조를 위한 제언 등이 문화선교 해석학(cultro-missional hermeneutics)의 중요한 과정들이다. 한 사회의 문화에 대한 분석(analysis), 그러한 문화에 대한 분석을 바탕으로 복음의 의미를 반성(reflection)하는 것, 다음으로 복음의 내용을 그 문화의 견지에서 번역하여 내는 일, 마지막으로 그 복음을 그 사회 속에서 실천(practice)하는 문제, 곧 복음으로 그 사회문화를 변혁(transformation)하는 과정 전체가 문화선교 해석학의 방법인 것이다. 분석-반성-번역-변혁의 네 단계를 통해 우리의 복음은 오늘의 사회와 문화 속에 소통되는 것인바, 이 같은 방법을 근간으로 하여 우리는 문화를 변혁하는 선교의 길을 모색하게 되는 것이다. 사회 속에서 복음을 소통하기 위해서는 그 사회의 문화 전반에 대한 이해가 필요하고, 그에 대한 복음의 적용 가능성을 계속 타진하는 것이 무엇보다도 중요하다. 이제 해석의 단계별로 그 내용을 살펴보도록 하자.

1) 문화선교 해석의 1단계: 분석(analysis)

우리는 기존 사회의 문화를 부정적인 것만으로 볼 수 없다. 기존 문화의 긍정성은 기독교 교리에 의해서도 지원받는다. 하나님께서는 이 세상을 창조하신 후 이 세상을 보시고 참 좋았더라고 하셨다. 이후 인간의 타락을 통해 이 세상도 타락으로 떨어지게 되었으나, 하나님은 자연의 은총에 따라 이 세상 속에 나름의 질서를 갖게 하셨다. 우리의 타락한 문화 속에도 하나님은 그리스도 안에서의 보존의 은총을 베푸셨으며, 그것을 통해 어느 정도 인류의 삶이 지탱되도록 하셨다. 인류의 타락한 역사 중에서도 하나님은 인류를 붙드시고 계시며, 계속적인 통치를 해오셨던 것이다. 그러므로 우리는 우리의 믿음 이전의 문화를 부정적인 것으로만 볼 수는 없다. 선교의 일은 사회 전반의 문화를 어느 정도 수용하는 것에서 가능해진다는 것이다.

이와 같이 문화에 대한 어느 정도의 긍정성 속에서 우리는 교회와 사회 사이의 소통 문제를 생각하게 된다. 오늘의 한국교회가 사회와 점점 멀어지는 중요한 이유 중의 하나는, 교회가 사회의 변화하는 문화에 대해 너무 무지하다는 것에 있다. 기독교의 종교적인 선포 내용에만 착목한 채, 그 선포의 대상이 되는 사회의 문화 환경에 대해서는 눈을 감고 있기 때문에 복음이 소통되지 않는 현실을 맞게 된 것이다. 교회가 사회와 복음의 내용을 소통하기 위해서는 먼저 사회문화 전반에 대한 치밀한 분석이 선행되어야 한다는 것이다.

오늘날 한국 개신교는 침체기를 맞고 있으며, 그에 대해서는 여러 분석이 나오고 있다. 그중에 신학에 대한 질문도 있고, 오늘의 한국 사회의 종교적 분위기에 대한 이야기도 있다. 그러나 이런 침체에 대한 분석은 그런 단선적인 평가만으로 결론짓기는 어려우며, 보다 복합적인 논의가 필요하다. 정치적인 측면에서의 교회의 역할, 경제적인 상황에서의 교회의 역할, 노동 현실에서의 교회의 역할, 남북문제에서의 교회의 입장 등 오늘의 사회 현실 속에서 교회가 놓여 있는 좌표가 찍히면, 그러한 침체의 이유가 더 분명해질 것이라 생각된다.

2) 문화선교 해석의 2단계: 반성(reflection)

제2단계는 1단계의 분석 결과에 대해 성경적 반성을 더하는 해석학적인 작업이다. 기존 문화에 대해 기독교가 수용할 수 있는 것이 있는 반면, 받아들일 수 없는 것도 있다. 또한 수용할 수 있는 문화를 이용하여 그것을 복음 전도의 형식과 수단으로 사용하는 것에도 많은 기술이 요구된다. 이러한 판단을 위해 먼저 우리는 성경이 제시하는 규범에 충실할 필요가 있다. 사회의 문화는 폐기되어야 할 대상이 아니며 수용 변혁될 대상이라는 것이 많은 학자의 견해인바, 그러한 입장에 대한 충분한 고려가 필요하다. 사회의 문화를 무서워해서는 안 되며 그것을 객관적인 입장에서 하나하나 평가하고 생각해 보는 자세가 요청된다. 일례로 조상제사의 문제를 차분히 생각해 보면, 받아들여야 할 의미가 무엇이고 기독교인으로서 수용할 수 없는 부분이 무엇인지 알기 어렵지 않을 것 같다. 우리의 전통적 조상 제사는 부모에 대한 공경이나 친족 사이의 하나 됨을 의미로 가지는 바, 이런 내용은 오늘의 기독교에서도 구현될 수 있는 내용이다. 그러나 조상을 일종의 신으로 생각하여 지방을 쓰고 향을 피우며 절하는 등의 예식은 받아들이기 힘든 부분일 것이다. 그러한 취사선택의 문제는 어려운 일이 아니며, 신앙의 기본적 입장에서 서두르지 않고 살피면 쉽게 파악될 수 있는 것들이다. 이러한 비판적인 능력을 기르기 위해서는 복음의 핵심적 의미(meaning)와 함께 그 복음에 입혀져 있는 당시의 문화적 옷으로서의 형식(form)을 가리는 안목이 필요하다. 그것을 위해서는 복음의 내용을 초(超)문화화하여 당시의 문화적 굴레로부터 해방하는 작업이 선행되어야 한다. 복음의 핵심에 대한 이해를 가져야만 피선교지의 전통문화에 대한 비판이 가능해지는 것이다. 복음의 핵심 메시지를 통해 기존 문화 속에 있는 잘못된 의미들과 문화적 형식들을 비판하는 것이 이 부분의 주요한 내용이 될 것이다.

이 같은 반성을 할 때 고려해야 할 또 하나의 중요한 점은 '선교적 지향점'을 갖는 것이다. 즉, 복음을 보다 효율적으로 전달하는 방법을 추구함이 요청된다. 선교는 구원을 그 목표로 하는 바, 우리의 노력이 모든 피조물의 구원을 향하는 것이 될 필요가 있다. 선교를 받는 사람들이 보다 용이하게 복음을 이해하고, 그들의 삶과 사회를 아름답게 변화시킬 수 있도록 우리의 신학적인 작업들을 정렬하는 것이 중요하다.

3) 문화선교 해석의 3단계: 번역(translation)

언어는 문화의 가장 근본적인(fundamental) 요소이다.[10] 언어가 바뀌지 않고는 세상이 바뀌지 않는다. 하나님께서는 이 세상을 말씀으로 창조하셨다. 언어는 새로운 문화를 창조하는 힘이다. 새로운 언어로의 전환이 없는 사고의 전환이란 있을 수 없다. 복음이 한 문화에서 뿌리내리려

---

10 Lesslie Newbigin, *The Gospel in a Pluralist Society* (Geneva: WCC Publications, 1989), 185.

면, 그것의 바른 번역과 그 문화에 걸맞은 언어 문화적 표현을 필요로 한다. 하나의 문화권에 성경이 번역되면 이미 반 이상의 토착화가 이루어진 셈이다. 더 나은 번역을 위해서는 상대 문화에 대한 진지한 탐구와 분석이 요청된다. 상대 문화를 다각적인 차원에서 배우고 수용하는 것이 복음 전달에 많은 영향을 미치기 때문이다. 일례를 들어 아메리카 대륙 중앙부에 있는 과테말라의 마야 문명권에 있는 사람들은 여우를 교활한 동물로 보지 않으며, 오히려 야생 고양이가 교활한 동물을 상징하는 것으로 되어 있다. 이에 누가복음 13장 32절의 '여우'라는 단어는 이러한 그들의 문화적 배경을 고려할 때, '야생 고양이'로 번역하는 것이 옳다.[11]

이와 같이 번역은 두 가지의 입장에서 수행된다. 먼저는 직역이며, 다른 하나는 의역(dynamic equivalence)이다.[12] 그 사회의 문화를 잘 이해하지 않고서는 의역을 할 수 없다. 번역 초기엔 직역이 선호될 수밖에 없는 것으로, 그것을 통해 어느 정도 선교자와 피선교자의 의사소통이 이루어진 뒤에야 의역의 가능성들을 실험하게 된다. 여러 가지 의역의 가능성들이 실험되는 중 복음의 전달에 더 유용한 의역들이 채택되어 직역의 자리를 물려받는 것이다.

그 나라의 언어와 문화에 관련되지 않는 복음 전파는 가능하지 않다. 이에 하나님도 히브리인들과 그리스-로마 문화권의 사람들에게 그의

---

11 Stephen A. Grunlan and Marvin K. Mayers, *Cultural Anthropology A Christian Perspective*, the 2nd edition (Grand Rapids: Zondervan Publishing House, 1988), 82.

12 이러한 직역과 의역의 문제에 대해서는 Charles H. Kraft, *Christianity in Culture: A Study in Dynamic Biblical Theologizing in Cross-Cultural Perspective* (New York: Orbis Books, 1979), 315-327을 참조.

복음을 설명하기 위해 적극적으로 그들의 문화를 수용하셨던 것이다. 일례로 성경에 나오는 야훼의 이름을 역사상의 기독교는 어떻게 표현하였는지를 검토하는 것은 매우 흥미로운 일이다. 구약 성경에서는 야훼 하나님을 '엘'신으로도 부르는데, 이 '엘'은 가나안 만신전의 최고의 신을 이르는 이름이다.[13] 가나안 이주 후 구약의 유대교는 주변 지역의 신神 개념을 흡수하여 보편성의 풍요한 기초를 이루었던 것이다. 곧 야훼 신앙과 '엘' 신앙이 서로 대립되기보다는 각기 다른 문화 안에서 형성되었던 하나님 이해와 체험들이 상호 만남을 이루어 내면서 대화의 과정을 거쳐 야훼 신앙이 '엘' 신앙의 다양한 특성들을 수용함으로 한층 풍요로워졌던 것이다.[14] 물론 구약 성경의 이런 '엘' 신앙 수용은 비판적 반성을 통해 진행되었는바, 종교혼합이 지양되는 방향에서 이루어지고 있다. 야훼의 이름을 표현하기 위한 토착 언어의 수용은 한국 기독교의 '하나님'이란 명칭 번역에서도 있었다. 한국의 전통적 신神의 개념은 보통 '하느님'이란 용어로 표현되었다. 그러나 한국에서 성경이 번역되면서, 신神의 개념을 '하느님'에서 변형한 '하나님'으로 하면서 우리의 신神 개념과 야훼 신神 개념 사이에 상호작용이 일어났으며, 성경의 야훼 개념을 이해하고 그것을 더욱 풍성히 하는 데 기여하였던 것이다.[15]

13 A. Wessek, "구약성서 안에서의 혼합주의," 「세계의 신학」 25 (1994 겨울): 156-157.

14 강병권, "한국토착화신학 연구," 미간행 석사학위 논문 (서울: 가톨릭대학교 신학대학원, 1996), 20-22.

15 김경재, 『한국문화신학』 (서울: 한국신학연구소, 1983), 111-118.

4) 문화선교 해석의 4단계: 변혁(transformation)

문화선교 해석의 네 번째 단계는 미래에 초점을 둔다. 여기서 우리는 기존 문화를 혁신하고 우리의 복음을 담을 새로운 그릇을 창조하게 된다. 전통문화의 수용에서 진전하여 우리가 복음을 구현할 수 있는 더 나은 미래적 창조의 길을 찾는 것이 네 번째 단계이다. 이전의 단계가 과거의 전통문화를 비판적으로 수용하는 단계라면, 이 단계는 우리의 문화를 기독교 정신에 맞게 재창조해 가는 과정을 말한다. 기존의 사회문화를 오늘의 시점에서 새롭게 하는 것이 이 단계의 관심이며, 이에 따른 재再상황화의 작업이 수행된다. 다시 말하자면 초超문화화된 복음의 내용을 오늘의 문화적 옷을 입혀 재상황화(recontextualization)하는 방안에 대해 탐구하는 단계라고 할 수 있다.

새로운 문화의 창조를 위한 변혁의 과정은 두 가지 면에서 수행된다. 먼저는 회심자의 세계관(worldview)의 변화이며, 다음은 그 회심자가 속한 사회구조(social structure)에서의 변혁이다. 이러한 변혁 이론은 풀러신학교의 선교학과 교수인 크라프트Charles H. Kraft에 의해 더욱 세분화되어 논의된 바 있다.16 먼저는 하나님과 인간이 만남을 통해 우리의 자아가 변혁된다. 자아의 변혁은 우리의 존재와 세계관의 변혁을 수반한다. 우리의 자아는 하나님의 복음을 통해 이성적이고, 정서적이며, 의지적인 면에서 변혁된다. 그러한 자아의 존재와 행동의 변혁은 교회 공동체의 변혁을 가져오게 되며, 교회 공동체는 그 공동체 성원成員의 변혁을 통해 새로워진다. 이제 변혁된 교회 공동체로 말미암아 우리의 사회구조가

---

16 Charles H. Kraft, *Christianity in Culture*, 360 이하.

변혁된다. 하나님에 의해 개인의 세계관(worldview)이 변혁되고, 공동체가 변혁되며, 우리의 문화가 순차적으로 변혁된다는 것이다.

복음의 상황화엔 항상 위험이 따른다. 복음이 일단 상황화되고, 문화화되면 복음은 그 문화에 조건 지워지게 된다. 그러므로 그것은 항상 복음의 초월성에 의해 다시 조명받아야 한다. 또한 각국의 기독교는 그것의 문화적 상대성을 극복하고 계속적인 자기 갱신을 위해 다른 나라 교회들의 목소리를 들으며 상호 교류하는 것이 필요하다.17 우리는 서로 다른 문화권에서 형성된 서로 다른 입장의 신학을 통하여 새로운 변혁의 가능성을 간추릴 수 있게 된다. 각 교회는 세계 각 곳에 퍼져 있는 교회의 목소리들을 수렴함으로써 자기 안에 있는 잘못된 문화화를 체크하고 상호 오류를 시정하게 된다.18 일단 기독교가 그들의 문화가 되면, 그들은 그 문화 이상의 것으로 기독교를 이해할 수 없게 되기 때문이다.

한 사회 내에 있는 사람과 정신을 통해서는 그 사회를 개혁할 수 없다. 그 사회 안에 사는 어느 누구도 기존의 사회 이데올로기에 착색되지 않은 사람이 없기 때문이다. 그러므로 진정한 변혁은 그 사회 밖의 요인으로부터 오게 마련이며, 사회 내에 휩싸여 있는 사람은 그 사회를 변혁

---

17 슈라이터(Robert J. Schreiter)는 특정한 지역 신학적 표현의 진정성을 판단하는 기준을 다섯 가지로 제시하였다. 먼저 그 상황화된 지역 신학이 올바른 신학으로 판정 받으려면, 내적 논리의 일관성을 가지고 있어야 한다. 둘째, 상황신학이 바로 표현되려면, 그 상황에 적당한 예배로 그 모습이 나타나야 한다. 셋째, 그 상황신학의 올바름은 행위의 열매로 보일 필요가 있다. 곧 바른 신학이라면 정행(orthopraxis)의 판단기준을 가져야 한다. 넷째, 그 신학의 표현이 다른 교회들의 비판에 대해 열려있어야 한다. 한 지역의 신학이 다른 지역의 신학과 대화적 관계에 있어야 한다는 것이다. 다섯째, 한 신학이 진정한 신학으로 판정받으려면, 그 신학이 다른 신학에 대해 공헌하고 도전하는 면을 지녀야 한다. Robert J. Schreiter, *Constructing Local Theologies* (New York: Orbis Books, 1985), 117-121.

18 Lesslie Newbigin, *The Gospel in a Pluralist Society* (Geneva: WCC Publications, 1989), 195-197.

할 수 없다. 우리는 복음을 한 문화 내에 가두어 둠으로써 그것의 창조성을 상실케 해서는 안 된다. 그러므로 한 곳의 문화로 토착화된 복음은 그것의 역동성과 창조성을 잃지 않기 위해 다시 탈상황화되는 것이 필요하다. 복음은 문화화됨과 동시 다시 탈문화화되어야 한다. 그러한 복음의 초문화화는 한 나라의 교회가 우리를 초월하여 계신 하나님과 다양한 문화를 품고 있는 세계를 향해 열려있을 때 가능해진다.

이런 것이 궁금해요!

질문 1. 한국교회는 '고집불통'의 이미지가 너무 강합니다. 현실적인 측면에서 이와 같은 불통의 이미지를 어떻게 하면 벗을 수 있을까요?

사실 이 질문에 대한 대답은 매우 어렵습니다. 특히 이론적인 차원에서 접근하기가 무척 어려운 주제입니다. 그래서 실제적인 차원에서 그 답을 함께 생각해 보았으면 합니다. 아주 현실적인 차원에서 한국교회는 홍보면에 있어 다른 종교들에 비해 인식이 부족한 편입니다. 예를 들어 가톨릭교회는 제2차 바티칸 공의회에서 매스 미디어에 관한 교령을 선포한 이래, 줄곧 미디어 문제에 대해 관심을 가져왔습니다. 가톨릭은 매년 5월 31일을 "세계 홍보의 날"(the World Communication Day)로 정하여 커뮤니케이션과 미디어, 매스 미디어, 멀티미디어의 중요성을 신자들에게 심어주고 있습니다. 또한 제2차 바티칸 공의회는 교황청 내에 교황청매스컴위원회를 두기로 결정하였으며, 이후 PR의 문제를 중시하는 여러 기구를 결성한 바 있습니다. 이와 비교해 볼 때 한국교회는 홍보전략에 대한 수준이나 그 중요성에 대한 인식이 매우 낮습니다. 물론 개신교 내에서도 교회가 수행한 사회봉사의 내용을 효과적으로 홍보한 경험이 전혀 없는 것은 아닙니다. 최일도 목사의『밥 퍼』, 조현삼 목사의 목회 내용을 소개한『감자탕교회 이야기』등은 이런 홍보와 소통의 좋은 선례가 됩니다. 만약 이런 책들이 발간되지 않았다면 그 목회자들의 훌륭한 봉사활동은 다른 사람들에게 효과적으로 알려지기 힘들었을 것입니다. 하지만 개신교 내에서 행하고 있는 이와 비슷한 혹은 이보다 더 헌신적인 사회봉사 활동을 하고 있는 목회자들이 많이 있음에도 그런 활동들이 널리 알려지지 못한 것은, 사회와 교회가 충분히 소통하면서 그 내용을 효과적으로 홍보하지 못한 것에 가장 큰 이유가 있을 것입니다. 현실적인 방법으로 한국의 전全개신교 차원에서의 매스컴 홍보 전략을 세울 수 있었으면 좋겠습니다. 교단의 본부들은 이 문제를 더욱 신중히 생각해 보아야 할 것입니다.

> 질문 2. 보통 문화선교라고 하면 음악이나 미술, 연극이나 영화 등의 예술을 통하여 선교하는 것으로 생각합니다. 하지만 교수님의 문화선교에 대한 정의는 기존의 생각과는 좀 다른 것 같습니다. 이 부분에 대해서 조금 더 명확하게 설명해 주시기를 바랍니다.

최근 교회에서 문화선교라는 단어가 각광을 받고 있습니다. 대중적인 예술의 여러 장르를 교회의 선교 수단으로 이용한다는 생각으로 이 용어가 쓰이고 있는 것 같습니다. 이것은 현대음악과 무용, 연극, 영화, 미술, 뮤지컬 및 전통음악 등을 교회의 선교의 수단으로 활용하려는 의도에서 출발합니다. 이런 입장에선 문화는 일종의 예술이라는 영역을 말하는 것입니다.[19] 하지만 문화를 위와 같이 예술로 보는 것은 문화에 대한 하나의 좁은 정의입니다. 이에 비해 영국의 인류학자 타일러Edward B. Tylor는 문화를 모든 인간 경험을 포괄하는 바의 복합 총체(the complex whole)로 보았습니다. 인간이 하는 모든 활동이 어우러진 복합적인 총체라는 말입니다. 우리는 문화를 하나의 커다란 나무에 비유할 수 있습니다. 신화, 종교, 윤리, 철학, 우주론과 미학은 그것의 뿌리를 형성합니다.

---

19 심광현, "문화사회를 위한 문화 개념의 재구성,"「문화/과학」38 (2004 여름), 56.

경제, 군사 체계, 과학기술, 정치 이데올로기, 사회구조, 환경 정책과 소비자 행태 등은 그것의 줄기와 가지를 구성하고 있습니다. 교육 체계, 문학, 예술, 영적 신념, 도덕적 실천 등은 그것의 잎과 꽃과 열매들에 해당됩니다. 이와 같이 문화에 대한 접근을 위해서는 제반 학문의 융합이 요청되는 것입니다.[20] 우주론과 철학과 신학에서는 세계관, 통전성, 부분과 전체와의 관계 등에 대한 통찰을 얻게 됩니다. 인류학으로부터 문화의 패턴과 주제뿐 아니라 전체로서의 문화의 형성에 관한 통찰을 취하게 됩니다. 사회학에서는, 가치, 가치체계, 상징, 신념 정체성, 인종, 계급, 종족 및 성에 대한 통찰을 얻게 됩니다. 생태학으로부터 인간의 종과 다른 종들 사이, 인간과 자연의 다른 영역 사이의 상호 연관성에 대한 통찰을 갖게 됩니다. 이런 각도에서 문화에 대한 학문은 제반 학문들을 아우르는 통전적(wholistic) 학문이라 할 수 있겠습니다.[21]

이와 같이 문화라는 것은 모든 것을 총체적으로 전망하게 하는 것입니다. 건강에 대한 문화적인 접근을 일례로 들어보겠습니다.[22] 건강과 질병 및 치유에 대한 개념은 그 공동체의 사회구조와 가족구조 등에 크게 영향을 받습니다. 또한 그 사회의 경제적인 수준, 빈곤층의 분포 등도 건강의 문제와 깊은 연관이 있습니다. 그 나라의 정치, 특히 의료 및 보건에 대한 국가의 정책, 의료보험 제도 등도 한 사람의 건강을 유지하는 문제와 관련됩니다. 이러한 건강의 문제는 한 국가의 범주 속에서만 관찰될 수 있는 사항이 아니며, 글로벌한 체계 속에서 생각해 볼 수 있는

---

20 D. Paul Schafer, *Culture: Beacon of the Future*, 42.

21 Ibid., 45.

22 마사 O. 루스토트 · 엘리사 J. 소보/김정선 옮김, 『건강 질병 의료의 문화분석』(서울: 한울 아카데미, 2002) 참조.

문제이기도 합니다. 그 나라 사람들이 가지고 있는 인간관 가치관 세계
관 또한 건강과 질병의 문제에 깊이 관여되어 있습니다.

그러므로 좁은 의미의 문화선교란 예술을 통한 기독교의 선교를 말
하는 반면, 넓은 의미의 "문화선교"란 인간의 모든 활동에 대한 반성을
통한 선교라 볼 수 있습니다. 이에 전자의 문화선교와 구별하여 후자의
선교를 "문화적 선교"란 말로 표현하여도 좋을 것 같습니다. 필자는 이
강의에서 문화적 선교로서의 측면을 강조하였습니다. 선교를 문화라는
통전적 시각에서 고찰하는 것이 오늘의 우리 한국교회에 긴요한 사항
임을 강조한 것입니다.

질문 3. 대중문화에 대해서 우리가 어떠한 태도를 가져야 할지 조금 더 설명
　　　해 주시면 좋겠습니다. 교회에서는 대중문화는 배척하고 기독교 문
　　　화를 만들어 가야 한다고 말합니다. 반면 실제로 많은 대중문화에 종
　　　사하는 사람들은 기독교인들입니다. 이런 현실적인 차이를 어떻게
　　　이해해야 하나요?

우리는 먼저 문화에 대한 우리 자신의 이중적인 태도를 생각해 보아
야 합니다. 문화에 대한 이중적인 태도는 크게 두 가지 방향에서 보입니
다. 첫째는 서구에서 들어온 문화와 그와 접목된 기독교 문화는 우수한
문화로, 기존의 전통문화는 하급 문화로 분리해서 기존 전통문화는 무
조건 바뀌어야 하는 문화로 생각하는 경우입니다. 두 번째는 문화를 고
급 문화와 대중문화 혹은 저급 문화로 분류해서 서구의 고급 공연예술
과 같은 고급 문화를 만든 것이 기독교 문화의 가장 큰 핵심이라고 생각
하면서, 기독교 문화는 대중문화와 일정 정도 거리를 두어야 한다고 하

는 생각입니다. 이러한 생각들은 문화를 종합적인 시각에서 보지 못하고 서구 문화 중심 혹은 고전 문화 중심의 한 가지 관점에서만 편향해서 보기 때문에 생기는 것입니다. 문화는 선교적 관점에서 소통하면서 낡은 가치들을 변혁하고 복음 정신이 깃들어진 문화를 만들어 가려는 마음으로 접근해야 합니다.

이와 같은 이해를 바탕으로 한 후 다음으로 중요한 것은 우리의 삶 가운데 신성한 것과 세속적인 것의 구분을 어디에 두어야 하는가의 문제입니다. 세속이라는 단어 secular는 본래 라틴어에서 온 단어인데, 그 뜻은 '세상 속'이라는 뜻입니다. 세속적인 것의 반대는 신성한(sacred)이란 단어인데 이것은 '세상 밖'이라는 뜻입니다. 즉, 신성한 것이 실현되려면 먼 미래의 하나님 나라가 실현된 시점에서나 가능합니다. 그렇다면 우리는 이런 생각을 할 수 있어야 합니다. 문화의 위치도 교회의 위치도 역시 세상 속에 있다는 생각입니다. 즉, 교회도, 문화도 세상 속에서 세상을 위해서 존재하는 것입니다. 그러므로 교회가 만들어 놓은 예술 혹은 서구 기독교 사회가 만들어 놓은 대중문화는 신성한 것이고, 그 외의 것은 세속적인 것이라는 생각을 벗어나야 하겠습니다.

한 가지 더 생각해 보아야 할 문제는 현실 대중문화 가운데 실제로 악한 저급 문화가 있음도 기억해야 합니다. 죽음을 찬양한다든지, 사탄을 숭배한다든지 하는 문화적인 콘텐츠들이 있습니다. 이와 같이 악한 문화는 과감히 던져버리고 극복할 용기가 필요합니다. 복음의 가치는 사람을 살리고 아름다움을 함께 향유하면서 세상과 하나님 사이의 단절을 잇는 것입니다. 이것은 또한 문화를 창조하고 이끌어 가는 그리스도인들의 삶의 목표이기도 합니다.

함께 보면 좋을 책들

1. 리처드 니버/홍병룡 옮김, 『그리스도와 문화』 (IVP, 2007)

리처드 니버의 고전 중의 고전 『그리스도와 문화』는 기독교와 문화의 관계를 이해하는 방법에 대한 저자의 신학적 고찰을 담고 있다. 기독교와 문화 사이에서 끝없이 고민하는 교회와 그리스도인에게 신앙의 나침반이 되어준다. 이 책은 기독교와 문화의 관계를 다룬 고전 중의 고전이다. 저자의 사회윤리 사상을 바탕에 두고 '문화와 대립하는 그리스도', '문화에 속한 그리스도', '문화 위에 있는 그리스도', '문화와 역설적 관계에 있는 그리스도', '문화의 변혁자인 그리스도'라는 다섯 가지 유형을 성경적으로 살펴본다. 이러한 작업을 통해 문화에 대한 기독교의 관점을 정리함으로써 기독교 세계관을 가지고 책임 있는 삶을 살아가고자 하는 교회와 그리스도인이 바른 문화관을 정립하는 데 힘을 보태고 있다. 나아가 문화를 기독교 세계관으로 변혁해 나갈 수 있도록 인도한다.

2. 리처드 마우/권혁민 옮김, 『문화와 일반 은총』 (새물결플러스, 2012)

리처드 마우는 이 책에서 지금껏 간과되어 온 "일반 은총"을 주제로 다룬다. 그는 수세기 동안 다양한 신학자들이 치열하게 논쟁해 온 주제를 다루면서 현대를 살아가는 우리가 그것을 어떻게 적용할 수 있을지를 탐구한다. 하나님이 아름답게 창조하신 세상의 보편적 인간성을 강조하거나 완전히 타락해 버린 인간성을 강조하는 두 가지 전통을 깊이 있게 살피면서 자신만의 특별한 통찰력으로 일반 은총에 대해서 설명한다. 그로서 자칫 차갑게만 보일 수 있는 칼빈주의에 대한 선입견 한가운데서 따뜻한 온기를 지닌 기독교의 가능성을 진지하게 역설하고, 기독교가 어떻게 전체 사회의 공동선을 추구해 갈 수 있는지를 분명하게 제시한다.

3. 문화선교연구원, 『기독교문화 소통과 변혁을 향하여』 (예영, 2005)

소통과 변혁을 가능케 하는 기독교의 정체성을 다룬 책으로, 변혁의 방식과 지향점에 따라 신학적인 근거를 제시하고 있다. 1장에서는 먼저 기독교와 문화의 소통에 대해 논의한다. 2장에서는 다원주의 또는 포스트모던 상황에서도 주장할 수 있는 새로운 방식의 정체성, 즉 기독교 문화의 새로운 주체성을 거론하고 있다. 3장에서는 변혁적 문화관의 의미를 살펴본다.

2부

정의롭게
살아가기

생명
삶에 대한 기준 세우기

이종원

(계명대학교 교수)

이슈의 발견: 이야기로 생각하기

이야기 하나 ☞ 저출산 문제

저출산이 심각한 사회문제 중 하나로 부각되고 있다. 2011년 우리나라의 출산율은 가임연령 1인당 1.24명으로 전 세계 222개국 중 217위이며, 경제협력개발기구(OECD) 국가 중 가장 낮은 상태다. 소득은 늘지 않는데 육아에 필요한 양육 비용과 교육비에 대한 부담이 커져 출산을 기피하게 된 결과다. 출산율이 낮아지면 미래의 인적 자원이 줄어들 뿐아니라 소비 계층인 노령 인구의 비중이 높아져 저축률과 투자가 지속적으로 감소하게 된다. 만약 현재와 같은 상황이 계속 지속된다면 2030년엔 한국의 잠재성장률이 1.7%까지 내려갈 것으로 예상된다.

저출산 문제는 두 가지 측면에서 생각해 볼 수 있다. 첫째, 이미 결혼한 부부가 아이를 낳지 않거나 낳더라도 한 명만 낳는 경우가 많다. 둘째, 결혼 적령기의 젊은이들이 결혼을 미루거나 아예 결혼하지 않으려는 경향이다. 최근 혼인 건수가 대폭 감소하고 남녀의 결혼 연령이 점점 높아지고 있다. 통계청 자료에 따르면 초혼 건수는 1990년 357,000건에서 2010년 255,000건으로 크게 줄었다. 또한 남성의 초혼 연령은 1990년 27.8세에서 2010년 31.8세로 높아졌고, 여성 또한 24.8세에서 28.9세로 높아졌다.

저출산 문제는 고령화와 맞물려 청년층이 더 많은 노인을 부양해야 하는 등 앞으로의 인구 변화가 수십 년간 유지해 온 한국 사회의 틀을 근본적으로 뒤흔들 것이라는 우려를 낳는다. 따라서 저출산 문제를 해결하기 위해서는 결혼한 부부가 출산의 중요성을 인식하고 자녀를 낳을 수 있도록 해야 한다. 그렇다면 결혼한 부부는 아이를 꼭 낳아야만 하는가?

이야기 둘 ☞ 품위 있는 죽음, 존엄사

김 할머니 사건은 한국 사회에 존엄사에 대한 관심을 환기시키는 계기가 되었다. 2008년 2월 18일 김 할머니는 폐암의 발병 여부를 확인하기 위해 세브란스병원에서 기관지 내시경을 이용한 폐종양 조직검사를 받던 중 과다출혈로 인하여 심장이 정지되어 의사들이 급히 인공호흡기를 부착하게 되었다. 이후 지속적인 식물인간 상태로 생명을 연장하고 있던 김 할머니의 인공호흡기 제거 여부에 대하여 법원이 판결을 내렸다. 2008년 11월 법원은 "환자의 의사 표시가 있었을 때, 회복 불가능한 식물인간 상태에 빠진 환자의 인공호흡기를 떼어도 된다"라고 판결하였다. 이것은 국내에서 처음으로 존엄사를 인정하는 판결로 기록되었다. 이에 세브란스 병원 측이 항소하자 서울고등법원은 2009년 2월 1심 판결을 지지하고 병원의 항소를 기각하는 판결을 내렸다. 시민단체들은 성명서 혹은 입법 청원을 내기도 했고, 국회에서는 "존엄사법"을 발의하는 등 이 사건은 존엄사에 대한 사회적인 관심과 논의가 가속화되는 계기가 되었다.

과연 삶과 죽음의 경계에서 품위 있게 죽기 위한 선택은 가능한가? 존엄하게 죽음을 맞이하기 위해서는 어떤 조건들이 전제되어야 할까?

개념 빗기

1. 저출산의 원인

한국의 출산율은 1983년에 인구 유지에 필요한 출산율(2.1명) 아래로 떨어진 뒤 2010년 1.23명까지 낮아졌다. 그나마 2005년 최저출산율(1.08 명)을 기록한 뒤 정부의 각종 출산장려정책 등으로 다소 높아지고 있다. 그동안 여성의 학력 수준이 높아지고 경제활동 참여가 증가하면서 결혼을 미루거나 결혼하였더라도 출산을 꺼리는 사회적 분위기가 만연하면서 출산율이 지속적으로 떨어져 왔던 것이다. 감당하기 어려운 자녀 양육비, 교육비와 영유아를 돌보는 보육시설의 미비, 출산휴가를 꺼리는 직장의 분위기 등이 복합적으로 작용하여 저출산 현상을 초래하였던 것이다.

현재 우리 사회는 고령화가 빠르게 진행 중인데, 저출산 현상이 지속될 경우 우리 사회는 심각한 문제에 봉착하게 된다. 1980년 145만 명이던 65세 이상 고령 인구는 2010년 545만 명, 2040년에는 1,650만 명까지 증가할 것으로 전망된다. 이에 따라 미래 세대가 짊어질 노년 부양비(15~64세 생산 가능 인구 100명당 고령 인구수)는 일본(63.3명)에 이어 세계 두 번째(57.2명)로 높아질 것으로 보인다.

저출산으로 인한 생산가능인구 감소는 경제 활력의 저하로 직결된다. 경제협력개발기구(OECD)는 최근 <세계경제전망 보고서>에서 2031년 이후 한국의 잠재성장률을 회원국 34개국 중 최저 수준인 연간 1%로 전망했다. 젊은 층의 노동 인구는 점점 줄어드는 반면 부양 인구가 늘어나면서 국민의 조세 부담이 커지고 소비와 투자는 더욱 위축받을 수밖.

에 없다. 또한 노동력의 고령화는 사회 전체의 생산성을 지속적으로 떨어뜨리게 된다. 결국 저출산은 고령화를 가속화시키고 경제 성장을 가로막는 요인으로 작용하게 될 것이다. 또한 고령 인구를 위한 연금과 건강보험 등 복지 지출이 늘어나 국가 재정을 위협할 수도 있다.

2. 생명연장기술과 존엄사

의료 기술의 발달은 인간의 수명을 연장시켰을 뿐 아니라 죽음까지도 지연시킬 수 있게 되었다. 최첨단의 의료 장비를 동원하면 과거에는 치료가 불가능하던 환자들을 치료할 수 있게 되었고, 거의 죽어가는 환자도 생명연장 장치를 통해 생명을 인위적으로 연장시킬 수 있게 되었다. 인공호흡기, 심박동 장치, 심폐소생술 등과 같은 의료 기구들과 인공적인 영양 공급 장치는 환자의 생명을 인위적으로 연장시키는 수단들이다. 이러한 의료 장치들을 사용하면 과거에는 사망했을 환자들이 생명을 연장할 수 있게 되면서 존엄사와 연관된 다양한 윤리적인 문제들이 발생하게 되었다.

존엄사(Death with dignity)는 '존엄한 죽음' 또는 '품위 있는 죽음'을 의미하는데, 인간으로서 최소한의 품위를 지키면서 죽을 수 있게 허락하는 행위 혹은 그 결과로서의 죽음을 뜻한다. 존엄(dignity)이라는 말의 어원은 라틴어 *dignitas*에서 비롯되는데, 이는 인간의 본성 차원에서의 탁월함, 고귀함, 비교할 수 없을 정도의 가치를 지닌다는 것을 의미한다. 인간은 그 자체가 목적인 마땅히 존중받아야 하는 존재라는 의미가 내재되어 있는 개념이다. 존엄사는 안락사와 구별되는 새로운 개념이라기보다는 대부분의 사회에서 금기시하는 능동적 안락사에 대한 부정적 이미지와 구별하기 위해서 수동적 안락사에 대한 대체 용어로 사용되고 있다. 응급의학 기술의 비약적 발전 덕분에 인간의 삶과 죽음이 결과적인 문제가 아니라 과정적인 문제로 파악되어야 한다는 시각의 변화가 생긴 것도 존엄사 논의의 중요한 원인이 되었다.

기독교의 생명윤리관

1. 저출산 문제 바로보기

1) 출산의 의미 되새기기

점점 높아지는 자녀 양육비와 교육비에 대한 부담과 함께 소득과 고용 불안정은 결혼한 부부들이 출산을 미루거나 기피하는 현상을 초래하였다. 하지만 우리는 출산율을 높이기 위해 출산의 필연성을 강조하기보다는 출산의 진정한 목적과 의미 차원에서 이 문제를 새겨 볼 필요가 있다. 먼저 출산은 자신의 뜻과는 무관하게 태어나게 될 이에 대한 기대감과 배려가 전제되어야 한다. 왜냐하면 태어날 아이에 대한 양육의 질과 그 아이의 미래의 삶이 부부가 아이를 갖기로 결정하는 가장 큰 이유가 되기 때문이다.

부모가 된다는 것은 태어날 아이와 새로운 차원의 관계를 형성하기 때문에 출생은 아이뿐 아니라 부모의 인생에서 매우 의미심장한 전환점이 된다. 이는 생물학적인 관계만 아니라 아이와의 심리적, 육체적, 지적, 도덕적 관계까지 아우르는 깊은 관계로 고양되기 때문이다. 따라서 예비 부모들은 스스로 아이 양육이 준비되었을 때 아이를 갖는 것이 바람직하다. 그저 결혼을 하고 나이가 들었으니까 아이를 갖는다는 식의 자세로는 훌륭한 아이를 키워내지 못할 수도 있기 때문이다.

2) 여성의 출산권

출산 문제는 여성의 출산권과 긴밀하게 연결된다. 최근 우리 사회에서 저출산 문제의 초점이 여성 개인에게 맞춰지면서 출산은 개인의 고유한 권한이 아니라 의무처럼 여겨지기도 한다. 하지만 출산의 의무를 강조하게 되면 임신하게 될 여성이나 태어날 아기가 도구로서 전락할 가능성이 있기 때문에 문제가 있다. 따라서 출산의 문제는 출산을 온몸으로 겪어야 할 여성에 대한 배려가 선행되어야 한다. 출산은 기본적으로 여성의 삶의 질과 직접적으로 연관된다. 임신과 출산 그리고 육아 과정에서 여성이 져야 할 삶의 무게는 너무나 크다. 임신중독증이나 출산과 육아 과정에서 치러야 할 고통으로 인해 심각한 우울증을 유발하기도 하며, 임신과 출산으로 인해 삶의 균형이 깨어지는 어려움을 겪기도 한다.

따라서 가족 구성원들은 출산에서 임신 여성이 져야 할 부담에 대해 깊이 이해하고 출산과 양육 과정에서 짐을 함께 지도록 노력해야 할 것이다. 또한 부부가 어려움 없이 출산과 육아를 할 수 있는 사회 분위기 조성을 위한 정부의 지원이 필요하다. 임신에서 출산까지 무상 진료, 자녀 양육과 교육까지도 국가가 책임지는 사회 전체적인 복지 시스템이 구축되어야 한다. 북유럽의 경우 여성이 임신한 순간부터 도우미가 도와주고, 출산 후 유급휴가를 1년까지 보장하며, 어린이집과 유치원은 무료로 이용할 수 있어 맞벌이 부부가 어려움 없이 아이들을 기를 수 있는 복지 시스템이 잘 구비되어 있다. 이러한 면들은 충분한 재원을 바탕으로 정부가 적극 나서서 지원하기 때문에 가능한 것이다.

또한 기업들은 젊은이들의 고용 불안 해소와 출산 지원 제도 개선을 위한 정부 정책에 적극 협조해야 한다. 육아휴직 활성화, 출산장려금 지급, 탄력적 근무 환경을 조성할 필요가 있다. 이와 더불어 남녀가 함께 아이를 키울 수 있는 건강한 직장 문화가 자연스럽게 조성되어야 할 것이다.

2. 존엄사의 윤리적 문제

1) 자율성 존중의 원칙과 삶의 질

존엄사를 지지하는 배경에는 자율성 존중의 원칙이 있다. 자율성 존중의 원칙은 자기 신체에 발생되는 모든 일에 대하여 자기 스스로 결정할 권리가 있으며, 그러한 권리는 존중되어야 한다는 원칙이다. 만약 인간에게 자율성이 허락되었다면 죽음까지도 스스로 결정할 권리가 있으며, 의사는 환자의 그러한 자율성을 존중하는 것이 마땅하다는 것이다. 또한 말기 환자에 대한 의료 기술의 개입은 고통스러운 죽음의 연장이라는 새로운 딜레마를 안겨주었다. 회복 불가능한 말기 환자에 대한 인위적인 생명연장치료는 회복이 아니라 고통스러운 삶의 연장을 지속시켜 환자의 삶의 질을 급격히 떨어뜨리는 결과를 빚게 된다. 따라서 아무런 의미도 부여할 수 없는 힘들고 고통스러운 삶을 단순히 연장시키는 치료를 계속하는 것은 환자의 삶의 질을 떨어뜨릴 뿐 아니라 비인간화시킬 가능성도 있다. 이때 제기되는 질문은 "이렇게 고통스러운 삶을 무의미하게 지속하는 것은 가치가 있는가?"라는 물음이다. 차라리 극심한 고통이 지속되는 불가피한 죽음의 과정을 조금 앞당길 수 있다면 그렇게 하는 것이 바람직할 수도 있다는 주장이 제기된다.

　의사는 환자를 치료할 의무가 있지만, 환자에게 불필요한 육체적, 정신적 고통을 안겨주는 치료 방법을 택하지 말아야 할 의무도 있다. 적극적인 약물치료는 환자의 생명을 단순히 연장시켜 줄 뿐이며, 환자 자신이 치료받는 이유도 모르는 상태에서 엄청난 근육주사, 정맥주사, 채혈 등으로 부작용에 시달릴 수 있기 때문에 환자의 삶은 오히려 비참해질 수 있다. 치료 불가능한 상황에 처한 환자에게 의료행위라는 이름으로 가해지는 고통의 연장 행위가 더 비윤리적일 수 있다. 이러한 경우 의사의 치료의 중단 또는 철회는 비록 환자의 생명을 단축시키겠지만, 그만큼 환자의 고통도 단축시킬 수 있게 된다. 환자의 고통을 단축시키고 품위 있게 죽도록 허용하는 일은 사랑이 동기가 된 자비로운 행위일 수 있다. 환자의 입장에서 보더라도 견딜 수 없을 정도로 고통을 당하면서 다른 이들에게 부담이 되고 환영받지 않은 존재가 되기보다는 존엄하게 죽는 것이 더 바람직할 수도 있다. 따라서 환자가 지속적으로 당할 극심한 고통과 비인격화의 과정을 고려할 때, 환자와 그의 가족이 원할 경우 생명을 인위적으로 지속시키는 특수 장치들을 제거하고 자연스럽게 죽음을 맞이하도록 하는 것이 더 낫다는 것이 존엄사의 입장이다.

　하지만 자율권 존중의 원칙은 인간이 스스로 책임지는 인격이라는 기초 위에서 생명 존엄이라는 보다 큰 가치의 실현을 위하여 사용되어야 한다. 인간 스스로 죽기 위한 '죽을 권리'가 아니라 '살기 위한 권리'가 더 우선시되어야 한다는 의미다. 죽음에 대한 자기결정권은 자신의 생명을 스스로 끝내도 된다는 의미는 아니며, 오히려 역설적으로 생명에 대한 존엄성과 고귀함 위에서 온전히 행사되어야 한다.

　인간의 생명을 삶의 질적인 차원에서만 접근하는 것은 위험한 발상이다. 자신의 생명을 스스로 종결할 권리가 있는지에 대해서는 심도 있는 논의가 필요하다. 특히 생명의 종결은 반복될 수 없는 유일회적 사건이며, 생명 존엄이나 인격성과 같은 근본 가치들을 함께 고려해야 한다. 따라서 생명의 종결에 관한 문제는 인간의 자율적 의사결정을 넘어서서 보다 근본적인 차원에서 논의될 필요가 있으며, 생명이 지닌 가치는 삶의 질보다 더 우월한 위치에서 고려되고 판단되어야 한다. 환자의 고통을 없애려는 행위가 생명이 지닌 가치보다 더 중요하게 판단되어서는 안 된다. 생명을 인위적으로 단축시켜가면서까지 환자의 고통을 덜어주려는 것은 바람직하지 않다. 생명은 그 자체로 무한한 가치를 지니기에 어떤 다른 목적을 위해서 쉽게 포기되어서는 안 되기 때문이다. 따라서 임종 말기 환자의 고통에 대한 진정한 해결책은 존엄사 합법화가 아니라 고통 완화치료를 통한 환자에 대한 따뜻한 배려와 관심이 되어야 한다.

2) 존엄사의 전제 조건

　존엄사는 자연사와의 연속성 속에서 고려되어야 한다. 의사가 환자를 치료함에 있어서 회복될 희망이 전혀 없는 환자의 생명을 인위적으로 연장시키는 데 대한 회의를 느끼게 되는 순간이 있다. 이는 의사가 판단하기에 삶의 무의미한 연장보다는 환자가 자연스럽게 죽도록 놓아두어야 할 시기인 것이다. 존엄사는 회복 불가능한 환자에 대한 무의미한 생명연장치료를 인위적으로 지속시키는 것을 중지하고 자연스럽게 생을 마감할 수 있도록 배려하는 데서 시작되어야 한다. 말기 환자에 대한 치료가 더 이상 의미가 없을 경우에 인위적인 의료 수단을 총동원하여 질병과 끝까지 싸우기보다는 오히려 평화로운 죽음을 맞이할 수 있도록 하는 것이다. 조금만 더 살리고자 하는 욕심에서 죽어가는 생명을 연장시키려고 수단과 방법을 가리지 않고 발버둥치는 것은 자칫 생명의 청지기가 아니라 생명의 주인이 되고자 하는 몸부림이 될 수도 있다. 과도한 기계장치를 통해 환자의 생명을 인위적으로 연장시키는 것은 치료의 차원을 넘어서 의료 집착일 수도 있다. 이러한 의미에서 볼 때 말기 환자에 대한 무의미한 생명연장치료의 중단은 조심스럽게 고려되어야 하며, 이는 치료의 포기가 아니라 의료 집착 행위의 포기로 보는 것이 바람직하다.

그러나 연명치료의 중단을 결정하기에 앞서 '무의미한 돌봄'이 무엇인지 먼저 규명되어야 한다. 치료의 혜택과 치료의 효과를 구분할 필요가 있다. 치유될 가망이 전혀 없는 환자를 대상으로 한 연명치료의 중단이 과연 환자와 가족을 위한 진정한 사랑과 배려인지 신중히 고려하여 판단해야 한다. 말기 환자에게 사용되고 있는 특수한 의료 기구나 치료들이 환자에게 생명의 연장이기보다는 오히려 죽어가는 상태의 연장일 뿐이라는 확신이 들 때 가능한 한 환자를 편안하게 해 주면서 비상 조치로 동원된 의료 장치들을 제거하고 환자가 자연스럽게 생을 마칠 수 있도록 자연의 섭리에 그 경과를 맡기는 것이 바람직하다.

죽음의 과정을 자연스럽게 받아들이지 않고 자연적인 섭리에 역행하면서까지 생명을 인위적으로 연장시키는 것은 옳지 않다. 차라리 복잡하고 특별한 의료 장치들을 모두 제거하고 환자로 하여금 가족들의 사랑과 관심 속에서 죽음을 맞이하도록 준비하는 것이 바람직하다. 그러나 이 경우에도 일반적인 치료 수단은 기본적으로 유지되어야 한다. 최소한의 영양 공급과 위생이 유지되도록 하고 통증 방지를 위한 기본적인 치료를 제공하여 환자가 극심한 고통 속에 죽거나 기아와 탈수로 죽음에 이르도록 방치해서는 안 된다. 영양과 수분 공급은 환자의 생명 유지와 존엄성과 직결되기 때문이다.

말기 환자에 대한 무의미한 연명치료의 중단은 결과적으로 환자의 죽음을 가져오기 때문에, 치료 중단을 결정하기 전에 환자와 가족이 처한 다양한 상황이 우선적으로 고려되어야 한다. 먼저 환자 본인과 가족이 죽음을 하나님의 부르심으로 보고 신앙적으로 받아들일 준비가 되었는지를 확인해야 한다. 환자 본인과 가족이 죽음에 대해 충분히 준비되었다면 환자와 가족의 의견을 존중하여 연명치료를 중단할 수 있다. 그러나 환자와 그 가족이 죽음을 맞이할 신앙적인 준비가 되어 있지 않다면 죽음을 맞이할 시간과 기회를 제공하는 것이 마땅하다. 기독교적인 관점에서 죽음은 이 세상에서의 삶의 마침이지만, 영원한 삶을 위한 새로운 출발점이기도 하기 때문이다. 따라서 죽음이 이 세상에서의 아름다운 마침임과 동시에 새로운 출발이 되도록 가족들은 신중하게 배려해야 한다.

생물학적 관점에서 볼 때 생명이란 '목숨'(bios)이다. 생명은 목숨이 붙어 있는 상태이다. 하지만 신학적 관점에서 생명이란 우리를 둘러싸고 있는 모든 것과의 관계성 속에서 해석된다. 생명이란 인격적이며, 사회적인 다양한 관계 속에서 이루어지는 모든 삶의 활동이다. 이러한 입장에서 볼 때, 죽음이란 삶의 중지이며 모든 관계의 단절이라고 할 수 있다. 죽음이란 한 개인의 삶의 종결일 뿐 아니라 그와 함께 한 모든 이들과의 관계가 단절되는 공동체적 사건이다. 따라서 말기 환자가 삶의 마지막을 아름답게 잘 마무리할 수 있도록 가족과 교회 공동체가 따뜻한 인간적인 관심과 애정을 갖고 배려하는 자세가 필요하다.

3. 기독교 생명윤리의 관점

1) 생명의 존엄성

인간의 생명은 하나님이 주신 가장 고귀한 선물이므로 그 어떤 경우에도 침해될 수 없으며, 침해되어서도 안 된다. 생명은 신성하며 그 어떤 것과도 비교될 수 없을 만큼 가치를 지니기 때문이다. 생명은 한번 잃게 되면 다시 회복할 수 없기 때문에 이 세상 그 무엇과도 바꿀 수 없으며, 그 자체로 존엄한 선물인 것이다. 생명의 주인은 인간 자신에게 있는 것이 아니라 하나님에게 있다. 인간은 하나님이 부여하신 생명의 관리자일 뿐, 생명을 자기 스스로 처분할 수 있는 권리는 없다. 생명의 시작과 끝을 결정하는 것은 오직 하나님의 권한인 것이다.

성서는 인간이 하나님의 형상으로 창조된 피조물임을 강조하고 있다. 하나님의 형상이라는 개념은 하나님과의 대화가 가능한 인격적 존재라는 의미다. 인간은 하나님의 형상으로 창조되었다는 점에서 내재적인 가치를 지닌 존재라 할 수 있으며 하나님의 섭리와 보호 아래 있는 특별한 존재라고 할 수 있다. 인간에게 부여된 하나님의 형상이라는 개념은 인간 생명에 대한 책임을 강조한다.

인간의 생명이 신성하다고 말하는 것은 인간이 생물학적 생명의 차원을 넘어선다는 것을 의미한다. 따라서 우리는 모든 사람을 하나님의 형상을 지닌 존재로서 존중해야 한다. 우리는 하나님의 형상이라는 개넘을 통해서 인간의 생명은 신성하며, 인간은 생명의 청지기로 부름 받은 책임적 존재임을 깨닫게 된다. 따라서 우리는 타인의 생명을 존중해야 할 뿐만 아니라 자신의 생명을 함부로 끊어서도 안 된다. 불치병으로 인한 고통 중에서 비록 인간다운 삶의 의미를 느끼지 못하더라도 그 생이 가치 없는 것이라고 말할 수는 없기 때문이다. 그런 점에서 인간 스스로 자신의 생명을 종결시키는 행위는 하나님의 온전하심과 생명의 존엄성에 반反하는 행위라고 할 수 있다.

2) 고통과 죽음에 대한 올바른 관점

참을 수 없는 지속적인 고통 때문에 죽기를 희망하는 환자의 요구를 거절하기란 쉽지 않다. 또한 고통 속에서 신음하는 환자에 대한 연민의 감정은 의사를 무척 곤혹스럽게 만든다. 그러나 성서적 관점에서 본다면 그러한 상황을 통해 우리는 고통과 죽음에 대한 새로운 이해가 가능하다. 고통이 때로는 하나님의 은혜를 체험하는 신비한 방편이 되며 또한 그리스도인들은 고통을 통해 그리스도의 고난에 참여하기도 한다. 그러한 관점을 취한다면 우리는 고통을 단지 절대적으로 극복해야 할 악으로 보다는 하나님의 은혜의 시각에서 새롭게 바라볼 수 있게 된다.

그리스도인들에게 있어서 죽음은 양면성을 갖는다. 죽음은 이 세상에서의 시간의 끝이며, 사랑하는 사람들과의 이별인 동시에 영원한 삶을 위한 시작이라 할 수 있다. 또한 그리스도인들에게는 죽음 이후 부활과 영원한 생명이 있다. 따라서 죽음이란 결코 두려워할 대상이 아니라 하나님과 교통할 수 있는 영생에 이르는 통로가 된다. 죽음이 더 이상 두려움의 대상이 아니라면, 모든 수단을 동원해서 죽음에 저항할 필요는 없다. 하나님 안에서 영원한 생명을 확신하게 될 때, 하나님께서 허락하신 삶을 보다 책임적이고 의미 있게 살 수 있으며, 죽음 또한 의미 있게 받아들일 수 있게 된다. 따라서 말기 환자가 믿음 가운데서 영원한 삶에 대한 확신과 기대를 갖고 편안한 상태에서 죽음을 맞고자 치료받기를 거부한다면, 가족은 생명연장을 위하여 더 이상 특수 치료를 강요하거나 고집할 필요는 없다. 무의미한 생명연장치료를 중지하고 환자의 생명을 하나님의 손에 맡기고 평안하고도 품위 있는 임종을 맞을 수 있도록 배려하는 것이 바람직하다.

3) 품위 있는 죽음을 위한 배려

말기 환자는 인격적 훼손과 비인간성을 경험할 가능성이 크다. 따라서 말기 환자가 인간적으로 품위 있게 삶의 마지막 순간을 맞이할 수 있도록 배려를 아끼지 않아야 한다. 이를 위해서 첫째, 의학적 차원에서는 임종 환자를 무의식 상태로 만들지 않고, 그의 의식을 유지하면서 고통을 완화시키는 의료 요법을 사용해야 한다. 둘째, 간호적 차원에서는 임종 환자가 누워있는 공간을 잘 정돈하고 청결한 상태로 유지해야 한다. 셋째, 사회적 차원에서는 임종 환자에게 인격적 교통을 제공하고, 그의 가족과 친지들을 임종 과정에 통합시키는 절차가 요청된다. 이는 죽음의 슬픔과 고통을 임종 환자 홀로 당하지 않도록 하며, 모든 구성원으로 하여금 죽음을 심리적으로 준비시킨다. 임종 환자에게 죽음 이상의 활력 있고 의미 있는 삶을 제공하기 위한 제도적인 관심과 배려라고 할 수 있다.

임종 환자에 대한 통증 완화를 동반한 치료는 몇 가지 과정이 있다.

첫째, 임종 환자와 그의 가족들이 마지막 작별하기까지 대화를 가질 수 있게 한다. 둘째, 환자와 환자의 가족들이 환자의 상황에 대한 충분한 인식 가운데서 죽음에 대하여 준비할 수 있게 한다. 셋째, 고통을 느끼지 않도록 품위 있는 죽음을 가능케 할 적당량의 마취약을 사용하여 임종 환자의 통증을 경감시켜야 한다. 이러한 조건이 충족될 때 임종 환자는 인격적 관계성 속에서 품위 있는 죽음을 맞이할 수 있게 될 것이다.

그런 면에서 호스피스는 환자의 품위 있는 죽음을 위한 가장 효과적인 제도라고 할 수 있다. 호스피스는 죽어가는 환자의 고통을 완화하기 위하여 환자를 호스피스 시설로 이송하거나 환자가 가정에서 돌봄을 받을 수 있도록 만든 제도적인 장치다. 호스피스는 말기 환자가 공동체적 관심과 배려 가운데서 품위 있고 아름다운 죽음을 맞이할 수 있도록 한다는 점에서 존엄사의 현실적인 대안이 된다.

이런 것이 궁금해요!

질문 1. 현재 우리 대학생들은 취업 준비만으로도 바쁘고 벅찬데, 생명의 시작과 끝에 대해 관심을 가져야 하는 이유는 무엇인가요?

삶과 죽음의 문제는 모든 인간에게 피할 수 없는 운명입니다. 그런데 우리는 늘 건강하게 영원히 살 것처럼 생각하며 살아갑니다. 히브리서 9장 27절에 "한 번 죽는 것은 사람에게 정해진 것"이라고 분명하게 밝히고 있습니다. 또한 전도서 7장 2절에서는 "초상집에 가는 것은 잔칫집에 가는 것보다 나으니 모든 사람의 끝이 이와 같이 됨이라 산 자는 이것을 그의 마음에 둘지어다"라고 말씀하고 있습니다. 이러한 말씀들은 늘 생명의 끝이 있음을 자각하며 살아가는 것이 지혜롭게 사는 것임을 가르쳐 줍니다. 우리가 죽음의 문제와 연관시켜 생각해야 할 점은 잘 사는 것(well-being)이 바로 잘 죽는 것(well-dying)임을 기억하는 것입니다. 한 개인의 삶은 그가 일생을 어떻게 마무리하는가에 따라 평가가 달라질 수 있기 때문입니다. 따라서 우리는 어떻게 하면 잘 죽을 수 있을지 늘 생각하면서 주어진 하루하루를 경건한 마음으로 가치 있고 의미 있게 살아가야 할 것입니다.

질문 2. 생명은 인간이 정복하고 통제해야 할 대상인가요?

삶과 죽음이 연관된 인간 생명의 문제는 누구에게나 피할 수 없는 문제입니다. 생명에 대한 문제는 더욱 신중하게 접근될 필요성이 있습니다. 의료 기술의 발전과 더불어 인간은 점점 생명을 정복하고 통제해야 할 대상으로 여기게 되었는데, 생명은 창조주로부터 주어진 존귀한 선물임을 잊지 말아야 할 것입니다. 생명을 선물로 생각한다는 것은 우리가 생명을 정복하고 통제하려는 시도를 경계한다는 의미입니다. 생명을 선물로 보지 않고 정복하고 통제해야 할 대상으로 보는 순간 인간은 오만하게 되고, 돌이킬 수 없는 과오를 범할 가능성이 많기 때문입니다. 따라서 우리는 늘 생명에 대하여 경외심을 갖고 감사한 마음을 가져야 할 것입니다. 또한 생명이 지닌 가치를 더욱 고양시키고, 생명 공동체를 더욱 건강하고 행복하게 만드는 데 힘써야 할 것입니다.

질문 3. 생명공학을 전공하는 학생입니다. 인간이 생명공학기술을 통하여 생명을 조작하거나 통제하려고 하는 것은 하나님 노릇을 하는 행위인가요?

인간이 생명공학기술을 통해 생명의 신비를 파헤치고 생명을 인위적으로 조작하거나 통제하려고 하는 시도들을 우려하는 사람들은 이것을 하나님 노릇을 하는(playing God) 것으로 비유하기도 합니다. 그러나 과학기술을 이용하는 것 자체가 하나님 노릇을 하는 것은 아닙니다. 과학기술은 하나님이 인간에게 허락하신 창조적인 능력을 펼치는 유용한 도구입니다. 그러므로 인간은 과학기술을 창조주의 선한 뜻에 합당하게 사용하여야 할 책임이 있습니다. 하지만 인간이 창조주의 선한 뜻을 벗어나 생명공학기술을 인간의 이기심이나 탐욕을 위한 도구로 사용하는 것은 매우 위험한 발상입니다.

질문 4. 어머니가 위독하십니다. 병원에서 가망이 없다고 하는데 어떻게 해
야 합니까?

　　말기 환자의 경우 병원 중환자실에서 치료를 받다가 죽음을 맞이할
수도 있지만, 그럴 경우 환자는 인격적으로나 사회적으로 소외된 채 죽
음을 맞이하게 됩니다. 따라서 가능하다면 호스피스 병동으로 옮겨서
임종을 맞이하도록 하면 좋겠습니다. 호스피스는 임종 환자가 품위 있
게 죽음을 맞이할 수 있도록 배려한 효과적인 제도입니다. 환자는 호스
피스 병동에서 고통을 완화하는 치료를 받을 수 있고, 공동체적 관심과
배려 속에서 품위 있고 아름다운 죽음을 맞이할 수 있을 것입니다.

함께 보면 좋을 책들

1. 크리스틴 오버롤/정명진 옮김, 『우리는 왜 아이를 갖는가』(부글북
   스, 2012)

이 책은 아이를 낳기로 선택하는 윤리적인 본질을 본격적으로 파고
들고 있다. 저자에 따르면, 출산의 이유는 양육의 질 즉, 태어날 아이의
미래의 삶을 크게 좌우한다고 강조한다. 그리고 예비 부모들에게 스스
로 아이 양육에 탁월하다는 생각이 들 때 아이를 갖도록 권하고 있다.
또한 출산을 둘러싸고 이슈가 되고 있는 다양한 문제를 논의하며, 훔친
정자로 아기가 태어났을 경우 남녀의 책임은 어떻게 되는지, 체외발생
기술이 도덕적으로 정당한지 등을 살펴본다. 아이를 낳을 것인지 말 것
인지를 고민하는 사람들에게는 아이를 갖는 것이 부모에게 새로운 삶
의 가능성을 열어줄 것이라는 믿음을 가지라고 조언한다.

2. 문시영 외, 『존엄사, 교회에 '생명'의 길을 묻다』(서울: 북코리아,
   2009)

이 책은 신앙인으로서 존엄사에 관한 사회적 논란을 어떻게 보아야
할지, 어떤 관점들이 있는지를 성찰하기 위한 가이드북이라 할 수 있겠
다. 이러한 뜻에서 집필자들은 하나님의 생명 주권에 대한 분명하고도
겸허한 신앙고백을 바탕으로, 한국교회가 생명을 살리는 공동체가 되
었으면 하는 소망을 담아내고자 했다.

3. 문시영, 『생명윤리의 신학적 기초』 (서울: 긍휼, 2012)

생명윤리의 신학적 기초를 위한 논의와 변증을 담은 논문들로 구성되어 있는 책이다. 본질의 변증이 필요한 기독교 생명윤리, 생명공학 시대의 책임윤리, 생명공학 시대의 사회윤리, 생명윤리의 신학적 개념과 윤리적 맥락, 생명윤리와 교회, 교회의 관점에서 다시 읽어야 할 생명윤리 등의 내용으로 구성되어 있다.

창조 신앙의 생태학적 의미

조용훈

(한남대학교 교수)

이슈의 발견 — 이야기로 생각하기

이야기 하나 ☞ 어떻게 먹고사느냐

단순히 먹고사는 것이 아니라 어떻게 먹고사느냐가 중요하다. 중요한 것은 물질적 생활 수준 향상에 못지않게 삶의 질을 향상시키는 것이다. 환경은 바로 삶의 질과 밀접하게 관련된 이슈다. 시인 박노해는 이렇게 말했다:

"문맹은 동정 받아 마땅하고, 컴맹은 도움 받아 마땅한데, 환맹은 지탄받아 마땅하다."

우리 시대 환경 문제의 인식과 해결은 지구촌을 살아가는 시민 모두의 과제요 책임이다.

이야기 둘 ☞ 기후변화의 메시지

"내 차에서 나오는 배기가스가 히말라야의 빙하를 녹인다. 국가적으로 산
업구조 개편을 통해 이산화탄소 배출을 줄이는 것은 기후변화 문제 해결의
필요조건이긴 하지만 충분조건은 아니다. 산업의 방향에 영향을 주는 것은
결국 끊임없이 분출하는 인간의 소비 욕구에 있기 때문이다. 욕망이 줄어
들지 않는 한 산업의 발전과 경제 성장은 계속될 것이다. 그렇다면 결론은
지금과 같은 인류의 삶의 구조와 방식이 변화되지 않으면 안 된다는 것이
다. 사회가 변하면서 기후가 변했고, 그러한 기후의 변화가 이제 사회의
변화를 요구하고 있다. 말하자면 기후변화는 자본주의 경제의 생태적 전
환, 아울러 물질 지향적인 자본주의적 가치와 인식의 생태적 전환을 촉구
하는 자연의 메시지다"(윤순진, "기후변화가 요구하는 시대적 성찰," 「교
수신문」 2008. 6. 24.).

이야기 셋 ☞ 탄소나무 계산기

최근 우리나라 산림청 소속 국립산림과학원에서 "탄소나무 계산기"
라는 재미있는 계산기를 내놓았다. 그 계산법에 따르면 우리는 결혼식
을 한 번 치를 때마다 나무 80그루를 심어야 한다. 예식장에서 340명의
하객을 모시고 결혼식을 치른 뒤 인도네시아 발리로 신혼 여행을 다녀
온 부부의 이산화탄소 배출량은 8.9t에 달한다. 좀 더 구체적으로 계산
해 보면, 예식장 29kg, 하객 이동 5,612kg, 웨딩카 39kg, 신혼여행 3,224kg

등이었다. 이들 부부의 결혼식에서 배출된 이산화탄소 배출량을 흡수하기 위해서는 나무 80그루를 새로 심어야 한다는 말이다.

개념 빚기

1992년 브라질의 리우데자네이루에서 열렸다고 해서 리우회의로 불리는 유엔지속가능발전회의(UNCSD)가 그 20주년을 맞이하여 개최한 '리우+20' 회의가 2012년 6월 열렸었다. 또한 미국의 시사주간지 「타임」은 리우회의에서 지속적으로 논의되고 있는 10대 환경 문제를 선정했는데, 그것은 지구의 종말을 피하고 인간의 삶의 질을 개선하는 데 꼭 필요한 중요 과제들이다:

삼림 파괴: 아마존이나 동남아시아의 열대림의 파괴가 멈춰져야 한다. 이는 삼림이 지구의 허파와 같이 중요하기 때문이다.

인구 폭발: 현재의 70억 명을 넘어 금세기 중반 90억 명의 세계 인구는 식량 문제와 더불어 환경 파괴를 가속화할 것이다.

멸종위기 동·식물: 생물종 가운데 하나에 불과한 인간에 의해 수많은 생물종이 위기에 빠지고 있다. 이미 매해 100여 종이 넘는 생물종들이 지구에서 사라지고 있다.

기후변화: 인간의 산업 활동 증가와 연료 소비의 증가로 말미암은 지구온난화는 폭염과 폭우를 비롯한 이상기후의 원인이다.

기아: 전 세계의 기아선상의 인구는 거의 10억 명에 이른다. 식량 수요가 늘면서 기아로 고통 받을 인구는 더 증가하게 될 것이다.

물 부족: 전 세계 인구 9명 중 1명은 양질의 물을 공급받지 못하고 있다. 물 부족은 각종 질병을 일으키고 곡물 생산량을 저하시킬 것이다.

빈곤: 빈곤은 환경 파괴의 결과이며 동시에 환경 파괴를 일으키는 원인이다. 저개발국의 가난한 사람들은 가난하기 때문에 어쩔 수 없이 환경

을 파괴하며 그 결과 더욱 가난하게 된다.

에너지 고갈: 산업화 속도가 빨라지면서 석탄, 석유, 천연가스와 같은 화석
연료 에너지의 부존량이 급격히 줄고 있다. 화석연료 에너지의
사용은 지구온난화를 가속화한다. 반면 태양광이나 풍력 등 재
생 가능한 에너지의 개발 속도는 매우 느리다.

해양 오염: 지구 표면의 4분의 3인 해양이 오염, 어족 남획, 기후변화로 점점
줄어들고 있다.

대기 오염: 세계보건기구의 통계에 따르면 매년 130만 명 정도가 대기 오염
으로 사망하고 있다. 대기 오염은 보이지 않는 살인자와 같다.

1. 환경(環境)이냐 생태(生態)냐

모든 개념이 그러하듯 환경이란 개념 역시 가치 평가적이다. 문자적
으로 볼 때, '환경'이란 고리 · 원 · 두름을 뜻하는 환環자와 지경 · 경계를
가리키는 경境자가 어우러진 낱말로서 '둘러쌈'의 의미가 강조되고 있
다. 중심이 되는 무엇인가를 둘러싸고 있는 주변부가 곧 환경인 셈이다.
물론 여기서 전제되고 있는 중심이란 인간이나 여타 생물체의 생명일
것이다. 그런데 우리가 보통 환경이라고 말할 때, 그것은 무엇을 둘러싼
다는 것일까? 두말할 것 없이 그것은 인간 생명일 것이다. 그렇다면 환경
이란 말은 인간을 우주의 중심에 놓고, 자연을 인간의 주변 세계화하는
인간 중심주의적 사고가 바탕임을 알 수 있다. 우리는 '환경 보호'니 '환
경 보전'이니 하는 표현 속에서 다분히 그러한 인간 중심주의적 가치관
을 엿볼 수 있다. 이런 배경에서 오늘날 사람들은 환경이라는 말 대신에
생태라는 말을 사용한다. 박이문에 의하면, 환경 개념과 생태계 개념은

다음 네 가지 점에서 차이가 난다.

첫째, 둘 다 생명과 관련되어 있지만 환경 개념의 경우 인간 생명만이 강조되는 데 반해서, 생태계 개념의 경우 모든 종류의 생명체가 강조된다. 말하자면 환경이 인간 중심적 개념이라면, 생태계는 생물 중심적 개념이라 할 수 있다.

둘째, 환경 개념이 삶의 조건이나 생명의 둘러쌈을 뜻한다면, 생태계 개념은 삶의 장소인 거주지의 체계성을 뜻한다. 따라서 환경 개념이 구심적(centripetal)이거나 원심적(centrifugal)인 '중심주의적' 세계관을 나타낸다면, 생태계 개념은 '관계적' 세계관을 반영한다.

셋째, 환경 개념이 원자적·단편적 세계 인식의 양태를 반영하는 데 반해서, 생태계 개념은 유기적·총체적 세계 인식의 양태를 반영한다. 전자가 인간과 자연의 형이상학적 구별을 인정하는 세계관이라면, 후자는 그러한 구별을 거부하는 세계관이다.

넷째, 환경 개념이 인간과 자연의 이원론적 형이상학을 함의含意한다면, 생태계 개념은 모든 생명의 뗄 수 없는 상호 의존성을 강조하는 일원론적 형이상학을 함의한다(박이문, 『문명의 미래와 생태학적 세계관』, 도서출판 당대, 1997).

2. 녹색 가치

19세기 들어 붉은색이 사회주의 이데올로기를 상징하고, 20세기에는 화이트와 블루라는 색깔이 각각 사무직과 생산직이라는 사회계층을 상징했다면, 21세기는 녹색이 미래 세대와 자연 생태계의 생명을 상징적으로 강조하는 시대다. 녹색의 가치란 자연을 살아있는 실체로 보고,

모든 사물과 현상을 근본적으로 상호 의존의 관계로 파악하며, 인간과 자연을 공존·공생의 관계로 파악하는 전일적(holistic) 세계관을 추구한다는 점에 그 특징이 있다. 독일의 녹색당(Grüne Partei)은 생태학적 사고를 '관계망 사고'(network thinking)로 특징짓는다. 관계망 사고란 생명에 대한 시스템적 견해라 할 수 있는데, 이것은 세계를 관계(relationship)와 통합(integration)의 관점에서 바라보는 것이다. 말하자면 가장 작은 박테리아로부터 시작하여 광범위한 종류의 동·식물 그리고 인간에 이르기까지의 모든 유기체를 통합된 전체인 동시에 하나의 살아있는 시스템으로 파악한다. 이 시스템 안에서 각 요소는 상호 적응하며 상호 의존한다. 말하자면 전체로서의 시스템은 단지 각 부분의 단순한 총합 이상으로 그 자체가 하나의 유기체를 이룬다.

3. 지속가능성(sustainability)

지속가능성持續可能性이란 일반적으로 특정한 과정이나 상태를 유지할 수 있는 능력을 의미한다. 생태학적 용어로서의 지속가능성은 생태계가 생태의 작용, 기능, 생물다양성, 생산을 미래로 유지할 수 있는 능력을 의미하며, 인간 사회의 환경, 경제, 사회적 양상의 연속성에 관련된 체계적 개념이다. 지속가능성은 문명과 인간 활동, 즉 사회를 구성하는 수단으로 의도된 것으로, 이것의 옹호자들은 그들의 필요를 절충하고 현재 한도에서 최대한의 가능성을 짜내면서도, 생물다양성과 생태계를 보존하고 그 이념을 지속적으로 유지하기 위한 계획과 활동을 수행한다. 1987년의 <브룬틀랜드 보고서>(Brundtland Report)에 따르면 지속가능성이란 "미래 세대의 가능성을 제약하는 바 없이, 현세대의 필요와 미래 세대의 필요가 조우하는 것"이다(위키백과).

4. LOHAS(lifestyle of health and sustainability)

LOHAS란 사람의 건강과 자연환경을 해치지 않는 친환경적인 삶의 방식을 가리킨다. 이러한 삶을 추구하는 사람들을 가리켜 '로하스족'이라고 부른다. 로하스족의 삶의 방식은 에너지를 절약하고 유기농산물을 섭취하며 지속가능한 소비생활을 하는 것이다. 이들은 쇼핑할 때 장바구니를 사용하고, 천으로 만든 기저귀나 생리대 사용하며, 일회용품 사용을 줄이기 위해 애쓴다. 재생 불가능한 물건을 아껴 쓰고, 남에게는 필요하나 자신에게는 불필요한 물건을 나눠 쓰는 삶을 추구한다. 로하스 개념이 웰빙과 다른 점은 웰빙이 유기농 먹거리와 자연 친화적 주택 같이 돈 많은 사람이 자기 혼자 잘 먹고 잘 살기 위해 추구하는 삶이라면, 로하스는 미래 세대의 삶의 질과 자연 생태계의 생명까지 고려하기 위해 사회적 행동까지 포함한다는 점일 것이다.

창조 신학과 생태학

1. 환경 문제의 원인

일반적으로 '환경 문제'란 인간의 활동이 자연 생태계에 나쁜 영향을 미치고, 그 악영향이 다시금 인간과 사회에 미치는 관계를 가리킨다. 환경 문제는 크게 자연자원의 고갈로 말미암는 자원 부족과 환경오염 때문에 야기되는 환경 파괴 두 가지로 나누어 이해할 수 있다.

인간의 경제활동과 산업 발전의 속도가 빨라지면 빨라질수록 재생 불능자원은 더 빨리 고갈될 것이며, 그것은 결국 산업사회의 미래에 심각한 위기를 초래할 것이다. 재생 불능 에너지자원의 경우 1976년의 세계 에너지 사용량을 기준으로 할 때, 앞으로 약 645년을 더 사용할 수 있다. 그러나 연평균 2%의 성장이 계속된다면 133년, 5%의 성장률이라면 70년 이내에 고갈될 것으로 전망된다. 광물자원 역시 종류에 따라 다르긴 하지만 현재의 경제 성장 추세대로라면 불소 · 은 · 아연 · 수은 · 유황 · 납 · 텅스텐 · 주석 · 구리 · 니켈 · 인산염 · 망간 · 철광석 · 알루미늄 · 보크사이트 · 크롬 · 칼리염의 순서로 23~86년 사이에 고갈될 것으로 전망된다. 만약 저개발 국가들이 성공적으로 산업화에 성공할 경우 이같은 자원의 감소 속도는 더욱 빨라질 것이다. 물론 자원을 보다 효율적으로 활용할 수 있는 기술을 발전시키고 자원의 재생이나 대용 자원의 개발 그리고 새로운 자원의 개발을 통해서도 자원의 고갈 시기를 어느 정도 늦출 수는 있을 것이다. 하지만 그러한 기술적 해결책으로 자연자원의 고갈 문제를 근본적으로 해결할 수는 없다. 우리는 무엇보다 먼저 인간이란 어쩔 수 없이 '생태학적 한계' 안에 살 수밖에 없는 존재임을 깨달아야만 한다. 또한 우리는 우리 자신들의 생존과 미래에 이 지구 위에 살아갈 우리 후손들의 생존을 위하여 제한된 자원을 절약해야만 한다.

좀 더 쉽게 이해하기 위해 환경 문제를 지역적 환경 문제와 지구적 환경 문제로 나누어 살펴볼 수 있다. 일반적으로 지역적 환경 문제로는 대기 오염/수질 오염, 해양오염/토양 오염을 들 수 있으며, 지구적 환경 문제로는 지구온난화/오존층 파괴/생물종의 소멸 및 다양성 감소를 들 수 있다. 이러한 환경 문제를 일으키는 원인은 매우 다양하고 복합적이다. 편의상 환경 문제의 원인을 선진국형, 신흥공업국형 그리고 저개발 국형으로 나누어 설명할 수도 있는데, 이는 나라마다 다른 산업 발전 수준에 따라서 각기 다른 요소가 보다 더 결정적인 영향을 미치기 때문이다.

먼저 선진국에서의 환경 문제는 무엇보다 '산업화'에 그 원인이 있다. 물론 산업화는 자원을 효율적으로 이용하고 자원의 용도를 확대시키는 긍정적인 측면도 있다. 하지만 산업화는 보다 많은 자연자원을 원료로 사용함으로써 자원을 고갈시키며 각종 폐기물과 오염물질을 배출한다. 한편으로 산업화는 '에너지 소비 증가'와도 밀접히 관련된다. 말하자면 세계 인구의 4분의 1밖에 되지 않는 서구 산업국은 전 세계 1차 에너지의 4분의 3을 소비함으로써 그만큼 많은 환경 문제를 일으키고 있다. 그 외에 서구 산업사회에서의 환경 문제는 '높은 소비생활 수준'에 의해서도 생겨난다. 서구인의 육류 중심의 식생활, 자동차의 사용, 일회 용품 소비, 쓰레기 증가와 같은 자원 및 에너지 낭비적인 소비 행태로 인해 환경 문제가 심화되고 있다.

다음으로 신흥공업국의 환경 문제는 무엇보다도 '높은 경제 성장률' 에 그 원인이 있다. 그리고 신흥공업국에서의 산업발달은 서구 산업사 회과는 달리 환경적으로 더 치명적인 영향을 미치기 마련이다. 왜냐하 면 신흥공업국의 산업구조는 대체로 '에너지 고소비형/공해다발형 산 업구조'의 특징을 가지고 있기 때문이다. 또 다른 원인은 '급격한 도시 화'에서 찾을 수 있다. 도시화는 인구의 집중과 함께 물자, 기술, 통신 및 정보의 집중을 동반하게 됨으로써 규모의 경제성이 커지게 된다. 하 지만 여러 가지 이유에서 인공 시설의 과밀을 가져오게 되어 환경 문제 를 유발한다. 여기에는 대기 오염·소음 공해·쓰레기 문제·슬럼가· 상하수도 문제·교통 문제·주택 문제 등이 포함된다.

한편 저개발국에서의 환경 문제는 우선 '급속한 인구 증가'에 기인한 다. 점점 늘어나는 사람들을 먹여 살리기 위해서는 자연으로부터 점점 더 많은 자원을 채취하고, 더 넓은 땅을 경작해야만 하며, 그에 따라 더 많은 동물과 식물들이 자신들의 생활 공간을 빼앗기게 된다. 저개발국 에서는 빈곤 그 자체가 환경 파괴의 원인이다. 그들은 환경 문제에 대한 의식이 없어서가 아니라 가난하기 때문에 생존을 위해 어쩔 수 없이 환 경을 파괴하고 있다. 저개발국 빈민들은 땔감을 위해 나무를 벌채하고, 외채를 갚기 위해 삼림을 황폐화시키며, 농지를 과도하게 경작하게 된 다. 이처럼 저개발국에서는 빈곤이 환경의 파괴를 낳고, 파괴된 환경은 다시금 훨씬 더 큰 빈곤을 낳는 '환경-빈곤의 악순환'을 반복하고 있다.

2. 자연관과 환경 문제

환경 문제는 단순히 자연 세계의 문제가 아니라 자연에 대한 인간의 문제이며 인간의 정신적 문제다. 그런 의미에서 우리는 인간과 자연에 대한 관계를 연구할 필요가 있다.

먼저 서양의 자연관을 살펴보자. 고대 그리스의 자연철학자들은 그 이전의 신화적 세계관이 지녔던 인격적이고 감정적인 우주 해석을 넘어서 비인격적이고 물질적인 세계관을 성립시켰다. 그렇게 함으로써 그들은 그 이전의 신화적 혹은 마술적 세계관이 지녔던 인간과 자연의 밀접한 관계성을 붕괴시켰다. 말하자면 신화(mythos)로부터 로고스logos로 방향이 바뀜으로 자연스럽게 인간은 자연으로부터 분리되었다. 이제 인간은 자연과 떨어져서 자연 현상의 숨은 논리를 관찰하고 설명할 수 있게 되었다. 서양 중세의 자연관에 따르면, 우주 만물의 배후에는 궁극적 원인이 있는데, 그것이 곧 신이다. 우주의 원리 또는 물리적 법칙들은 신의 의도에 따라 움직이는 것에 불과하므로 신의 의도를 안다면 우주의 원리나 물리적 법칙들을 알 수 있게 된다. 이러한 신 중심적 세계관 때문에 근대에 등장하는 것과 같은 인간 중심주의적 자연 이해는 아직 출현할 수 없었다. 중세의 자연관이 비록 인간을 중심에 놓고 있긴 하지만, 그 인간은 여전히 자연 안에 포함되어 있으며 하나님께 의존하고 있다는 점에서 근대 서구의 인간 중심주의적 자연관과는 다르다고 하겠다. 그러나 근대에 들어서서 자연에 대한 순수 과학적이고 객관적 태도가 확립되면서 '기계론적 자연관'이 형성되었다. 근대 서양 사상가들은 자연을 '어머니 대지'라는 메타포metaphor 대신에 '기계'라는 메타포로 이해하였다. '기계로서의 자연'이라는 메타포는 자연을 죽은 것, 결정론적으로 운명 지워진 것, 인과적으로 규정된 것 그리고 정적인 폐쇄 체계로 본다. 근세의 기계론적 자연 이해는 방법론적으로 환원론적이고 결정론적인 사유 방식에 기초한다. 이러한 사유 방식에 의해 자연은 더 이상 살아있는 유기체가 아니라 죽은 기계요 하나의 물질로 파악되게 된다. 그리고 이것은 다시금 물질로서의 자연에 대한 인간 정신의 우위성을 정당화하게 된다. 근대 서구 사상가들은 자연을 인간이 이성을 통해 정복해야 할 대상이나 인간의 필요에 따라 이용할 수 있는 재료로 파악했다.

3. 기독교 창조 신앙의 생태학적 의미

구약성서는 창조에 대한 이야기("태초에 하나님이 천지를 창조하시니라")로부터 출발하며, 우리의 신앙고백("전능하사 천지를 만드신 하나님 아버지를 내가 믿사오며")도 창조주 하나님에 대한 고백으로부터 시작한다.

1) 창조 이야기와 환경

성서의 하나님은 인간의 창조에만 관심 두지 않고 모든 피조물에 대하여 관심 갖는 분이다. 창조 이야기의 관심은 자연에 대한 인간의 지배가 아니라 '인간과 자연 세계 전체에 대한 하나님의 사랑과 돌봄'이다. 사랑의 하나님은 인간을 축복하셨을 뿐만 아니라 물고기와 새들도 축복하셨다:

하나님이 그들에게 복을 주어 가라사대 생육하고 번성하여 여러 바다 물에 충만

하라. 새들도 땅에 번성하라(창 1:22).

사랑의 하나님은 인간과 똑같이 여타의 생물들도 돌보신다. 하나님은 짐승과 새를 포함하여 모든 생명체의 먹거리에 관심 갖는 분이다:

땅의 모든 짐승과 하늘의 모든 새와 생명이 있어 땅에 기는 모든 것에게는 내가 모든 푸른 풀을 식물로 주노라(창 1:30).

창조주께서는 사람들에게 경작을 통해 얻게 되는 곡식과 과일을 주신 반면에, 동물과 새들에게는 땅에서 저절로 생겨나는 식물들이 할당되었다. 말하자면 같은 삶의 공간인 지구상에서 서로 생존의 영역이 구분됨으로써 둘 사이의 갈등이 없이 최적의 생존 조건을 만들어 주신 것이다. 또한 하나님은 홍수 심판이 끝난 후 노아와 계약을 맺으실 때, 자연 세계와도 함께 언약을 맺으신다. 말하자면 노아와 맺은 하나님의 언약은 인간과 자연 모두를 포괄하는 '우주론적 언약'이다:

하나님이 노아와 그와 함께 한 아들들에게 말씀하여 이르시되, 내가 내 언약을 너희와 너희 후손과 너희와 함께 한 모든 생물 곧 너희와 함께 한 새와 가축과 땅의 모든 생물에게 세우리니, 방주에서 나온 모든 것 곧 땅의 모든 짐승에게니라. 내가 너희와 언약을 세우리니, 다시는 모든 생물을 홍수로 멸하지 아니할 것이라. 땅을 멸할 홍수가 다시 있지 아니하리라(창 9:8-11).

2) 창조의 선함과 아름다움

성서는 창조의 선함과 아름다움을 말한다. 성서는 피조 세계를 향해 "하나님이 보시기에 좋았더라"라는 말을 반복적으로 기록하고 있다. 그런데 주목할 사실은 하나님께서 단지 인간을 향해서만이 아니라 모든 피조물을 향해서도 '좋다'고 하셨다는 사실이다. 그리고 하나님은 인간만이 아니라 동물들에게도 생육하고 번성하라고 축복하셨다(창 1:22; 8:17). 이러한 사실들을 통해서 우리는 피조 세계를 향하신 하나님의 전적인 긍정과 만족 그리고 기뻐하심을 발견하게 된다. 이것은 피조 세계가 결코 악마화되거나 부정되어야 할 현실이 아님을 말해준다. 그리고 하나님의 창조가 선하다고 하는 것은 피조 세계가 인간의 필요나 목적에 상관없이 고유한 가치를 가지고 있다는 의미로 해석해야 한다. 말하자면 피조 세계에 대한 하나님의 긍정으로부터 피조물에 대한 인간의 긍정이 도출되어야 한다. 비록 인간 편에서 보기에 피조 세계가 무의미하고 이해 불가능하며 유한성을 지니고 있다 하더라도, 우리는 마땅히 피조 세계를 긍정해야만 한다. 왜냐하면 피조 세계는 인간이 가치를 부여하기 때문에 가치를 지니는 것이 아니라 하나님의 목적 안에 자신의 위치와 가치를 갖기 때문이다. 하나님이 선하고 아름답다 한 것을 인간이 부정할 수는 없다.

3) 피조물의 상호 의존성

성서는 모든 피조물의 상호 의존성을 말한다. 전통적 창조 신학은 인간을 자연으로부터 구분할 뿐만 아니라 자연의 지배자로 파악한다.

그러나 생태학적 창조 이해에 따르면, 인간은 자연의 지배자가 아니라 자연과 더불어 살아가야 하는 공동 운명체다. 인간(adam)이 다른 동물들처럼 여섯째 날에 지음을 받았고(창1:31), 똑같이 흙(adamah)으로 지어졌으며(창2:7), 인간이 죽게 되면 다시 흙으로 돌아간다는 표현(창3:17-19) 그리고 인간과 동물이 땅을 그들의 공통된 삶의 토대로 사용해야 한다(창1:24-25)는 표현들은 인간이 자연과 대립하는 존재라기보다는 자연의 일부로서 자연과 상호 의존 관계를 맺고 있다는 생태학적 진리를 말해 준다. 또한 인간과 자연은 타락으로 인한 고통을 함께 나눈다는 의미에서도 공동 운명적이다. 인간의 죄악의 결과로 땅이 저주를 받고, 가시덤불과 엉겅퀴를 낸다(창3:17-18). 동생 아벨을 살해한 가인에게 대한 형벌 역시 땅과 관련된다:

네가 땅에서 저주를 받으리니, 네가 밭을 갈아도 땅이 다시는 그 효력을 네게 주지 아니할 것이다(창세기 4:12).

노아 시대의 홍수 심판 이야기(창6-9장)도 결국은 인간의 타락으로 말미암은 형벌이 자연 세계 전체에 미친다는 진리를 말하고 있다:

나의 창조한 사람을 내가 지면에서 쓸어버리되, 사람으로부터 육축과 기는 것과 공중의 새까지 그리하리니, 이는 내가 그것을 지었음을 한탄함이니라(창 6:7).

한편 인간뿐만 아니라 자연 세계도 신음과 탄식 속에서 하나님의 아들이 나타나는 구원의 날을 함께 희망한다는 말씀은 인간과 자연이 창조와 타락에서만이 아니라 구원에 있어서도 공동체적 운명임을 가르쳐주고 있다. 바울은 종말론적인 관점에서 인간의 구원이 모든 피조 세계의 구원과 밀접히 관련되어 있음을 밝힌다. 인간의 타락으로 말미암아 허무의 지배를 받게 된 자연 세계는 그 구원을 위해 '하나님의 아들들'이 나타나기를 간절히 기다린다:

> 생각건대 현재의 고난은 장차 우리에게 나타날 영광과 족히 비교할 수 없도다. 피조물의 고대하는 바는 하나님의 아들들의 나타나는 것이니, 피조물이 허무한 데 굴복하는 것은 자기 뜻이 아니요, 오직 굴복케 하시는 이로 말미암음이라. 그 바라는 것은 피조물도 썩어짐의 종노릇 한데서 해방되어 하나님의 자녀들의 영광의 자유에 이르는 것이니라. 피조물이 다 이제까지 함께 탄식하며 함께 고통하는 것을 우리가 아나니(롬 8:18-22).

4) 안식일의 생태학적 의미

안식일의 생태학적 의미는 매우 크다. 전통적 창조 신학에 따르면, 하나님의 창조가 여섯째 날에 인간을 만드심으로써 완성되었다고 본다. 말하자면 하나님의 창조는 인간의 창조를 목적으로 하며, 인간은 창조의 면류관이 된다. 몰트만은 창조의 완성은 인간이 아니라 안식일임을 강조한다. 말하자면 하나님의 창조는 여섯째 날에 인간을 만드는 이야기에서 끝나는 것이 아니라 일곱째 날, 즉 안식일의 쉼 속에서 완성된다. 안식일 계명은 해방과 자유를 선포하는데, 단지 사람의 해방과 자유만이 아니라 '자연과 가축의 해방과 자유'도 포함한다:

너는 엿새 동안에 네 일을 하고 일곱째 날에는 쉬라. 네 소와 나귀가 쉴 것이며 네 여종의 자식과 나그네가 숨을 돌리리라(출 23:12).

한편 매 칠 년째마다 지키는 안식년 규정에서는 땅도 휴식의 권리를 지니고 있음을 밝히고 있다. 이 휴경(休耕) 기간 동안에 자라나는 곡식과 과수는 가난한 품꾼이나 외국인 체류자, 가축, 들짐승의 먹이가 되었다:

너희는 내가 너희에게 주는 땅에 들어간 후에 그 땅으로 여호와 앞에 안식하게 하라. 너는 육 년 동안 그 밭에 파종하며 그 포도원을 가꾸어 그 소출을 거둘 것이나, 일곱째 해에는 그 땅이 쉬어 안식하게 할지니 여호와께 대한 안식이라. 너는 그 밭에 파종하거나 포도원을 가꾸지 말며, 네가 거둔 후에 자라난 것을 거두지 말고 가꾸지 아니한 포도나무가 맺은 열매를 거두지 말라. 이는 땅의 안식년임이니라(레 25:2-5).

그리고 일곱 번째 안식년 다음에 오는 희년 제도에서도 땅의 쉼을 강조한다:

그 오십 년째 해는 너희의 희년이니 너희는 파종하지 말며 스스로 난 것을 거두지 말며 가꾸지 아니한 포도를 거두지 말라(레 25:11).

희년이 되면 이스라엘 사람들은 나팔을 불고 온 세상에 하나님의 자유를 선포한다. 채무로 인한 노예는 해방되고 이스라엘 백성만이 아니라 나그네의 자유도 회복된다. 비록 희년 제도의 일차적 강조점이 사회적 약자를 돌보고 사회경제적 형평을 되찾는 데 있었던 것이 사실이지만, 이와 동시에 땅의 휴식을 말함으로써 인간과 자연의 공존을 모색하고 있다. 자연의 휴식이 중요한 이유는 쉼 없는 파종과 수확이 결국에는 땅과 인간 모두를 황폐화시키기 때문이다.

5) 인간의 역할과 책임

성서는 창조에 대한 인간의 역할과 책임을 강조한다. 인간과 자연은 공동의 출처인 흙에서 나왔고, 타락과 구원에 있어서 공동의 운명을 지니고 있다. 그럼에도 불구하고 성서의 창조 이야기는 인간이 다른 피조물과는 달리 특수한 지위를 지닌 존재임을 말하고 있다. 이런 인간의 특수 지위는 인간이 동물들에게 이름을 지어주었다는 이야기(창 2:19-20)에 잘 나타나 있다. 당시 고대 근동 지방에서 이름이란 인격이었고, 따라서 이름을 짓는다는 행위는 곧 그 존재에 대한 지배를 의미했다.

피조 세계 안에서 인간의 특수 지위가 보다 분명하게 드러난 것은 인간이 하나님의 형상(*imago dei*)으로 지어졌다는 창조 이야기다(창 1:26-28). 전통적 창조 신앙에서는 하나님의 형상 개념을 인간이 동물과 다른 점, 즉 인간의 정신적이고 도덕적인 능력에서 찾았다. 그리고 이러한 인간의 우월성은 자연 세계에 대한 인간의 지배권을 정당화하는 것으로 사용되었다. 하지만 오늘날 구약성서 학자들은 이 개념을 존재론적으로가 아니라 관계론적으로 해석하면서 피조 세계에 대한 인간의 책임적 행동으로 해석할 것을 주장한다.

피조물 중에서 인간만이 유일하게 하나님의 형상으로 창조되었다는 것은 자연 세계에 대한 인간의 지배권을 의미하기보다는 인간이 하나님을 대리하여 하나님의 뜻인 창조와 정의 그리고 사랑을 모든 피조 세계에 펼쳐야 한다는 의미다. 이런 하나님의 전권자로서의 모습을 가장 잘 볼 수 있는 사건이 창세기 6-9장에 나오는 노아의 모습이다. 노아는 홍수 심판에 직면하여 생존의 위기에 직면한 생물들을 구원하기 위해 방주를 만들었다. 창세기 2:15에는 자연 세계에 대한 청지기로서의 인간의 역할을 '정원사'로서 묘사하고 있다: "여호와 하나님이 그 사람을 이끌어 에덴동산에 두사 그것을 다스리며 지키게 하시고." 여기서 사용된 히브리어 아바드abad와 샤마르samar는 돌봄의 의미가 내포된 단어다. 아바드는 '경작한다'는 뜻을, 샤마르는 '보호한다'는 뜻을 가지고 있으며, 생명나무에 이르는 길목을 지키는 그룹들의 역할과 관련하여 사용되고 있다(창 3:24). 말하자면 에덴동산은 경작되어야 할 뿐만 아니라, 훼손과 파괴로부터 보호되어야 하는 것이다.

6) 창조의 완성으로서의 하나님 나라

성서는 창조의 완성으로서 하나님 나라를 말한다. 하나님의 창조는 인간의 타락과 죄악으로 인해 심각히 왜곡되고 파괴되었다. 그럼에도 불구하고 하나님께서는 종말론적으로 그분의 창조를 완성하실 것이다. 이사야는 하나님에 의해 구원이 이루어진 종말론적인 왕국을 자연과 자연 사이에서만이 아니라, 인간과 자연 사이에서도 완전한 평화(샬롬)가 실현된 곳으로 묘사한다:

> 그 때에 이리가 어린양과 함께 거하며 표범이 어린 염소와 함께 누우며 송아지와 어린 사자와 살찐 짐승이 함께 있어 어린 아이에게 끌리며, 암소와 곰이 함께 먹으며 그것들의 새끼가 함께 엎드리며 사자가 소처럼 풀을 먹을 것이며, 젖 먹

는 아이가 독사의 구멍에서 장난하며 젖 뗀 어린 아이가 독사의 굴에 손을 넣을 것이라. 나의 거룩한 산 모든 곳에서 해됨도 없고 상함도 없을 것이니, 이는 물이 바다를 덮음 같이 여호와를 아는 지식이 세상에 충만할 것임이니라(사 11:6-9).

이런 것이 궁금해요!

질문 1. 성서에 나타난 안식일 전통과 그 현대적 의미에 대해 설명해 주세요.

성서에 나타난 이러한 안식일, 안식년 그리고 희년 제도는 단순한 토지 이용법을 말하고 있는 것이 아니라, 보다 근본적인 생태학적 진리를 말하고 있습니다. 사람, 짐승, 곡식 그리고 토지 모두가 생태적 관계성 속에 있다는 사실 그리고 사람만이 아니라 땅과 짐승도 쉼을 필요로한다는 사실을 말합니다. 그럼에도 불구하고 현대 사회는 성장 이데올로기와 진보 낙관주의에 사로잡혀 쉼을 모르며, 더 나아가 쉼을 실패나퇴보쯤으로 생각하는 경향을 지니고 있기 때문에 더더욱 쉼이 강조되고 실천되어야 합니다. 인간의 탐욕으로 말미암는 '쉼 없는 노동'과 '중단 없는 생산'은 인간 자신만이 아니라 자연 생태계를 무제한적으로 착취하기 때문입니다. 우리 시대에 인간의 쉼은 단순히 권리 개념으로서만이 아니라 하나의 의무 개념으로도 생각되어야 합니다. 말하자면 종교적인 면에서 그리고 생태학적인 면에서 인간은 탐욕에 의해 추동되는 노동을 멈춤으로써 하나님 앞으로 나아가 참 자신을 발견하며, 자연 생태계에 대한 무절제한 착취를 잠시나마 멈출 수 있기 때문입니다.

우리는 더 나아가 자연 친화적 형태의 안식을 만들도록 힘써야만 합니다. 이는 안식일이 인간과 자연이 함께 쉬는 날로서, 인간의 쉼이 자연의 쉼을 방해하거나 파괴해서는 안 되기 때문입니다. 그럼에도 불구하고 오늘날 인간의 여가와 쉼은 하나의 상품이 되어가고 있습니다. 상품화된 여가나 쉼은 인간을 내면적으로 더욱 소외시키고, 외적으로는 그러한 여가 상품을 사기 위해 사람들이 더 많이 일하도록 강요합니다.

뿐만 아니라 상업화된 여가는 경제적 수익성만을 생각하기 때문에 자연에 대한 착취를 더욱 강화하게 됩니다. 그러므로 우선 교회적으로는, 주로 여름에 야외에서 진행되는 각종 수련회나 행사들을 보다 자연 친화적인 프로그램으로 개발하는 데 교육적 관심을 기울여야 할 것입니다.

질문 2. 현대 사회 속에서 실천할 수 있는 진정한 웰빙을 위한 윤리적 과제는 어떤 것들이 있을까요?

현대인의 육류 중심 식생활도 문제입니다. 육류 생산과 소비 과정에서 발생되는 메탄이나 암모니아는 온실효과를 높이는 가스들입니다. 더욱 큰 문제는 대규모 방목을 위해 열대림이 광범위하게 훼손되고 있다는 점입니다. 아마존 열대림의 70%가 축산업을 위한 초지를 만들기 위해 남벌되고 있다고 합니다. 이산화탄소를 흡수할 수 있는 인류의 허파가 죽어가고 있는 것입니다.

일반적으로 축산업의 온실가스 배출 비중은 전체의 18%에 이릅니다. 교통수단이 차지하는 비중이 13.5%임에 비해 결코 적지 않은 양입니다(국제 식량농업기구, 2006년 통계). 좀 더 구체적으로 이야기하면 1kg의 쇠고기를 생산하는 데 생겨나는 이산화탄소량은 유럽산 자동차가 250Km를 갈 때 방출하는 양에 해당합니다. 이때 사용되는 에너지양도 100와트의 전구가 20일간 사용하는 정도에 상당합니다. 그 외에도 쇠고기 한 접시를 만들기 위해 약 4,664리터의 물이 소모됩니다. 과학자들은 6개월간 샤워하지 않는 것보다 450그램의 쇠고기 또는 햄버거 4개를 먹지 않는 것이 더 많은 물을 절약할 수 있다고 말합니다. 게다가 잘사는 사람들의 육류 중심의 식생활은 전 세계 기아의 원인이 되기도 합니다.

곡물 가격이 상승하면서 2007년 전 세계적으로 약 9억 2,300만 명이 영양 부족 상태에 있다고 합니다. 그런데 문제는 곡물의 절대량이 부족한 것이 아니라는 사실입니다. 전 세계에서 수확되는 곡물의 36% 그리고 대두의 74%가 가축의 사료로 쓰이고 있습니다. 쇠고기 1Kg을 생산하기 위해 10Kg의 사료가, 돼지고기 1Kg을 생산하기 위해 4~5.5Kg의 곡물이 그리고 닭고기 1Kg을 생산하기 위해 2.1~3Kg의 곡물이 필요하다고 합니다. 말하자면 현재 가축의 사료로 쓰이는 곡물은 20억 인구를 먹이기에도 충분한 양입니다. 문제는 그 곡물을 사람이 먹지 못하고 가축이 먹는다는 데 있는 것입니다.

함께 보면 좋을 책들

1. 이진우,『녹색 사유와 에코토피아』(문예출판사, 1998)

이 책은 크게 세 부분으로 구성되어 있다. 전반부는 인간에 대한 자연의 의미를 생태학적 관점에서 사유하였으며, 중반부에는 녹색 사유의 소묘들로 자동차, 느림, 에코토피아, 미학적 이성에 관한 단상들이 옴니버스 형식으로 구성되었고, 후반부에는 인간과 자연의 자유로운 관계의 가능성을 탐색하고 있다.『녹색 사유와 에코토피아』는 기술 문명의 획기적인 발전을 가져온 코페르니쿠스적 혁명의 의미를 재조명하고 인간의 자유와 자연의 가치를 철저하게 반성함으로써 21세기에 인간성을 실현할 수 있는 철학적 토대를 마련하고 있다. 여기 모은 글들은 모두 현재의 환경 위기로부터 출발하여 인간의 몸을 존재론적으로 사유하고 있다.

2. 조용훈,『기독교환경윤리의 실천과제』(대한기독교서회, 1997)

환경 문제는 개인윤리적 문제이며, 동시에 사회구조적 문제로서 파악되어야 한다. 환경 위기를 극복하기 위해선 개인 가치관의 변화만이 아니라 사회의 구조 변화가 동시에 수반되어야 한다. 개인의 소비 생활 양식으로부터 시작하여 정치, 경제, 과학 및 국제사회의 정치경제의 총체적 구조 변혁이 이뤄져야 한다. 말하자면 문명사적 대전환이 일어나야 하는 것이다. 이처럼 환경 문제는 너무나 복합적이고 복잡해서 인문과학뿐만 아니라 사회과학 그리고 자연과학 간의 '학제 간 연구'를 절대 필요로 한다. 이 책은 크게 두 부분으로 구성되어 있다. 제1부에서는 기독교 환경윤리의 문제 영역들을 소개하며, 제2부에서는 그 같은 환경윤리의 문제 영역들이 구체적인 사인들에서 어떻게 관련되어 있는가를 예시해 주고 있다.

3. 김균진, 『생태계의 위기와 신학』(대한기독교서회, 1991)

이 책은 생태계의 위기를 초래한 근본 원인이 단순히 성서의 창조 신앙에 있는 것이 아니라 '소유'와 '향유'를 최고 가치로 생각하는 현대 사회의 가치관과 주객도식主客圖式에 입각한 자연과학의 방법에 있다는 사실을 지적하는 동시에, 신학의 전통은 물론 맑시즘에 있어서 자연이 그동안 어떻게 무관심과 소외의 대상이 되었는가를 제시하고자 한다. 그리고 창조 신앙 속에 숨어 있는 '하나님 중심적 세계관'과 인간과 세계의 올바른 관계를 드러내고자 한다. 자연에 대한 인간의 '다스림'과 '정복'의 올바른 의미가 무엇인가를 제시함으로써 자연에 대한 공격적 태도를 극복하고자 할 것이다.

소명으로서의 직업과 윤리

이상훈

(한남대학교 연구교수)

이슈의 발견: 이야기로 생각하기

이야기 하나 ☞ 실직한 미국인

시사주간지 「타임」은 해마다 연말이면 '올해의 인물'을 선정한다. 세계 언론들은 타임이 정한 '올해의 인물'에 주목해 왔다. 누가 지구촌 최대의 뉴스메이커인지, 전 세계에서 영향력 있는 인사들은 어떤 사람들인지…. 2010년 올해의 인물 후보 25명의 리스트 중 특별히 눈길이 가는 인물이 있었다. 바로 '실직한 미국인'이다. 아마 미국의 실업자들만이 아니라 실직이라는 문제 자체가 모든 사람의 관심을 끌기에 충분하기에 후보에 올랐을 것이다. '실직'은 문명과 과학기술 발전의 21세기라는 화려함 뒤에 실재하는 우리의 또 다른 자화상이다.

지금 전 세계가 경제 위기로 몸살을 앓고 있다. 역사 이래 가장 풍요로운 시기를 살고 있음에도 금세기가 시작되면서 오히려 복지와 빵의 문제가 최대의 화두가 되고 있다. 점점 커가는 빈부 격차와 중산층의 붕괴는 많은 정부와 개인에게 과제와 함께 커다란 부담을 주고 있다. 한국도 예외가 아니다. 특히 이러한 경제 위기 현상을 보다 피부로 느끼게 하는 문제는 일자리가 없어지는 현상에서 발견된다. 그런데 상황을 더욱 심각하게 만드는 것은 '고용 없는 성장'과 평생직장 개념의 퇴조 그리고 전직轉職과 이직移職이 일상화될 것이라는 예측이다. 경제 확장 국면이 완료됨에 따른 경제 성장률의 하락, 산업구조의 변화와 함께 감량 경영을 통한 경영합리화로 신규 채용 유보와 감원 그리고 경제 전반의 대외의존도 확대에 따른 해외투자와 글로벌화 등이 그 주요한 원인으로 제시되고 있다.

이야기 둘 ☞ 좋은 직업

한국직업능력개발원의 <한국인의 직업의식과 직업윤리 실태 조사> 결과 우리나라 국민은 직업 생활에서 경제적 보상과 고용 안정성을 가장 중요하게 생각하는 것으로 나타났다. 그 뒤를 이어 일의 흥미와 자아실현 같은 내재적 가치도 중시하는 경향을 보였으며, 자신의 직업이 사회에 봉사하는 바가 크다는 인식도 하는 것으로 조사 결과 나타났다.[1] 그렇다면 좋은 직업이란 결국 자기가 하고 싶은 일을 하면서 적절하게 경제적 보상이 주어지고 또 사회에 기여함으로써 보람을 느끼는 것

---

[1] 한국일보 2011. 4. 21. http://news.hankooki.com/lpage/society/201104/h201104211645
4821950.htm.

이다. 다른 한편 조기 퇴직에 관해 우리나라 성인에게 물어보았더니, 응답자의 80% 가까이는 경제적 여유가 있어도 가능하면 오랫동안 일하며 살고 싶다고 응답했다.

사실 우리는 먹기 위해서만 일하려는 것은 아닐 텐데, 바람과는 달리 생계를 위한 직업의 틀을 벗어나지 못하는 현실 속에서 살아왔다. 그러나 최근에 와서 한국 사회도 일중독(workaholic)으로 치닫는 성장 사회에서 삶의 질과 행복을 강조하는 사회로 나아가려는 움직임이 일어나고 있다. 우리가 열심히 일하는 것은 출세와 성공을 위한 것이고 부와 성공이야말로 행복의 지름길이란 생각에 의문을 갖기 시작한 것이다. 그 결과 성공 중심의 삶에서 의미 중심의 삶으로의 전환이 우리 시대에 이루어지고 있다. 이러한 변화는 직업과 일에 대한 바른 시각, 즉 직업은 '소명'이라는 이해로의 발전으로 생각할 수 있다. 소명으로서의 직업을 이해하기 위한 조건은 이처럼 시대적으로 뿐만 아니라 개인적이고 조직적으로도 형성되고 있다. 조직적 차원의 예는 기업 경쟁 전략으로까지 인식되어야 한다는 '기업의 사회적 책임'에서 발견된다. 또한 개인적 조건으로는 오늘날 기업이 원하는 인재상과 지속가능한 직업에 요구되는 중요한 덕목으로 그리고 취업에 있어서 인성의 강조로 나타난다.

개념 빚기

1. 고용 없는 성장과 직업 세계의 변화

2012년 6월 23일, 우리나라는 일본, 미국, 프랑스, 이탈리아, 독일, 영국에 이어 세계 7번째로 20-50클럽 국가가 되었다. 20-50클럽이란 1인당 소득 2만 달러(선진국 문턱으로 진입하는 소득 기준)와 인구 5,000만 명(인구 강국과 인구 소국을 나누는 기준)을 동시에 충족하는 나라들을 뜻한다. 우리나라가 후발 개도국 중 처음으로 20-50클럽에 가입한 사실은 경제의 역동성과 잠재력을 보여주는 지표로 볼 수 있다. 한국전쟁 이후 최빈국이었던 대한민국이 이처럼 고도성장을 달성할 수 있었던 동인 중 하나는 높은 교육열을 통해 배출된 우수한 인적 자원이다. 특히 경제개발 초기에 표준화된 양질의 공교육은 제조업과 중화학공업에 보편적으로 활용 가능하고 동질적인 인력을 공급하였으며, 이와 같은 풍부한 노동력 공급에 힘입어 한국 경제의 지속적인 성장이 가능할 수 있었다.

최근 청년층 실업률의 증가와 고용의 비정규직화가 발생하고, 평생직장 개념이 사라지며 조기퇴직이 강요 혹은 권장되는 직업 대란 현상이 일어나고 있다. '지식 · 기술 집약적, 노동 절약적'인 산업구조로의 변화와 함께 감량 경영을 통한 경영합리화로 신규 채용 유보와 감원이 '고용 없는 성장' 추세를 심화시키고 있기 때문이다. 산업 전반에 걸쳐 급격히 진행되는 기술혁신과 자동화로 인해 전통적 기술에 의존한 노동력의 수요가 급격히 감소하고 있는 것이다. 따라서 최근의 급격한 일자리 감소는 경제 위기에도 그 원인이 있지만, 그것만으로 모두 설명이 되지는 않는다. 경기가 회복되고 경제적인 산출량은 증가해도 일자리는 늘어나지 않고, 실업률도 감소하지 않는 경향이 있다. 일자리가 사라지고 있으며, 그에 비해 새로운 일자리는 창출되지 않는 것이다.

사실 우리는 재화와 서비스의 생산에 있어서 기계가 점차 인간 노동력을 대체하는 시대로 진입하고 있다. 자동화와 세계화로 인해 제조와 서비스 제공 과정에 있어서 기계가 인간 노동을 대체하는 시대가 시작된 것이다. 제레미 리프킨은 『노동의 종말』에서 기술의 발전으로 기계가 노동을 대체해 '무노동'의 시대가 올 것이라고 이미 전망했다. 그는 생산의 자동화와 세계화가 노동력의 시장가치를 떨어뜨리는 글로벌 노동 위기와 이에 따른 전 지구적인 중산층의 급속한 감소에 대해 예견하기도 했다. 특히 오늘날의 경제를 특징짓는 용어 중의 하나는 '지식 기반 경제'이다. 모든 산업에서 지식과 정보의 생산, 분배, 사용이 성장, 부의 창조 및 고용의 핵심 동인이 된 것이다. 이러한 경제에서는 고기술산업, 정보통신 관련 산업, 소프트웨어, 전문 직종과 같은 지식 집약적 서비스 비중이 점차 증대되고 기존 산업의 지식 집약화가 진행된다. 고용 형태는 '힘에서 지력'(from brawn to brain)으로 바뀌게 되고 반복적 작업은 자동화되어 점차 사라지는 대신 새로운 지식 관련 일자리가 늘어나게 된다.

토마스 프리드먼은 『세계는 평평하다』에서 정보기술의 발달로 인해 제도적, 정치적, 물리적 장벽들이 무너지고 있다고 말한다. 평평해진 글로벌 경제 경쟁 무대에서 대량생산 경제활동과 관련된 일자리는 갈수록 자동화되며, 그 결과 인간 노동은 기계로 대체되고, 아웃소싱되며, 결과적으로 선진국의 중산층 일자리는 저임금의 신흥 개발국들로 옮겨지고 있다. 글로벌 시대의 국제 경쟁이 미국 제조업에 심각한 타격을 준 것은 이미 잘 알려진 사실이지만, 기술혁신과 글로벌화는 미국의 서비스 직종에도 위협을 주게 될 것이라는 예측도 있다. 아웃소싱되는 일

자리가 초창기에는 노동 집약적인 단순노동 직종(신발류, 의복류, 장난감 등)이었는데, 최근에 와서는 하이테크 품목(컴퓨터 소프트웨어, IT 품목, 반도체 제품 등)과 전문 서비스(법률, 회계, 컨설팅 등)로 바뀌어서 이제는 지식노동자의 일자리까지도 미국에서 사라져가고 있다는 것이다. 나라마다 상이한 상황과 시스템 및 제도에 따라 차이가 있겠지만, EU 등 다른 선진국들과 우리나라도 이러한 변화가 이미 시작되었거나 머지않아 일어나게 될지도 모른다.

2. 대처 방향: 미래는 어떤 역량과 직업인을 요구하나

우리나라는 20-50클럽을 넘어 30-50 시대 진입을 목표로 갖게 되었다. 이러한 목표의 달성을 위해서는 무엇이 필요한가?

가장 우선적으로는 가치관과 사회문화의 변화가 필요하다. 지금까지 우리는 효율성을 극대화하느라 생산 방식과 교육 과정의 표준화에 치중하였고, 이로 인해 인적 자원의 동질성이 심화되는 결과를 낳았다. 그러나 지금은 기업이 창의와 혁신, 다양성을 요구한다. 하워드 가드너는 그의 저서 『미래 마인드』에서 다가올 새로운 세상에 대비하기 위해 연마해야 할 능력 중 창조하는 마음과 존중하는 마음을 언급하였다. 창조하는 능력이 없는 사람은 컴퓨터가 그 자리를 대신 차지할 것이기 때문이다. 가드너는 창조성을 확인하는 시금석은 다음과 같이 매우 간단하다고 말한다: "당신이 일하는 영역이 당신이 공헌함으로써 의미 있게 변하였는가?" 그리고 존중하는 마음이란 개인들 및 집단들 간의 차이점에 주목하고 그것을 수용하며, 타자들을 이해하기 위해 노력하고 그들과 효율적으로 일하기 위해 힘쓰는 것을 말한다. 배경과 외모가 다른 개인과 집단들에 대한 존중은 단지 예의 바른 선택의 문제가 아니라 필수적인 요소이기 때문이다. 나아가서 미래 산업에는 혁신과 통섭이 강조되므로 사람들은 다양한 재능, 창의적인 아이디어와 문제 해결 능력을 갖추어야 한다. 그런데 교육 시스템은 이러한 산업계의 필요를 충분히 반영하지 못해 인적 자원의 수요와 공급 간에 괴리가 발생하고 있다.

교육기관이 미래의 새로운 산업 수요에 부응하는 교육 시스템을 구축하고 커리큘럼을 제공해야 하는 이유가 여기에 있다. 한편 미국의 미래학자 다니엘 핑크는 정보를 잘 다루고 분야별 전문성을 효과적으로 발휘할 수 있도록 교육을 받은 '지식 노동자'의 시대가 저물고 있다고 말한다. 그는 『새로운 미래가 온다』에서 '하이컨셉' 및 '하이터치' 재능을 필요로 하는 새로운 시대가 온다고 설명한다. 여기서 하이컨셉이란 예술적·감성적 아름다움을 창조해 내고, 트렌드와 기회를 감지하며, 훌륭한 스토리를 창출해 내고, 관계없어 보이는 아이디어들을 결합해 새로운 것을 창조해 내는 능력과 관계가 있다. 또한 하이터치란 다른 사람과 공감하고 미묘한 인간관계를 잘 다루며, 자신과 다른 사람의 즐거움을 잘 유도해 내고, 평범한 일상에서 목적과 의미를 이끌어 내는 능력과 연관된다. 다니엘 핑크에 따르면, 이들 능력은 대부분 좌뇌(논리, 연산, 언어, 분석 능력 담당)보다는 우뇌(종합, 감정 표현, 문맥, 큰 그림 담당)에서 이루어지고 있다. 그런데 변호사, 회계사, 엔지니어, 기업관리자와 같은 주요 전문직 종사자들에 해당하는 지식 노동자들은 이론적, 분석적 지식을 획득하고 적용하는 능력을 갖추었으며, 좌뇌형 사고에 뛰어나다. 우리 사회는 대부분 좌뇌 주도형 사고가 우뇌 주도형 사고보다 우선시되고, 미래에는 우뇌형 사고가 유용한 대안이라고 인정하면서도 여전히 부차적인 것으로 간주해 왔다. 그러나 최근에는 그동안 과소평가되고 소홀히 여겨지던 우뇌형 재능(예술적이고, 초월적이며, 장기적 안목과 심리적 공감대를 형성하는 재능)에 따라 각 개인의 사회적 성취가 좌우되는 현상이 나타나고 있다.

지식 노동자의 업무 중에는 정보를 찾아내고 다루며 컴퓨터가 계산한 내용을 바탕으로 새로운 지식을 만들어 내고 분석하는 일이 포함된다. 그런데 이러한 지식 노동자의 일도 새로운 기술들에 의해 컴퓨터만으로도 가능해지고 또한 자동화에 의해 대체될 가능성이 높다. 컴퓨터가 방대한 양의 데이터를 분석하고 언어정보를 처리하며 실시간으로 판단을 내리고 다양한 데이터 소스들을 통합하는 능력을 향상시킴에 따라 지식 노동자들의 설 자리는 점점 없어지게 될 것이다. 보스턴 컨설팅 그룹의 리치 레서^{Rich Lesser}는 이제는 지식 노동자를 넘어 새로운 미래 노동자로 '인사이트 노동자'(insight worker)의 시대가 오고 있다고 말한다. 레서가 말하는 '인사이트 노동자'는 냉철한 판단과 비판적인 사고, 공감 등 기계가 대체하기 어려운 능력을 갖추고 있기 때문이다. 그들은 지식을 축적할 수 있어야 할 뿐만 아니라 진정한 문제 해결을 제시하고, 자신의 (영역의) 경계를 뛰어넘어 다양한 영역을 넘나들 수 있거나 타자들과 협력하여 일할 수 있어야 한다. 따라서 자신의 전문 영역에 대한 지식뿐만 아니라 사회 전반적인 이해와 미래를 꿰뚫어 볼 수 있는 혜안, 새로운 시도를 주저하지 않는 모험심과 기업가정신을 갖춰야 한다. 한편 토마스 프리드먼은 장벽이 많은 이전의 세계에서는 '평범함'이 크게 문제가 되지 않았으나 이후의 평평한 세계에서는 평범해선 안 된다고 강조한다. 그는『세계는 평평하다』에서 모두가 대체할 수 없는 사람, 즉 언터처블^{untouchable}로 자신을 만들 방법을 생각하고 '자신의 일을 아웃소싱할 수 없는 사람'이 되어야 한다고 조언한다.

그러면 누가 언터처블이며, 어떻게 언터처블이 될 수 있는가? 프리드먼은 언터처블의 예를 몇 가지 직업군으로 나누어 설명한다. 우선 마이클 조던이나 빌 게이츠같이 '특별한 노동자'로 전 세계 시장을 상대로 자신의 재능을 팔 수 있는 사람들이다. 두 번째 지식 노동자들의 경우 자신의 일이 아웃소싱될 수 없을 만큼 '전문화'된 경우다. 세 번째는 '자리 잡은' 노동자들로 특정한 장소에서 고객, 의뢰인, 환자, 관중과 얼굴을 맞대고 일을 해야 하기 때문에 디지털화나 기계화로의 대체가 불가능하다. 그리고 네 번째 범주의 근로자는 평범한 것 이상의 새로운 기술과 지식을 끊임없이 익혀 새로운 가치를 만들어 내는 사람들이다. 이처럼 세계화는 이제 기업의 세계화에서 개인의 세계화로 변화하였다. 평평한 세계에서는 끊임없이 노력해서 새로운 상황에 적응하는 능력을 갖추는 것이 중요하며, 이를 위해서는 어떤 분야든 무엇인가 새로운 것을 계속해서 학습해야 한다.

직업 이해의 시대적 변화

직업은 타인에게 가치 있는 상품이나 서비스를 제공함으로써 경제적 보상과 자아실현 및 사회적 효용성을 목적으로 수행하는 자발적이고 지속적인 활동으로 정의할 수 있다. 최근 감지되는 중요한 변화 중 하나는 직업이 생계 위주 혹은 성공 중심 인생의 기회비용을 요구하는 경향이 점점 줄고 자아실현의 목표가 동시에 성취되는 방향으로 이행된다는 것이다.

1. 성경과 종교개혁 전통 속의 직업

성경과 종교개혁의 전통은 일에 대한 성숙하고 적절한 관점을 제공하며, 일이나 직업에 대한 바른 이해를 위한 뿌리가 된다. 성경은 일에 대해 부정적이었던 대부분의 고대 사회(예를 들어 고대 그리스와 로마 세계)의 시각과 대조를 보인다. 성경에서 '일하시는 분'으로 묘사되는(창1:1-2:4; 2:4이하; 요5:17) 하나님은 인간들로 하여금 하나님의 창조가 자연 상태 또는 처음 창조된 대로 존속되게 하기보다는 내재된 가능성들을 하나님의 영광을 위해 완성을 향해 나아가도록 더욱 발전시키라는 문화 명령을 주셨다.[2] 이 문화 명령은 아담을 위시한 모든 인류에게 해당되는 것이다. 그러나 인간의 타락으로 일과 노동은 하나님께서 애초에 의도

하셨던 순수한 즐거움에서 벗어나 착취와 압제의 수단(약 5:4)이 되거나 물질적 재산 획득에 대한 과도한 관심으로 우상 숭배(골 3:5)적이 될 수 있다. 일과 노동이 우상화될 때 안녕과 평안을 제공하기보다는 도리어 자만과 시기와 불안정한 삶을 부추기게 된다. 그러나 예수 그리스도의 대속의 죽음으로 실현된 구속을 통해 노동 역시 구속을 받고 축복으로서의 노동이 될 수 있다. 죄로부터의 구속함을 얻는 것은 일로부터 벗어나는 것이 아니라 일을 저주로부터 축복으로 변혁시킴을 의미한다.[3] 예수께서 목수로서의 직업을 가지셨다는 것은 그분 안에서 인간의 직업이 거룩하여질 수 있음과 일반 노동의 존엄성에 대한 증거로 이해될 수 있다. 예수께서 가져오신 하나님의 왕국 영역에는 지상의 모든 것이 신성한 것이 된다. 따라서 모든 직업은 성스러운 영역과 초월의 영역에 속할 수 있는 것이다. 마찬가지로 모든 신자가 제사장의 신분을 가졌다는 신약 성경의 개념은 신자인 우리의 모든 노동이 신령한 영적 봉사라는 뜻이다.[4] 노동은 신자로서 우리가 맡은 바 성스러운 청지기 직분이다.

너희가 먹든지 마시든지 무엇을 하든지 다 하나님의 영광을 위하여 하라(고전 10:31).

이 말씀은 무슨 직업이나 일이든 하나님의 영광을 위하여 할 때 그것은 동일한 가치를 지니는 것이며, 영적인 의미를 갖게 된다는 것을 말해

---

2 신국원, 『신국원의 문화이야기 - 문화전쟁시대의 기독교 문화전략』(서울: IVP, 2002), 134.

3 이형기, "중세사회의 직업관과 루터신학에 있어서 직업의 의미," 『기독교인의 직업과 영성』(서울: 장로회신학대학교출판부, 2001), 185.

4 김재영 편저. 『직업과 소명』(서울: IVP, 1989), 14.

준다.⁵ 그러나 이러한 일에 대한 성경적 관점은 중세 기간에 변화를 겪는다. 세속적인 일상생활의 의무에 대한 강조와 관련이 깊었던 성경적인 소명 개념이 변하여 이 세상에서의 삶보다는 수도원 안에서의 삶에 가치와 비중을 더 두게 되었다. 가족, 직업, 경제, 정치, 문화적 삶에서 영적 삶으로 관심과 주의가 옮아가게 되었다. 아우구스티누스의 경우 '활동적인 삶'(vita activa)과 '관조적인 삶'(vita contemplativa)을 구분했다. '비타 악티바'는 공부, 설교, 가르침 등을 포함하는 거의 모든 종류의 일에 해당되는 반면, '비타 콘템플라티바'는 하나님과 그분의 진리에 대한 묵상과 사색을 말했다. 두 종류의 삶 모두가 선했지만, 관조적 삶이 더 고상했다.

토마스 아퀴나스 역시 아우구스티누스처럼 '비타 콘템플라티바'와 '비타 악티바'를 구분했다. 비록 그가 모든 것에 대해 고유한 가치를 인정했음에도 활동적인 삶은 필요에 예속되어 있다고 보았다. 그래서 관조적인 삶만이 참으로 자유롭기에 활동적인 삶보다 더 좋은 것이라고 말했다. 이러한 구분이 중세 기독교의 기본적인 틀이 되었으며, 그 구분은 유일한 혹은 가장 고상한 소명은 사제나 수도사라는 개념을 낳았다. 그 결과 소명이라는 용어는 사실상 사제나 수도사직을 언급할 때만 사용되게 되었다. 즉, 소명이란 개념이 사제들의 소명으로 축소되고 사제 계급과 평신도 간 뚜렷한 분리가 진전되면서 사제들은 성례와 명상에만 집중하고 금욕적인 수양으로서의 노동은 회피하게 되었다. 따라서 가정을 갖고 자녀를 낳아 교육시키는 책임을 거부하는 금욕주의적 순

---

5 박수암, "신약성경의 직업관," 『기독교인의 직업과 영성』 (서울: 장로회신학대학교출판부, 2001), 127.

결, 이 세상에서의 직업 활동을 가치 절하시키는 사도적 청빈 그리고 이 세상 한 가운데서 하나님과 이웃 사랑을 지향하는 것이 아니라 수도원 내에서의 순종을 강조하는 수도원주의적 삶의 이상은 이 세상에서의 삶보다도 수도원 안에서의 삶에 가치와 비중을 더 두었다.

이처럼 '영적인 것'과 '세속적인 것'이라고 하는 이분법적 가치관이 중세기의 유럽을 지배하였다. 중세기는 수도원과 교회 안으로 내향內向하는 성화를 추구한 나머지, 직업 활동 및 경제활동에 대해 신학적인 의미가 주어지지 않았다. 그러나 종교개혁은 '직업'과 '경제' 활동에 이전에 상실했던 신학적 목적과 의미를 부여하였다.

루터에 따르면 복음을 통해 은혜와 믿음으로 의로워져 구원 받고 세례 받은 신자들은 모두 하나님의 자녀라는 동등한 신분(status)을 가졌다. 따라서 성직 계층과 평신도 공직자 혹은 교황과 농부 사이에 다른 것은 신분이 아니라 직책이다. 그리고 로마 가톨릭교회가 선행을 '교회에서의 기도, 금식, 구제' 같은 일들에 제한하는 데 동의하지 않았다. 루터는 당시 교회가 구별하는 성, 속의 이층 구조를 극복하려 하였고, 온갖 일상적인 일과 활동 그리고 사회의 공동 복지를 위한 모든 일들이 하나님께 합당한 것이라고 보았다.6

종교개혁자들에게 성화는 그리스도의 왕국 안에 머무르는 것이 아니라 세상 나라를 향해서 나아간다. 기독교인들은 이 세상에서 '감사하는 생활과 모든 사람을 사랑하는 삶'을 영위하고, 세상 한복판에서 창조주 하나님의 목적을 이룩하며 산다.7 사제들과 수도승들만이 영적 신분

---

6 이형기, 161.

7 이형기, 170.

을 가진 것이 아니라 모든 기독교인이 영적 신분을 지녔기 때문에 이 세상에서의 활동까지도 영적인 것이다. 온갖 직업인들이 모두 다 거룩한 사제요 주교들이라고 말하며 각자는 한 몸의 지체들처럼 자신의 직업과 직책으로 공동체의 영적이고 물질적인 복지에 기여할 것을 강조했다.[8] 루터는 가정 공동체와 자녀 교육을 중요시했고, 교회 밖에서의 직업 활동과 경제활동을 강조하였다. 모든 직업을 하나님의 소명이라고 본 루터는 기독교 신앙이 교회 안에 갇혀 있기를 거부한 점에서 중세의 수도원적인 삶의 이상(순결, 사도적 청빈, 순종), 즉 중세 기독교를 긍정적인 의미에서 세속화시켰다. 루터는 수도원과 교회의 울타리 안으로 내향內向하는 거룩한 삶이 아니라 이 세상 속에서 세속적인 삶을 거룩하게 살 것을 역설하였다. 그는 '관조적인 삶'(*vita contemplativa*) 중심에서 '활동적인 삶'(*vita activa*)으로 경건한 삶의 중심을 옮겨 놓았다.

18~19세기의 과학과 기술의 발달 그리고 산업화와 도시화 및 자본주의의 세계화 과정에서 인간의 '직업'과 '경제활동'은 복음과 성경 그리고 교회와 신학의 제어를 벗어나게 되었다. 이러한 근대적 발전기에 기독교적 소명 개념도 (기독교만이 아닌) 일반 사회 공통의 문화적 기대와 '부정적인' 세속화에 포섭됨으로써 심각한 축소를 맞게 되었다. 현대적 인간 사회의 발전은 기독교적 소명 개념이 상실된 글로벌 시민사회와 광범위한 직업군의 출현과 더불어 도래했다. 그 결과 점점 더 많은 사람에게 열리게 된 교육과 고용 기회의 엄청난 증가는 소명 의식의 고취가 이루어지지 않는 취업 준비로 결과 지어졌다. 소명 의식이 거의 사라진 전문직 분야는 하나님 앞에서의 이웃과 사회에 대한 책임감과 동떨어

---

8 이형기, 171.

져 취업/직업을 위한 상업화된 전문지식의 한 형태로 전락하게 되었다. 따라서 분명한 소명 의식이 부재한 오늘날의 전문직 교육은 업무의 수행에 있어 영성과 윤리의 공백을 초래한다고 주장된다. 성경과 교회와 신학으로부터 단절된 '직업'과 '노동'은 세속적인 목적과 의미만을 추구하게 된다. 그로 인해 자주 착취와 압제 그리고 탐욕과 비인간화를 자초하고, 자아실현의 기회와 평안을 제공하기보다는 자만과 시기와 불안정을 부추기게 되었다.

하워드 가드너는 『미래 마인드』에서 미래를 대비하기 위해 윤리적인 마음을 개발할 필요가 있다고 강조한다. 가드너는 불확실한 시대에 특별히 사람들이 '굿 워크good work', 즉 '좋은 일'이 실천되는 사회에서 살기를 원한다고 말한다. 여기서 좋은 일이란 '질적으로 훌륭하고(excellent)' '책임감'(responsible)이 있어 공동체에 어떤 의미가 있는지를 늘 고려하고, 아무리 힘든 상황에서도 그 일을 계속하도록 만드는 것을 말한다. 그런데 대부분 전문직에서 일하는 사람들을 대상으로 한 그의 연구 결과에 따르면 '굿 워크'에 기여하는 요소와 '굿 워크'의 발생률을 높이는 가장 좋은 방법은 윤리적인 마음을 강조하는 것이다.

2. 직업과 윤리 그리고 소명

1) 기업은 왜 '사회적 책임'을 실천하는가?

기업의 경제적 책임은 사회가 원하는 재화와 서비스를 생산하고 이윤을 극대화하는 것이다. 그런데 근래에는 기업의 경제적 책임을 넘어서 기업의 지속가능한 발전과 경영을 위한 '기업의 사회적 책임'이 강조되고 있다. 이것은 가격 경쟁력이나 제품 및 서비스의 품질 향상을 넘어서서, 이제는 기업과 브랜드의 이미지 개선이 글로벌 시장에서 필수적인 시대임을 말한다. 따라서 보유한 유형 자산만으로는 충분하지 않고, 경제적 성과와 더불어 사회 및 환경적 가치도 창출해 내는 지속가능경영 실천 기업이 되어야 한다는 것이다.

기업의 사회적 책임은 경제적 책임 이외에 합법적 테두리 안에서 경제활동을 하는 법적 책임, 법의 경계를 넘어 사회의 일원으로서 도덕적으로 기대되는 윤리적 책임, 사회 공동체에 공헌하고 삶의 질의 개선을 위한 자선적 책임을 포함한다. '기업의 사회적 책임'은 '윤리경영' 및 기업을 포함한 사회 전체 이익의 확대를 추구한다. 다시 말해 주주뿐 아니라 종업원과 소비자, 지역사회, 비정부기구(NGO), 정부 등 이해관계자 모두의 이익을 목표로 한다. 한때 기업 경영이 포커 게임에 비유되면서 기업의 윤리는 경쟁에서 이겨야 하는 게임의 윤리이므로 기업은 사회의 윤리 기준과 다른 자신만의 독특한 기준을 가지고 있다고 주장되었다.

그러나 이제는 기업이나 사업의 성패가 사업자들 간의 경쟁에서라기보다는 일반 소비자들에 의해 크게 좌우되고 결정되는 시대가 되었다. 나아가서 소비자들을 포함한 이해관계자들은 기업이 일반적인 사회의 기준과 보편적인 윤리에서 벗어나는 기업 경영에 대해 동의하지 않으려 한다. 그들은 이제 사회 기준에 따라 소비자로서의 일반인들이 느끼는 윤리적인 기준에 맞춰 소비할 것이며, 이러한 윤리적 소비성향은 기업의 사활에 지대한 영향을 미친다. 따라서 기업 혹은 사업의 윤리는 일반 사람들의 보편적인 윤리 감각과 괴리가 있을 수 없게 되었다. 특히 최근 들어 착한 소비를 포함하여 소비자들의 의식 변화 및 '권력 강화'가 점증하고 있다. 그 결과 기업의 좋은 평판은 매출, 호감도, 브랜

드력 증대를 가져오기에 충분한 실적과 수익률을 불러오고 있다. 즉, 착한 기업이라는 평판은 소비자들에게 신뢰를 주어 판매를 높이고 마케팅 비용을 절감시켜주며, 종업원들의 자부심과 사기를 높여 기업의 좋은 실적으로 이어진다. 이에 따라 기업들이 앞다퉈 지역사회의 발전을 위한 다양한 사회 공헌 활동에 참여하고 있다. 기업의 사회적 역할 수행이 기업의 수익 창출과 지속성장을 가능케 하는 핵심 요소가 되기 때문이다. 또한 사회적 책임을 다하는 기업들에 투자하려는 투자 패러다임의 변화 역시 기업들에게 사회적 책임에 기초한 지속가능 기업으로의 변신을 시도하게 한다. 따라서 기업은 이제 이익 창출이라는 1차원적인 단계를 넘어 다양한 문제들을 안고 있는 지역사회와 지구촌의 '지속가능 발전'을 위해 동참하는 '착한' 기업으로 거듭나야만 한다.

사적인 이익만을 추구하지 않고 공공적인 이익을 함께 고려하며 기업을 운영하는 경영자는 자신의 일을 단순한 직업 이상으로 이해하고 의미를 부여할 것이다. 사회적 책임을 실천하는 기업의 경영자는 의식하든 않든 청지기적 삶에 근접하거나 그러한 삶을 살아간다고 볼 수 있다. 또한 윤리경영이나 기업의 사회적 책임을 수행하는 기업은 직원들에게 직업윤리의 실천을 기대하는 것이 당연할 것이다. 이처럼 윤리적 요소가 기업 경영 내부로 유입됨으로 인한 직업의 윤리화는 직업 본래의 의미, 즉 소명 의식에 다가가는 발전으로 이해할 수 있다. 따라서 직업의 윤리화 혹은 직업의식 속으로의 윤리적 요소의 유입은 '소명으로서의 직업'을 지향한다고 볼 수 있다. 그렇다면 소명으로서의 직업은 직업과 윤리 간에 밀접한 관련성이 있음을 입증하는 것이다. 이러한 사실은 직업에 있어 윤리가 경쟁력인 시대가 왔음을 의미하며, 그것은 곧 소명으로서의 직업, 즉 직업에서 소명 의식의 회복이 요구됨을 말하는 것이다.

지금까지는 직업과 윤리 그리고 직업인과 윤리적 업무 수행은 무관하거나 상호 배타적일수록 전자에 유리하다는 인식이 우리 사회에 널리 퍼져 있었다. 그러나 위에서 살펴본 대로 오늘날 기업윤리와 기업의 사회적 책임의 예는 직업이 윤리적일 필요가 있고, 윤리 의식이 직업에 요구되는 중요한 요소임을 말해주고 있다. 이제 21세기에는 윤리의 필요성을 인식하는 시각, 윤리에 기초한 직업에 대한 이해, 나아가 직업에 대한 소명 의식이야말로 중요한 경쟁력의 조건이 되고 있는 것이다. 이익을 추구하는 기업 경영과 윤리는 별개의 것이라는 과거의 기업 문화에 근거한 주장은 오늘날 점점 더 설득력을 잃어가고 있다.

2) 윤리 = 성품 + 역량

지금까지 우리가 살펴본 윤리에는 능력과 성과 등도 포함됨을 지적하고 싶다. 이와 관련된 논의를 『신뢰의 속도』의 저자인 스티븐 M. R. 코비의 신뢰에 대한 설명에서 읽을 수 있다. 윤리의 두 가지 측면을 보여주기 위해 코비는 윤리 대신 '신뢰'란 용어를 사용한다. 신뢰에 대한 그의 이해는 포괄적인 의미의 윤리 개념을 이해하는 데 도움이 된다. 우리는 대개 좋은 사람, 진실한 사람, 도덕성이나 성실성이 있는 사람 등, 성품의 측면에서 그 사람의 신뢰도, 즉 윤리성을 가늠한다. 물론 성품이 신뢰 혹은 윤리의 기초가 되고, 신뢰(윤리)에 필수적인 것은 사실이다. 하지만 신뢰 안에는 성품만 포함되는 것은 아니다. 신뢰(윤리)에는 성품과 역량이라는 두 가지 요소가 함께 담겨 있다. 그러므로 윤리적인 행동의 결과에는 성품과 역량의 두 요소가 동시에 나타난다. 윤리(신뢰)의 성품적인 측면에는 성실성, 동기, 의도가 포함되고, 역량적인 측면에는 능력, 기술, 성과, 실적이 포함된다. 성품의 한 요소인 성실성에는 일치성이 포함된다. 일치성은 가치관과 신념에 어긋나지 않게 행동하고, 말과 행동이 일치하는 것을 말한다. 또한 성품에 있어 동기는 진정한 관심에 따른 동기이며, 관심의 영향은 매우 실용적이다. 즉, 타인, 목적 혹은 전체 사회 등에 대한 관심은 분명한 성과를 낳으며, 따라서 관심과 성과 사이에는 밀접한 상관성이 존재한다.

성품은 윤리의 가장 중요한 요소이지만, 역량 역시 윤리의 필수적인 측면으로 인식해야 한다. 윤리적인 행동은 윤리적 성품이 실천될 뿐만 아니라 역량의 측면에 따라 성과와 실적도 동시에 일어나기 때문이다. 이처럼 역량에 속하는 성과와 실적도 윤리에 있어 본질적인 것으로 이해되어야 한다. 따라서 역량에도 윤리적인 의미가 부여되어야 하며, 그때 역량의 측면은 윤리와 윤리적인 삶을 더욱 풍성하게 한다. 또한 윤리 이해에 있어 역량 차원이 가미될 때 윤리는 보다 확고하고 실제적인 장점을 갖추게 된다.

3) 직(職)과 업(業)과 소명

요즘에는 스펙과 업무 능력 간의 관련성이 많지 않다는 사실이 널리 인식되고 있다. 일반적으로 스펙spec이란 제품 명세서인 specification의 줄임말로 구직자들 사이에서 객관화, 정량화할 수 있는 학력과 학점, 토익 점수 등의 영어 자격증, 그 외 관련 자격증 및 경력 사항들을 총칭한다. 그런데 기업 인사 담당자들은 채용 시 지원자들의 스펙보다 관련 분야에서의 과거 경험이나 열정을 높이 평가한다고 한다. 전문가들은 취업 준비생들에게 우선 희망 직무, 즉 본인이 어떤 일을 하고 싶은가를 먼저 생각하라고 주문한다. 또한 지원 대상은 회사가 아니고 '직무'가 되어야 한다고 말한다. 그러므로 그 일이 자신과 어떻게 맞는지, 그 일을 왜 좋아하는지, 어떻게 준비했는지, 그 분야에서 어떤 경험이 있는지, 일을 통해 무엇을 추구하고자 하는지 등을 분명히 해야 한다.

3. 소명으로서의 직업

그런데 많은 청년 구직자들이 회사를 선정할 때 가장 중요하게 생각하는 것은 연봉이나 회사의 규모, 명성, 복리후생 등의 순이다. 이와 대조적으로 위에서 논의한 '자기분석'의 필요성은 오늘날 직장생활과 업무 수행에서 실제로 중요하게 느껴지고 있다. 한 취업 포털사이트에서 직장인들을 대상으로 대학생으로 돌아가면 가장 하고 싶은 것이 무엇인지에 관해 실시한 적이 있었다. 결과는 학과 공부하기와 일찍 취업 준비하기 등 보다 월등하게 적성부터 찾고 싶다는 것이었다. 왜 직장인들은 후배 대학생들에게 후회하지 않기 위해 먼저 적성부터 찾으라고 조언하려 할까? 우리는 '직업'이란 말을 '직'과 '업'으로 나누어 그 차이점과 각각의 특징을 생각함으로써 그 이유를 알고자 한다.

'직職'은 남이 부여한 직위 내지 자리로 직장 내에서 점유하고 있는 담당 업무를 말한다. '직'은 다른 사람에 의해 대체될 수 있기에 직을 가진 사람은 언터처블이 되기 어렵다. 그리고 '직'을 추구하는 사람은 '직'에 따라서 삶이 흔들리기 쉽고, 은퇴로 의미 있는 활동과 역할이 종결된다. 반면 '업業'은 평생을 두고 매진하는 주제이자 스스로 부여한 프로젝트를 뜻한다. 따라서 '업'은 나의 존재와 삶과 뗄 수 없는 불가분리의 관계가 된다. 그렇기 때문에 '업'은 쉽게 다른 누군가로 대체가 어렵다.

그런데 직職은 사람을 도전과 열정보다는 현실에 안주하고 수동적이게 만드는 경향이 있다. 그래서 직은 우리의 세계관과 역량을 직이 가진 테두리 내에 한정되게 하는 경우가 많다. 반면 업業은 모험과 열정을 북돋아 우리 안의 가능성을 끌어올리기에 기업가정신을 유발하고 혁신을 가져온다. 취업을 위해서는 직을 추구하는 것이 아니라 업을 고민해야 한다. 어디에서 일하고 싶은지가 아니라 무슨 일을 하고 싶은지 묻고 찾아야 한다. 내가 평생 매진할 주제(업)를 발견하지 못한다면 세상의 성공 기준을 따라가게 되고, 아무리 좋은 직도 결국 무료하고 의미를 찾을 수 없게 된다. 업은 그래서 특정한 방향이나 주제에 대한 흥미를 불러일으켜 열정을 가지고 지속적으로 매진하게 하므로, 하는 일 속에서 가치와 의미를 발견할 뿐만 아니라 자아실현과 사회의 공동선에 기여하도록 이끈다. 이러한 이유로 그리고 직업 문제의 대처 방안으로 우리는 '직'이 아니라 '업'을 추구해야 하며, '직'을 '업'으로 승화시켜야 할 것이다. '업'은 '소명'이 무엇인지를 말해주는 표시이며, 따라서 '직'을 '업'으로 승화시킨다 함은 직업에서 상실된 소명의 의미를 회복하는 것을 말한다.

우리는 지금 고도의 과학기술 문명을 누리며 그 어느 때보다 풍요로운 21세기를 살아가고 있지만, 아이러니하게도 그 어느 시대보다 사회경제적 불안정성과 미래에 대한 불확실성으로 내몰리고 있다. 이것은 저성장 고실업 구조의 장기화뿐만 아니라 '고용 없는 성장'과 평생직장 개념의 퇴조 그리고 전직轉職과 이직移職이 일상화될 것이라는 예측 때문이다. 경제 성장률의 하락, 산업구조의 변화, 경제 전반의 대외의존도 확대에 따른 해외투자와 글로벌화 등이 이런 현상의 근본 원인으로 지목된다. 더구나 기대수명의 증가가 반영되지 않은 정년 제도와 오히려 빨라지는 퇴직 연령은 준비되지 못한 노후를 초래하였으며, 이로 인해 은퇴 후에도 재취업 등 경제활동을 재개해야 할 필요성을 증가시키고 있다.

근래에 일어나고 있는 이러한 미증유의 직업적이고 사회경제적인 변화에 대한 대처를 위한 방안은 우리에게 일관성 있는 시사점을 제공해 주었다. 우선 21세기적 세계화의 상황 속에서 지속가능한 직업적 역량은 평범하지 않아야 하고, 대체가능성이 없어야 하며, 창조적이고, 전문성을 갖추어야만 한다. 또한 통섭적인 세계관과 다양성에 대한 존중 그리고 협업과 공감 능력 및 하이컨셉·하이터치 재능을 필요로 한다. 더 나아가서 이제는 직업을 통해 사회에 기여하고 인간의 행복에 복무해야 하며, 열의와 호기심을 가지고 새로운 지식을 학습하는 방법을 터득하는 능력을 구비해야 한다. 뿐만 아니라 소비자들의 초월성에 대한 열망을 채워주고, 정신적인 충족감을 가져다주며, 삶의 의미와 목적을 찾도록 돕는 방식으로 직업과 일의 지향점이 설정되어야 한다.

우리는 이러한 시사점의 내용들이 포괄적인 윤리 개념의 요소인 역량과 성품의 범주 속에 포함된다는 것을 알 수 있다. 여기서 윤리의 역량적인 측면은 능력, 기술, 성과, 실적을 포함한다. 그리고 성품적인 측면은 성실성(예를 들어 신념과 행동의 일치성 등)과 의도를 말하며, 의도는 타인과 사회 등에 대한 진정한 관심에 따른 동기와 상호 이익을 추구하는 의제 그리고 이 둘을 표현하는 행동을 가리킨다. 이것은 기능과 윤리 간의 비분리성 그리고 윤리 품성과 기능과 역량 성과 등을 그 속에 내포하고 있는 윤리 이해를 요구하며, 윤리적 책임 및 직업윤리 소명이 이 시대의 직업적 문제 해결에 실증적인 대안으로 고려될 수 있음을 말해 준다.

지금까지 윤리적 요소가 직업 세계 안으로 포섭됨으로 인해 다양한 측면에서 나타나는 직업의 윤리화 경향을 살펴보았다. 즉, 기업의 사회적 책임 경영, 취업에서 직이 아닌 업의 추구 그리고 성공에서 의미로의 직업 목표의 전환 등이 그것이다. 이는 직업 본래의 의미인 소명에 근접해 가는 변화로서 직업과 경제활동에 대한 이해에 있어 중요한 진전으로 볼 수 있다. 따라서 '직업'의 윤리화 혹은 직업에 있어 윤리적 요소의 유입은 '소명으로서의 직업'을 지향하는 것으로 읽을 수 있다. 이것은 직업이나 경제활동에 있어 윤리가 불필요한 것이 아니라 경쟁력인 시대가 왔음을 말하는 것이다. 따라서 '소명으로서의 직업'이라는 기독교적 직업관은 직업 개념과 수행의 세속화와 상업화에 대한 실효성 있는 대안을 제시할 수 있을 뿐만 아니라 오늘날의 사회경제적 불확실성과 저출산 고령화로 인한 인구통계학적 변화 속에서 일과 직업을 바로 이해하고 직업 세계에서 발생하는 도전에 현명하게 대처해 가는 데 기여할 수 있을 것이다.

이런 것이 궁금해요!

질문 1. 직업 세계 현실의 변화 속에서 우리가 파악해야 할 주요한 문제는 무엇입니까?

지속가능한 일과 직업은 대체되지 않는 언터처블로서 '평범'하지 않으며, 창조적인 전문성을 갖추어야 합니다. 동시에 통섭적인 세계관과 다양성에 대한 존중 그리고 협업과 공감 능력 및 우뇌형(하이컨셉·하이터치) 재능을 요구합니다. 앞으로의 직업은 사회에 기여하고, 인간의 행복에 기여하며, 열의와 호기심을 가지고 새로운 지식을 학습하는 방법을 터득하는 능력을 필요로 합니다. 나아가서 초월성에 대한 열망을 채워주고 정신적인 충족감을 가져다주며, 삶의 의미와 목적을 찾도록 돕는 방식으로 직업과 일의 지향점이 설정되어 가고 있습니다.9 정보통신 혁명 등 과학기술의 발전과 산업구조의 변화 등은 직업 세계에 혼란과 변화를 가져왔을 뿐만 아니라 직업에 대한 새로운 인식을 가져다 주었습니다. 기독교적 관점에서 일 혹은 직업의 이해는 시대를 거치면서 중요한 변화를 경험하게 됩니다.

질문 2. 직업이란 말의 정확한 뜻과 역사에 대하여 간단히 설명해 주십시오.

직職은 남이 부여한 직위 내지 자리로 직장 내에서 점유하고 있는 담당 업무를 말합니다. 직은 다른 사람에 의해 대체될 수 있기에 직을 가진

---

9 다니엘 핑크, 『새로운 미래가 온다』, 55.

사람은 언터처블이 되기 어렵습니다. 그리고 '직'을 추구하는 사람은 직에 따라서 삶이 흔들리기 쉽고, 은퇴로 의미 있는 활동과 역할이 종결됩니다. 반면 업業은 평생을 두고 매진하는 주제이자 스스로 부여한 프로젝트를 뜻합니다. 따라서 업은 나의 존재와 삶과 뗄 수 없는 불가분리의 관계가 됩니다. 그렇기 때문에 업은 쉽게 다른 누군가로 대체가 어렵습니다. 또한 직職은 사람을 도전과 열정보다는 현실에 안주하고 수동적이게 만드는 경향이 있습니다. 그래서 직은 우리의 세계관과 역량을 직이 가진 테두리 내에 한정되게 하는 경우가 많습니다. 반면 업業은 모험과 열정을 북돋아 우리 안의 가능성을 끌어올리기에 기업가정신을 유발하고 혁신을 가져옵니다.

취업을 위해서는 직을 추구하는 것이 아니라 업을 고민해야 합니다. 어디에서 일하고 싶은지가 아니라 무슨 일을 하고 싶은지 묻고 찾아야 합니다. 내가 평생 매진할 주제(업)를 발견하지 못한다면 세상의 성공 기준을 따라가게 되고, 아무리 좋은 직도 결국 무료하고 의미를 찾을 수 없게 됩니다. 그러나 업은 특정한 방향이나 주제에 대한 흥미를 불러일으켜 열정을 가지고 지속적으로 매진하게 하므로, 하는 일 속에서 가치와 의미를 발견할 뿐만 아니라 자아실현과 사회의 공동선에 기여하도록 이끌어 줍니다. 이제 직업 문제의 대처 방안으로 우리는 직이 아니라 업을 추구해야 하며, 직을 업으로 승화시키는 것이 중요합니다. 이는 직업에서 상실된 소명의 의미를 회복하는 것을 말합니다.

함께 보면 좋을 책들

1. 제레미 레프킨(Jeremy Rifkin)/이영호 옮김, 『노동의 종말』(민음사, 2005)

저자 제레미 레프킨은 미국의 유명한 미래학자인 동시에 현대 문명에 대한 예리한 비평을 하는 것으로 유명한 사람이다. 이 책은 현대의 과학과 기술이 지금처럼 발전하게 되어 생산력은 향상될 수는 있게 될 것이지만, 그 끝은 노동의 종말로 귀결될 것이라고 전망하고 있다. 노동의 종말은 결국 자본주의가 몰락하게 될 것이라고 예언하고 있다. 이러한 노동의 종말은 고용 없는 성장을 가져오게 되고, 좋은 일자리는 사라지고, 임시직이 늘어나서 유토피아의 세계가 아니라 어둠의 디스토피아의 세계가 될 것이라고 말한다. 위기를 극복하는 길로 노동 시간을 단축하고, 생산성 향상을 위한 삶이 아니라 공동체의 연대와 친밀감 그리고 봉사 정신과 같은 새로운 가치를 발견하는 것이 중요하다고 말한다.

2. 토머스 프리드먼(Thomas L. Friedman)/김상철 · 이윤섭 옮김, 『세계는 평평하다』(창해, 2005)

현재의 세계적 흐름인 신자유주의가 어떻게 확산되고, 각 나라에 어떤 영향을 미치는지 잘 보여주는 책이다. 세계 경제는 이제 하나이며, 서로 유기적이고 복잡하게 연결되어 있다는 것을 보여주면서, 그것을 책 제목처럼 세상이 평평하다는 것을 설명하고 있다. 그래서 서로 경쟁하는 것은 가능하지만, 국가 간 장벽을 쌓으면 세계적인 재앙이 될 것이라고 한다. 저자는 세계화가 필연이라고 주장한다. 현대 사회를 어떻게 살아야 할 것인가를 고민한다면 읽어 볼 책이다.

돈과 사람

: 신앙인의 물질관과 소비

이재명

(웨스트민스터대 겸임교수)

이슈의 발견: 이야기로 생각하기

이야기 하나 ☞ 부자 나사로?

어느 교회 초등부에서 공과 공부가 한창이었다. 그날 주제는 부자와 거지 나사로였는데,[1] 선생님은 아주 열심히 이 세상에서 부자로 살다가 지옥에 간 사람과 거지로 살았지만 천국에 간 나사로 얘기를 들려주었다. 그리고 아이들에게 물었다: "여러분은 부자가 되고 싶어요, 나사로

---

[1] 누가복음 16:19~31에 기록된 말씀으로, 이 땅에서 모든 것을 누린 부자는 죽어 지옥에 가고, 이 땅에서 가난으로 인해 고난받은 거지 나사로는 죽어 천국에 갔는데, 부자가 그런 사실을 모르는 채 살고 있는 자기 형제들에게 자신의 상황을 전해서 그들은 지옥에 오지 않기를 바라지만, 뜻대로 되지 않는다는 내용이다.

가 되고 싶어요?" "나사로요~!" 모든 아이가 일제히 소리 높여 대답했다. 선생님은 흡족했다. 그런데 유독 철수만은 아무 대답도 하지 않는 게 아닌가? 선생님이 철수에게 다시 물었다: "철수는 나사로처럼 되고 싶지 않은 건가요?" 그러자 철수가 대답했다: "선생님, 저는 세상에서는 부자처럼 살고, 죽어서는 나사로처럼 살고 싶어요!"

처음 이 얘기를 접했을 때 대부분의 아이들과는 달리 질문자의 의도를 뛰어넘어 어떻게 사는 것이 좋은 건가를 이미 파악한 듯 보이는 아이의 대답에 '그것 참 명답이다'라는 생각을 했었다. 그런데 한번은 주일학교 유초등부 교사들을 대상으로 '성서와 돈'에 관한 주제로 강의를 하며 이 예화를 사용했다가 예전과는 좀 다른 반응에 놀랐었다. 이 얘기에 모두 재미있게 웃기는 했지만, 이내 선생님들로부터 솔직한 응답이 돌아왔다: "요즘 아이들은 하도 영악해서 그런 얘기를 해도 선뜻 '나사로처럼 살겠다'고 하지 않을 것"이라고. 물론 모두가 예화의 아이처럼 '명답'을 얘기하진 않겠지만, 적어도 "선생님, 왜 부자는 지옥에 갔어요?"라고 묻거나 아예 그런 얘기의 초점을 이해하지 못할 것이라는 반응이 많았다.

이야기 둘 ☞ 세상이 달라졌다

요즘 아이들은 '이 세상에서 부자처럼 사는 것'이 당연하고 바람직한 것이라고 생각한다. 사실 아이들이 달라진 것이 아니라 세상이 달라졌다고 하는 것이 더 맞는 말일 것이다. 달라진 세상 속에서 그리스도인들도 함께 달라져 왔다. 적어도 돈에 대한 이해에 있어서는 부정적인 태도에서 긍정적인 태도로 변했다. 예수 믿으면 잘 살고 건강해지는 것은 당연하고, 물질적으로도 부유해지는 것을 좋은 믿음에 대한 하나님의 축복의 결과로 이해하는, 소위 번영 신학의 끈질긴 가르침은 한국 사회의 경제발전 시기와 맞물려 교회의 양적 성장만 이룬 것이 아니라 동시에 돈에 대한 그리스도인의 견해와 태도를 바꿔 놓았다.

그 결과 이젠 그리스도인들도 누구나 진정으로 성공한다는 것 혹은 가치 있게 잘 사는 것과 물질적으로 여유 있게 사는 것이 어느 정도 일치되어야 한다고 생각하는 것이 일반적이다. 이런 시대적 흐름 앞에서 믿음을 지키며 제대로 살기 위해서는 당연히 가난하게 사는 것도 감당해야 한다는 말은 '왜 굳이 그렇게까지?' 하는 의구심을 불러일으킬 수 있다. 다시 말해 우리가 생각하는 것보다 훨씬 더 적극적이고 당연하게 돈이나 재물 혹은 경제 쪽에 일방적인 친근함을 갖고 있는 시대에 우리는 살고 있다고 할 수 있다. 아니, 좀 더 정확히 말하자면 그렇게 살아온 지 이미 오래되었다고 할 수 있다.

개념 빗기

1. 현대 기독교인들의 경제관 — 부자 나사로

몇 해 전 상영되었던 영화 <도가니>는 기독교계 장애인 학교에서 벌어진 끔찍한 성폭력의 실상을 고발하여 한국 사회에 큰 충격을 주었다. 또한 그 영화 속에서 주인공이 했던 한 마디는 세상의 소금과 빛이 되어야 할 그리스도인들의 뒤집힌 역할에 대한 따끔한 일침이기도 했다: "우리가 싸워야 하는 건 세상을 바꾸기 위해서가 아니라, 세상이 우리를 바꾸지 못하게 하기 위해서다."[2] 하지만 정작 이 말은 이미 오래전에 사도 바울이 초기 기독교인들을 향하여 세상에 살되 세상을 본받지 않으며 기독교 신앙의 정체성을 지키고 살아야 할 것을 강조한 그리스도인의 사명 선언이라고 할 수 있다.[3] 어쩌면 이제 그리스도인들은 세상에 의해 바뀌지 않으려고 싸우는 대신, 세상의 가치관 편에 서서 자신들처럼 바뀌지 않는 다른 그리스도인들과 싸우고 있는 형국은 아닐까?

오늘날 많은 그리스도인이 적어도 돈에 관한 이해와 태도에서만큼은 성경을 통해 세상을 보기보다는 자본주의라는 세상을 통해 성경과 신앙을 재해석하면서, 시장경제체제의 흐름에 어긋나는 그 어떤 발언도 용납하지 않으려 한다. 심지어 일부 과격한 시장경제 옹호론자들은

---

2 <도가니>는 황동혁 감독의 2011년 작품으로, 2000년부터 5년간 한 청각장애인학교에서 벌어진 실화를 바탕으로 제작한 영화다.

3 로마서 12:2: "너희는 이 세대를 본받지 말고 오직 마음을 새롭게 함으로 변화를 받아 하나님의 선하시고 기뻐하시고 온전하신 뜻이 무엇인지 분별하도록 하라." 이 말을 통해 바울 사도는 그리스도인이란 자신이 살아가는 세상의 시대적 흐름에 변질되지 않고 신앙인의 정체성을 지키기 위해 늘 자신의 시대 속에서 하나님의 뜻을 분별해야 존재임을 강조하고 있다.

오로지 자본주의를 옹호하는 견해만 성경적이라고 주장하며 그 외의 것은 거부하는 태도를 보이기조차 한다. 시장 중심의 자본주의가 성경적 경제관과 일치되어 버린 것이다. 무엇이 잘못된 것일까? 오늘날 한국 기독교의 주류가 보여주는 자본주의에 대한 일방적 지지의 원인은 무엇일까? 자본주의라는 세상 속에서 그리스도인들은 이미 기독교 신앙의 정체성을 잃어버렸든지, 아니면 적어도 돈과 관련해서는 굳이 신앙과 연결시킬 필요를 느끼지 못하고 있는 것은 아닐까?

오늘날 그리스도인들이 돈과 관련하여 어떤 생각으로, 어떤 삶을 살고 있는가에 대해 우스나우Robert Wuthnow는 이렇게 분석한다. 현대 그리스도인들은 돈과 신앙의 문제에 있어서 양면적 태도를 견지하고 있는데, 이는 미국인들이 하나님과 돈이라는 두 주인을 섬기고 있음을 의미한다.[4] 즉, 한편으로는 가장 종교적인 사람들로서 신앙적 헌신이 경제활동에 단호한 영향력을 미칠 정도로 강력하지만, 동시에 막강한 달러의 힘을 얻기 위해 열정적으로 자신의 삶을 쏟아붓는 양면성을 보여준다는 것이다.[5] 이것은 단지 미국 그리스도인들만이 아니라 모든 현대 그리스도인에게 나타나는, 머리로 믿는 신앙과 몸으로 살고 있는 신앙 사이의 간격을 뜻한다. 이는 또한 기독교 신앙과 자본주의 시장경제체제가 공존하는 사회의 특징이기도 하다. 이런 사회에서 기독교 신앙은 종종 경제 체제의 도덕성을 자극하고 확립하는 방향으로 나아가기보다는 기독교와 자본주의가 혼재하는 양상 속에서 기독교 신앙이 자본주의적 경제 체제와 활동을 정당화하는 방향으로 나아가게 된다.[6]

---

4 Robert Wuthnow, *God and Mammon in America* (New York: The Free Press, 1994), 2-4.
5 Ibid.

2. 두 주인을 섬기는 그리스도인 — 하나님과 돈

'이 세상에서는 부자처럼, 죽어서는 나사로처럼' 살고 싶은 마음은 소위 자본주의가 발달한 오늘날에 와서야 나타나는 것이 아니다. 예수께서도 돈과 돈에 대한 사람들의 태도에 관해 많은 말씀을 하셨다. 물론 이미 구약 성경에도 돈에 대한 언급이 많다. 돈 혹은 재물과 관련된 성서의 구절은 신구약 전체를 통해 총 2,350절이나 된다. 달리 말해 그만큼 돈이 사람들의 삶과 신앙에 미치는 영향력이 크다는 점과 세상을 살면서 사람들의 관심이 주로 어디에 있는가를 잘 말해준다. 그러나 예수께서는 돈과 사람 그리고 하나님, 이 삼자의 관계를 염두에 두고 돈에 대해 말씀하신 것이다. 이런 점에서 예수께서 돈에 관해 긍정적인가, 부정적인가를 판단하는 것은 부적절하다. 왜냐하면 만약 신약 성경에 나타난 예수의 돈에 관한 가르침들이 자못 부정적으로 들린다면 그것은 하나님과 사람 사이를 파고들어 오는 피조물 중에서 돈이 가장 강력한 것이기 때문이다. 다만 돈이 하나의 주체가 되어 사람의 삶과 영혼 속에서 하나님을 대체할 만큼 강력하게 영향력을 미치는 존재라는 점을 간파하셨기 때문에 돈을 강조하신 것이라고 할 수 있다. 예수께서 얼마나 돈이 인간의 본성에 깊이 파고들 만큼 강력한 존재인가를 가장 선명하게 지적한 말씀이 바로 마태복음 6:24이다:

> 한 사람이 두 주인을 섬기지 못할 것이니 혹 이를 미워하며 저를 사랑하거나 혹
>
> 이를 중히 여기며 저를 경히 여김이라 너희가 하나님과 재물을 겸하여 섬기지

---

6 Ibid., 5.

못하느니라.

돈이 사람에게 하나님처럼 생각될 만큼 그 관계는 본질적이라고 할
수 있다. 그리스도인에게 하나님의 존재는 절대적이다. 다른 무엇보다
도 그는 하나님의 형상대로 지음을 받은 피조물이기 때문에 자신의 존
재적 출발과 존재의 이유와 목적 그리고 존재의 방향과 마침, 이 모든
것이 하나님과의 관계를 통해서만 성립되기 때문이다. 그런데 돈이 바
로 사람에게 그런 대상이 됨으로써 인간의 삶과 영혼 속에서 하나님을
대체하게 된다는 것이다.

기독교의 물질관: 청부(清富)

1. 돈의 힘 ─ 돈, 그렇게 만만한 존재가 아니다

로또 광풍은 한국 사회에서 10년 넘게 지속되고 있다. 신문 기사에 따르면 지난 2005년, 로또 1등에 당첨되어 18억 원의 대박 행운을 거머쥔 40대 남성이 공중목욕탕에서 자살한 사건이 발생하여 세간의 이목을 집중시켰다.[7] 그는 로또 1등에 당첨된 후 불과 7년이 안 되어 사업 실패 등으로 당첨금을 모두 날렸고, 가정불화와 함께 경제적으로도 어려워져 친척들에게 빚까지 진 채 방황하다가 끝내 스스로 목숨을 끊는 지경에까지 이르게 되었던 것이다.[8]

흥미로운 사실은 이런 보도를 접하며 대부분의 사람들이 "아, 돈으로 행복은 살 수 없는 것이구나"라는 방향으로 생각하는 것이 아니라 "아, 나에게 그런 행운이 온다면 나는 그렇게 하지 않을 텐데" 하며 돈에

---

[7] 한겨레신문 2012년 7월 27일 자 인터넷판 참조. 인터넷판 신문 기사를 위해서는
http://www.hani.co.kr/arti/society/society_general/544528.html.

[8] 한국만이 아니라 로또 사업의 선두 주자라고 할 수 있는 미국에서도 이미 로또 대박의 행운을 잡은 사람들의 소위 '당첨 그 이후'를 연구 조사한 결과를 보면 열에 아홉은 결국 그 돈 때문에 오히려 인생이 불행해졌다고 보고하고 있다.

대한 자신감을 보인다는 점이다.9 만약 예수께서 이런 사건을 접하셨다고 가정한다면 틀림없이 '나라면 돈 때문에 망하지 않을 것'이라는 근거 없는 자신감을 보이는 사람들에게 돈은 그렇게 만만하게 볼 수 있는 존재가 아니라고 그 영적인 힘에 대해 경고하셨을 것이다.

현대 그리스도인들은 자본주의 시장경제 사회 속에서 어떻게 하나님과 돈을 동시에 주인으로 섬길 수 있을까? 이에 관해 우스나우Robert Wuthnow는 『미국에서 하나님과 맘몬』(God and Mammon in America, 1994)에서 경제활동의 중립성에 대한 경제학자들의 설득에 의해 현대 그리스도인들은 자신들이 영적 생활과 물질적 생활의 행복하고 조화로운 공존을 잘 영유하고 있는 것으로 생각한다고 보았다.10 다시 말해 경제적 행위의 중립성에 대한 확신 또는 돈은 선과 악의 문제에 있어서 주체가 아닌 객체요 수단이기에 가치중립적이라는 확신에 의해 미국 그리스도인들은 성공적으로 두 주인을 섬길 수 있게 된다고 보았다. 그렇다면 과연 경제활동의 중립성은 과연 가능한 것인가?

이 질문에 대한 대답은 돈의 속성에 대한 바른 이해를 통해서만 얻을 수 있을 것이다. 왜냐하면 경제활동의 도덕적 중립성은 곧 돈의 도덕적 중립성을 의미하는 것이기 때문이다. 따라서 이 질문은 이렇게 고쳐 물어야 한다: "과연 돈 혹은 돈과 관련된 행위들은 도덕적으로 중립적인가?"

---

9 필자가 우연히 이 사건 직후 교회의 성도들에게 "경제 특강"을 할 기회가 있어서 이 사건을 언급하며 의견을 물어본 결과 대부분이 "안타깝지만 나라면 그렇게 안 될 것이다"라는 응답이 주류를 이루었다.

10 Robert Wuthnow, op. cit., 3.

2. 돈에 대한 의견들 — 돈, 과연 가치중립적인가

아리스토텔레스는 돈과 무역에 관해 부정적 견해를 가졌다고 알려져 있는데, 그는 돈을 단지 물물교환의 수단으로 간주했다. 즉, 돈을 생산과 공급이 불균형을 이루는 환경 속에서 필요한 물질적 충족을 얻기 위해 하는 물물교환의 수단에 불과한 것으로 보았다.[11] 이러한 견해 속에서는 오늘날 현대 사회에서 경험되는 것과 같이, 돈이 인간의 삶에 얼마나 막강한 영향력을 미칠 수 있는지에 대한 예상이나 가능성을 찾아보기 어렵다. 물론 아리스토텔레스가 살았던 시대적 환경을 감안할 때 돈에 관한 그의 이런 이해는 충분히 이해할 수 있지만, 문제는 돈을 가치중립적인 교환의 매개체 정도로 이해하는 견해가 오늘날에도 여전히 존재하고 있다는 사실이다. 즉, 돈 그 자체는 하나의 경제행위의 수단으로서 중립적이라고 이해하는 것이다.

기독교 경제학자인 홀리스는 돈과 인간 사회의 필연적 관계에 관해 인간 사회가 존재하는 한 교환의 매개체로서 돈은 계속해서 존재할 것이며, 한 걸음 더 나아가 돈의 역할이 없이는 인간 사회는 적절하고 바람직하게 기능하지 못할 것이라고 주장한다.[12] 돈에 대한 그의 이해는 돈의 역할에 대한 단순화되고 제한된 견해에서 비롯된다. 즉, 그는 돈을 단순히 사람이 물품과 서비스를 사고팔 수 있는 교환의 매개체로 제한하고 있기 때문에 현대 시장자본주의 사회에서 그 기능이 더욱 복잡해

---

11 "Aristotle, Politics," in Richard McKeon ed., *The Basic Works of Aristotle* (New York: Random House, 1941), 1256b40-1258a18.

12 Allen Hollis, *The Bible and Money* (New York: Hawthorn Books, 1952), 115.

지고 추상화되어 가고 있는 돈의 역할을 간과했다고 볼 수 있다. 홀린스처럼 돈을 단지 물물교환의 중립적 매개체로 이해하는 사람들은 돈의 도덕적 중립성에 대해 확신한다. 즉, 돈 그 자체는 선이나 악도 아닌 중립체로서 단지 사람이 돈을 어떻게 사용하느냐에 따라 "좋을 때는 매우 선할 수도 있고, 반대로 나쁠 때는 끔찍할 만큼 악할 수도" 있게, 인간의 경제행위가 빚은 결과에 의해 선악이 결정된다는 것이다.[13]

돈의 가치중립성으로 인한 이런 양면적 결과를 데스몬드는 마치 마술적인 힘을 가진 존재처럼, 돈은 선을 위한 능력이 되거나 혹은 정반대로 악을 불러일으키는 마력이 된다고 본다.[14] 홀린스와는 달리 그는 돈이 비록 인간 사회의 외면과 내면을 변화시킬 수 있으며, 인간의 내면 상태까지도 좌우하는 막강한 주인 같은 힘을 가졌음을 강조하기는 하지만, 이러한 결과들이 여전히 돈이 어떻게 사용되느냐에 달려 있다고 보기 때문에 그 역시도 진정한 돈의 속성을 파악했다고 보기는 힘들다. 반면에 칼 마르크스에게 돈(혹은 자본)은 결코 중립적이지 않다. 그들에게 돈은 그 자체로 자본주의적 경제 체제 속에서 치명적인 힘을 가진 존재로 이해된다. 따라서 돈에 관한 이런 이해는 자연스럽게 경제 체제를 바꾸거나 더 좋은 체제로 대체함으로써 돈으로 인한 사회문제를 해결하려고 한다.

그러나 쟈크 엘룰은 마르크스의 견해에 대해 "허구이며 동시에 비겁한 태도"라고 강하게 비판한다.[15] 그 까닭은 한마디로 돈과 관련된 문제

---

13 Ibid., 114.

14 William H. Desmonde, *Magic, Myth, and Money: The Origin of Money in Religious Ritual* (New York: The Free Press of Clencoe, 1962), 5.

15 쟈크 엘룰/양명수 옮김, 『사람과 돈』(서울: 보리글방, 1987), 9.

의 해결에 있어서 "인간적 차원"을 무시하기 때문이다. 즉, 돈과 관련된 문제에 인간이 얼마나 근본적이고 긴밀하게 관련되어 있는지를 무시한 채, 단지 체제의 문제로만 보는 것은 "마치 인간은 엄정 중립인 것처럼, 인간의 감정과 악이 돈 문제를 발생시키는 원인의 하나가 아닌 것처럼, 마치 자본주의나 공산주의가 인간존재와는 무관하게 추상적으로 세워 지는 것처럼 생각"하는 오류를 범하고 있다는 것이다.16

한편은 인간의 행위에 초점을 둔 채 돈의 가치중립성을 주장하고, 다른 한편은 돈이 부정적으로 역할을 하는 경제 체제에 초점을 둔 채 돈의 중립성을 거부하지만, 양자 모두 돈에 관해 균형 잡힌 바른 견해를 보이지 못하고 있다. 그러나 예수의 돈에 대한 이해는 단지 물리적, 사회 경제적 차원을 넘어선 돈의 영적인 속성을 지적하고 있다는 점에서 현 대 사회가 간과하고 있는 중요한 핵심을 제시하고 있다.

3. 돈의 신앙적 의미 ― 돈의 영적 속성을 이해해야 한다

마태복음 6:24에 나타난 예수의 가르침은 여러 면에서 특별하다. 그 중의 하나가 예수님이 사용하신 단어의 독특성에서 온다. 엘룰에 의하 면, 무엇보다 예수께서는 물물교환의 수단으로서의 화폐나 부를 상징 하는 일반적인 표현을 사용하는 대신 독특하게 맘몬(우리말 성경에서는 '재물'로 번역되었다)이라는 낱말을 사용하셨다. 즉, 예수께서는 맘몬이라 는 의도적 표현을 통해 돈을 '의인화'하고 '일종의 신격으로' 다룸으로써 특별한 뜻을 드러내고자 했던 것이다.17 돈은 단순한 경제 수단이 아니

---

16 Ibid.

라 세상과 인간의 삶에 실존하는 '권세'라는 것이다. 엘룰은 돈은 권세이기 때문에 스스로 움직이고 자율성을 가지고 있으며, 존재와 활동에 있어서 나름의 고유한 법칙을 가지고 있고, 인간과의 관계에 있어서도 사람의 결정과 행위에 예속되는 객체가 아니라 스스로 행위를 하는 주체가 된다고 말한다.[18] 즉 예수께서는 마태복음의 구절을 통해 단순히 경제적 매개체로 취급될 수 있는 돈에 영적인 속성을 부여하고 있으며, 하나님과 돈의 병렬적 관계에 대한 중요성을 강조했다는 것이다.

우리는 예수께서 하나님과 맘몬 사이에 설정한 병립 관계를 과소평가해서는 절대로 안 된다. 그것은 수사학적인 어법이 아니고 하나의 현실이다. 인격으로서의 하나님과 인격으로서의 맘몬, 이 둘은 상반된다. 어느 것이든 둘 중의 하나와 인간과의 관계는 주인과 종의 관계다. 하나님이 주인인 것과 똑같이 맘몬도 주인일 수 있다. 즉, 인격을 가진 주인이라는 말이다.[19] 예수께서 돈에 관해 격려보다는 경고를 하는 까닭도 바로 이러한 돈의 영적 속성을 간파하고 계시기 때문이라고 할 수 있다. 사람은 돈과의 관계에 있어서는 일단, 마치 본성처럼, 돈을 (알게 모르게) 하나님처럼 대하고 섬기게 된다.

이런 지적에 대해 사람들은 이의를 제기할 수 있을 것이다. 우리는 결코 돈을 섬기지 않는다고. 다만 살기 위해서, 무언가를 하기 위해서는 돈이 필요하고 또 있는 돈을 열심히 사용하는 것일 뿐이라고. 물론 사람들이 이렇게 말하는데도 일리가 있다. 사람들은, 설령 우리가 '수전노'

---

17 Ibid., 83-84.
18 Ibid., 84.
19 Ibid., 85.

즉 돈의 노예라고 부르는 사람들조차도, 자신들이 돈을 부리는 것이지 돈이 자신들을 부리는 것이 아니라고 진심으로(그러나 막연히) 확신하기 때문이다. 다시 말하면 적어도 예수께서 보기에 사람들은 돈에 대한 자신들의 태도에 관해 스스로에게 속고 있는 것이다. 적어도 그것이 예수께서 지적하고자 하는 돈의 힘이다. 그리고 그 힘은 돈의 영적 속성에서 나오는 것이다.

돈의 영적인 속성은 무엇보다 힘 혹은 권세라는 개념으로 이해할 수 있다. 권세로서의 돈은 단순히 경제행위의 수단으로 인간의 물질세계에서 힘 있는 역할을 하는 것만이 아니라 방향성을 가지고 인간을 인도할 수 있는 영적인 능력을 가지고 있다. 이 때문에 돈이 가진 영적인 권세는 "결코 중립적이지 않고, 어디를 향해 있으며, 인간으로 하여금 어디를 향하게 한다."[20] 인간의 삶에 미치는 돈의 힘에 대해 우리는 일종의 필요성과 구매력쯤으로 제한하는 경향이 있지만, 엘룰의 주장에 따르면 돈은 권세를 가진 영적 실체이며, 그 권세의 위력은 단순히 인간의 경제적 필요성이나 소유욕 혹은 구매력을 넘어서는 것이다.[21]

권세는 돈의 영적인 속성이 구체적으로 표현되는 한 방식인데, 돈의 이런 강력한 힘은 종종 '유혹'이라는 개념과 연결하여 생각할 때 더 잘 드러난다. 여기서의 유혹이라는 말은 단지 소유욕을 가지고 있는 인간의 본성적 차원에서 '갖고 싶은 마음'을 넘어서는 것 이상의 적극적이고 강력한 의미를 내포한다. 사람이 돈에 유혹되는 것이 단지 인간의 욕구본능 차원에서 이해하고 해결할 수 있는 정도의 문제가 아니라는 사실

---

20 Ibid., 84.
21 Ibid.

은 돈이 영적 속성을 가지고 있다는 말의 의미를 한층 더 밝혀주는 것이다. 그것은 돈이 인간 존재에 필수적인 모든 관계 속으로 파고들어 왜곡시키고 변질시킴으로써 삶에 미치는 돈의 영향력과 힘이 더욱 강력하게 된다는 것을 뜻한다. 이는 마치 하나님의 영이 그리스도인의 영혼과 삶에 역사하는 것처럼 돈의 실체 또한 살아서 활동하는 영적 존재가 된다.

경제행위 속에서 우리는 자율적 존재로서 돈을 필요로 하고 돈을 사용한다고 생각하지만, 돈의 영적인 권세라는 차원에서 볼 때 그 행위는 사람의 욕구와 판단과 행동의 주인으로 군림하는 맘몬인 돈의 영적 영향력에 좌우된 예속적인 행위로도 볼 수 있다. 그 행위의 모습은 사람의 마음에 생긴 구매의 욕구와 그 욕구의 충족이라는 목적을 달성하기 위해 사람이 삶 속에서 무분별한 경쟁과 영혼을 가진 존재로서의 가치에 반하는 각종 속임수 그리고 영적 존재로서 동등한 존엄성을 가진 이웃이라는 다른 존재를 경제적 이득을 위해 착취하기를 마다하지 않는 방식으로 나타난다. 그리고 이런 돈의 권세와 유혹의 힘에 굴복한 인간의 경제행위 속에서 하나님은 인간의 섬김의 대상에서 돈의 경쟁자로 전락하며, 심지어 하나님 존재 자체가 돈을 위한 수단으로 변질된다.

이러한 돈의 영적 속성에 관련해 라인홀드 니버 또한 돈과의 관계에서 사람들이 어떻게 파괴적으로 바뀔 수 있는가를 '유혹'이라는 개념을 사용하며 설명하고 있다. 그 점을 니버는 신약 성경 속에서 돈 혹은 부자에 대한 예수의 수많은 경고의 의미를 해석하며 이렇게 지적하고 있다:

"예수가 가난한 자에게 내린 축복과 부자에게 내린 경고의 말은 부자에게는 이겨내기 어려운 큰 유혹이 있다는 사실을 감안할 때 비로소 그 의미가 올바르게 이해될 수 있다. 이런 유혹들은 자발적이건 그렇지 않건 간에 가난에 의해서만 회피할 수 있다."[22]

예수께서 부자 혹은 부에 대해 근본적으로 비난한 것이 아니라 단지 돈의 영적 속성으로 인해 그들이 받게 되는 '이겨내기 어려운 큰 유혹'을 경계하셨다는 사실은 중요하다. 이 말씀에서 예수께서는 하나님의 나라와 뜻을 부자들이 받아들이는 것이 거의 불가능한 것임을 경고하고 있으며,[23] 이 사실은 돈의 속성을 이해하는 데 있어서 매우 중요한 점을 시사하기 때문이다. 동시에 니버가 이 유혹이 '이겨내기 어렵고 큰' 것이라고 말한 까닭은 사람들이 흔히 생각하는 것처럼 스스로 돈에 영향을 받지 않기로 결심한다거나 돈에 대해서 잘 알고 있고 돈에 대한 경험이 많다고 해서 혹은 자신의 도덕성에 의해 쉽게 극복할 수 있는 것이 아니기 때문이다. 돈의 이런 영적 속성을 바르게 깨닫고 진지하게 받아들일 때 돈의 유혹 혹은 그 치명적 영향력에 의해 삶이 파괴되지 않을 수 있다.

4. 돈과 하나님의 유사한 속성들 — 사람은 왜 돈을 하나님처럼 섬길까

여기서 한 가지 짚고 넘어가야 할 사실은 돈의 영적 속성은 사람의 역할과는 상관없이 독립적으로 작용하는 것이 아니라는 점이다. 왜냐

---

22 라인홀드 니버/이한우 옮김, 『도덕적 인간과 비도덕적 사회』(서울: 문예출판사, 2006), 224.
23 마태복음 19:23-24에서 말씀하신다: "예수께서 제자들에게 이르시되 내가 진실로 너희에게 이르노니 부자는 천국에 들어가기가 어려우니라. 다시 너희에게 말하노니 낙타가 바늘귀로 들어가는 것이 부자가 하나님의 나라에 들어가는 것보다 쉬우니라 하시니."

하면 사람의 내적 속성 또한 돈으로 하여금 사람들의 삶과 영혼에 하나님이 미치는 정도와 유사한 정도의 힘과 영향력을 미치게 한다. 다시 말하면 사람이 돈을 하나님처럼 섬기는 까닭은 돈과 사람의 존재론적 본질이 서로 통하기 때문이다.[24] 사람이 육체와 영혼으로 구성되어 있다면, 돈은 물질과 상징(가치)이 그 존재적 특성이다.[25] 돈과 같이 추상과 물질이 공존하는 존재에 대한 본성적 끌림이 사람에게 있다는 사실은 인간의 존재론적 특성 때문이라고 할 수 있다. 물론 이런 존재적 본질이 유사하다는 것이 돈과 사람 사이의 영적 관계를 다 설명한다고 볼 수는 없지만, 적어도 돈과 사람의 관계는 단지 사회 속에서 경제적인 이유 때문에 사람이 돈을 필요로 하는 초보적 경제 관계로는 설명할 수 없고, 이해할 수 없는 깊은 내면적, 영적 이유가 있다. 이런 면에서 돈은 본질적으로 인간의 (악한) 본성에 가장 잘 맞는 사회경제적 발명품이라고 할 수 있다. 이 사실이 중요한 까닭은 사람의 존재론적 본질이 영과 물질로 구성되어 있으며, 이런 존재론적 특성으로 인해 사람은 삶 속에서 추상

---

[24] 이것은 어떤 면에서 막스 베버의 선택적 친화력(Elective Affinity) 개념과 비슷하다. 베버는 자신의 고전적 대표작 프로테스탄티즘의 윤리와 자본주의 정신에서 자본주의 정신과 기독교의 칼빈주의적 구원 교리 사이의 선택적 친화력에 대해서 말하고 있다. 즉, 양자는 내적 특성상 서로에게 선택적으로 끌리는 관계에 있기 때문에 군이 인위적으로 양자 사이를 연결시키려고 할 필요가 없이 자연적으로 상호 보완적인 종교사회적 시스템으로서 발전해 나가게 된 것이다. 이를 위해서는 막스 베버/김덕영 옮김, 『프로테스탄티즘의 윤리와 자본주의 정신』 (서울: 도서출판 길, 2010)을 참고하라. 필자는 이 개념과 유사하게 돈과 사람 사이에도 서로 끌리는 일종의 본질적 속성이 있다고 보는 것이다.

[25] Harvey에 의하면, 돈의 상징성이 점점 더 추상화되어 가는 것이 현대에 돈의 문제의 근원이다. 즉, 인터넷의 발달과 함께 돈은 더 이상 가치에 준하는 물질적 양이 필요 없이 디지털화된 숫자만으로 어마어마한 액수의 돈이 전 세계의 계좌들을 무대로 순식간에 수없이 이동하는 가능하게 된 것과 같은 돈의 극단적 추상화가 오늘날 돈의 문제라는 것이다. 이를 위해서는 다음을 참고하라. David Harvey, *The Condition of Postmodernity: An Enquiry into the Origins of Cultural Change* (Cambridge: Blackwell, 1990).

적 의미와 함께 그것을 구체적으로 담아내는 물질을 필요로 하기 때문이며, 그것이 바로 사람을 본질적인 면에서 유혹하는 돈의 속성이 가지고 있는 힘이라는 사실 때문이다. 다시 말해 사람이 돈에 끌리는 까닭은 단지 필요하다는 경제적인 이유나 더 많이 가지기를 원하는 소유욕과 같은 정도 때문이 아니라 그것은 인간존재의 본성적인 차원 때문이라는 것이다.

사람과 돈 사이에는 존재론적 본질이 유사하다는 사실과 함께 사람이 돈을 섬기는 또 다른 이유는, 돈이 하나님과 유사한 속성을 가지고 있다는 사실에 있다. 장 자크 루소는 이렇게 말했다: "사람이 소유하고 있는 돈은 자유를 위한 도구이지만, 사람이 돈을 그렇게도 간절히 추구할 때 돈은 노예화의 도구가 된다."[26] 루소가 돈의 소유를 낙관적이고 긍정적으로 본 것은 돈의 소유가 사람에게 미치는 사회-심리학적 부정성을 간과한 것이라고 할 수 있다. 그럼에도 불구하고 루소가 돈을 소유하고자 하는 인간의 노력과 행동 속에 이미 돈의 노예가 될 가능성을 지적하고 있다는 점은 높이 평가되어야 한다. 하지만 돈이 인간의 삶에 미치는 영향은 단지 돈을 추구함에 나타나는 예속성만으로는 여전히 돈의 속성을 이해하는 데 있어서 부족하다. 사실 돈은 이보다 더 광범위하고 세밀하게 인간의 삶에 영향을 미치고 있다. 그 영향력은 단지 돈을 벌(추구할) 때만이 아니라 소유할 때와 사용할 때를 포함하여 돈과 관련된 모든 생각과 결정, 행동의 차원에서 그렇다는 점에서 과히 총체적이

---

26 Jean-Jacques Rousseau, *Confessions* (New York: E. P. Dation, Everyman's Library Edition, 1911), recited from Baker, Rob, Draper, and Ellen, eds., "Towards A philosophy of Wealth," *Parabola* 16 (Fall, 1991), 39.

라고 할 수 있다. 예수께서 돈에 대한 인간의 태도를 하나님에 대한 태도와 동급으로 지적한 의미는 바로 이 '총체적 영향력'이라는 사실에 있다고 할 수 있다. 하나님과 돈의 유사한 속성들은 다음과 같이 네 가지 정도로 정리할 수 있겠다.[27]

첫째, 사람에게 하나님은 궁극적 목적이시다. 마찬가지로 돈 또한 사람이 돈을 벌 때 돈이 목적이 된다. 사람이 돈을 벌기 위해서는, 자본주의체제 아래서는 더욱, 사람의 생각과 결정과 행동과 희생 등 모든 개인적, 사회적 행위가 돈을 목적으로 삼지 않고는 벌 수 없게 된다. 즉, 돈은 사람에게 강력한 행동 동기가 된다.

둘째, 사람에게 하나님은 능력과 권세가 되신다. 마찬가지로 돈은 특히 소유할 때와 사용할 때, 다른 사람의 개인적, 사회적 행위를 조정할 수 있는 지배력과 영향력을 발휘하는 능력과 권세가 된다. 디지털화된 현대 사회에서 돈은 이미 현물이 아닌 추상적 숫자로 통용된다고 해도 돈은 과거 어느 때보다 더욱더, 소유한 액수의 크기 자체만으로도 인간의 삶을 주관하는 힘이 된다.

셋째, 사람에게 하나님은 미래의 삶에 대해 주권을 갖는다. 마찬가지로 돈을 소유하는 것만으로도 미래에 대한 안정이 보장되는 주권이 된다. 즉, 인간 사회가 존재하는 한 돈은 존재할 것이라는 믿음 속에 미래의 구매력에 대한 확실하고 구체적인 담보로 되는 것이다.

넷째, 사람에게 하나님은 존재와 가치의 기준이 되신다. 마찬가지로 현대 사회는 모든 것의 가치를 돈으로 환산해 판단하기 때문에, 인간의

---

27 지면 관계상 여기서는 다만 그 속성의 유사성을 간단히 제시하면서 추후의 연구 과제로 삼고자 한다.

존재와 행위에 대한 평가와 보상이 오직 돈으로 주어진다면, 결국 돈이 존재와 가치의 기준이 되는 것이다.

5. 신앙과 돈 — 돈에 대한 태도가 신앙을 증거한다

지금까지 언급한 돈의 모든 영적인 권세와 유혹의 힘을 고려해 볼 때, 우리는 예수께서 돈을 하나님과 동급으로 놓고 경고하신 의미를 깨닫게 된다. 이 때문에 돈에 대한 사람과 사회의 태도가 영적 성숙도 혹은 존재가치의 수준을 결정한다는 말은 결코 과장이 아니다. 마찬가지로 돈에 대한 태도, 이해, 행동이 신앙의 성숙을 증명한다고도 할 수 있다. 그것은 예수께서 말씀하신 뜻에 비추어 볼 때, 돈에 대한 사람의 태도야 말로 하나님과 돈 중에 누구를 자신의 주인으로 인정하는가 하는 신앙의 성숙함과 진정성을 측정하는 데 있어서 다른 어떤 비교 대상보다 정확한 기준이 될 수 있기 때문이다.[28]

우리는 의식하지 못하지만, 실제로 우리가 돈을 다루는 방식과 소위 영적인 것들을 다루는 방식이 똑같다는 것은 놀라운 사실이다. 그래서 돈은 하나님이 우리가 하나님께 얼마나 순종하는지를 측정하는 도구라고 할 수 있다. 한마디로 우리의 돈에 대한 태도와 살면서 돈을 벌고 사용하는 방식과 기준 그리고 그 결과는 우리 믿음의 진정성과 수준을 가장 잘 보여주는 척도가 된다. 마태복음 19:16-20을 보라. 왜 예수께서 부자

---

28 마가복음 12:43-44를 보라. 예수님이 '의도적으로' 사람들이 헌금하는 것을 지켜보신 까닭은 그 것을 통해 사람들의 신앙을 아실 수 있었기 때문이었다. 하나님과 돈 사이에서 누구를 진정으로 섬기느냐를 보시는 예수님은 헌금을 절대적 액수가 아니라 상대적 가치로 판단하셨기에 가난한 과부의 두 동전을 가장 많이 헌금을 드린 것이라고 말씀하신다.

관원에 대해 그렇게 쌀쌀하게 대했을까?[29] 그것은 무엇보다 부자 관원에게 하나님은 그의 입술에만 있을 뿐, 정작 그의 삶의 중심에서 그가 진정으로 믿고 의지하는 신은 돈이었기 때문이다. 여기서 핵심은 돈과 하나님 중에 진정으로 누구를 의지하는가의 문제다.

이런 차원에서 기독교 신앙은 돈에 대해 바른 태도로 살아가는 사람의 본보기로 청지기(혹은 관리자) 개념을 제시한다.[30] 청지기 개념의 핵심은 다른 무엇보다 "재물이 우리 것이 아님을 상기시키는" 것에 있다.[31] 기독교적 청지기의 개념에 있어서 절대 용납될 수 없는 태도는 자신들의 돈을 관리하는 방식이나 과정 중에 다른 사람들을 소외하거나 배제하는 것이다. 이런 태도는 청지기 개념을 하나님께로부터 부여 받은 사명이 아니라 권세나 특권으로 이해하는 것인데, 이것이야말로 예수께서 그렇게 경고하신 돈의 권세와 유혹의 영적 속성에 빠진 모습과 다름없다. 왜냐하면 이런 태도는 결국 돈으로 다른 사람들 위에 군림하여 그들을 지배하려는 것이며, 동시에 "하나님의 재물이 예수 그리스도에 속했다는 것, 곧 이웃과 소외된 사람에 속했다는 사실을 잊고 있는" 것이기 때문이다.[32]

---

29 예수님을 떠나는 그의 뒷모습을 보면서 하신 말씀이 바로 '부자와 천국 그리고 낙타와 바늘구멍'에 관한 말씀이라는 사실을 생각해 보면 그 분위기를 짐작할 수 있다.

30 신약 성경에는 예수님의 비유와 말씀 속에서 수없이 많은 청지기에 관한 언급이 나온다. 청지기에 대한 다양한 말씀 속에서 우리는 하나님의 재물을 관리하는 그리스도인의 모범을 그려볼 수 있으며, 이 또한 추후의 연구 과제로 남겨둔다. 한 가지 짚고 넘어갈 것은 광범위한 의미에서 성경이 말하는 청지기 사명이 단지 돈이나 물질에 관한 것만은 아니라는 점이다. 그것은 하나님께서 우리에게 주신 모든 것, 즉 시간, 재능, 건강 등 우리 삶의 모든 것을 포함하여 그것을 하나님의 뜻대로 사용하고 관리하는 것을 의미한다. 그럼에도 글의 특성상 돈으로 범위를 제한할 뿐임을 밝혀둔다.

31 쟈크 엘룰, op. cit., 31.

누가복음 12:16-21에 나오는 부자 농부는 일 년 수확을 마치고 넘치는 곡식을 쌓아두기 위해 창고를 더 지으려고 계획한다. 그러면서 그는 이제 앞으로 남은 세월 동안 좀 편안하게 살 생각을 한다. 그런데 왜 예수께서는 자신이 애써 번 돈을 쓰려는 부자의 태도에 대해 무섭게 경고하실까?[33] 그것은 하나님 앞에서 돈이란 열심히 벌어 모으는 것만으로 끝나는 것이 아니라, 그로부터 거룩한 사명이 시작되기 때문이다. 여기서 중요한 핵심은 모든 물질은 하나님께로부터 온다는 사실이다. 아니, 보다 적극적인 면에서 말하자면 모든 물질은 하나님께서 '주시는' 것이다. 비록 이것이 사람들이 상식적으로 생각하는 '내가 번 돈'의 개념과는 다를지라도 성경은 이 점에 대해 단호하다. 모든 돈과 재물, 물질은 하나님께로부터 온 것이다.[34] 그리스도인의 삶의 방식은 청지기로서 이 선언을 받아들이고 실천하고 사는 것이다.

6. 기독인을 위한 물질관 — 돈, 축복 이전에 사명이다

한번은 어떤 성도가 이런 푸념을 하는 것을 들었다: "하나님께서 돈 한번 마음껏 써볼 수 있도록 복을 주셨으면 좋겠어요!" 그 간절한 마음은

---

32 Ibid.

33 예수님은 그 부자를 향해 "오늘 밤에 네 영혼을 찾으리니" 하시며 죽음을 언급하실 만큼 무섭고 단호하게 경고하고 계신다.

34 엘룰 또한 이 점을 지적하고 있다: "사람이 자기의 돈과 재물이 하나님께로부터 온 것이라고 알고 믿고 확신하고 있다고 하더라도 하나님의 입장과 인간의 확신은 항상 서로 대조되기 마련이다. 돈은 자기가 번 것이며 자기의 노동에서 직접 얻어진 것이라고 사람은 생각한다. 그러나 그것은 거저 준 선물이며 하나님이 허락하지 않으면 인간이 아무리 일을 해도 얻을 수 없다고 하나님은 선언하신다"(쟈크 엘룰, op cit., 71). 그리스도인이란 적어도 돈과 관련한 문제에서 이런 선언을 사실로 인정하고 받아들이고, 그에 합당한 방식으로 경제행위를 하는 존재를 뜻한다.

충분히 이해하지만, 예수께서 말씀하신 돈의 영적 속성을 이해한다면 적어도 돈을 하나님의 축복으로 그렇게 간구해도 되는가 하는 망설임 정도는 가져야 한다. 왜냐하면 돈은 우리를 위한 축복이기 전에 하나님께 받은 사명이기 때문이다.

이처럼 돈이 하나님이 맡기신 사명임을 깨달을 때, 그리스도인은 하나님께서 당신의 물질을 맡기고 하나님의 뜻대로 관리하고 사용하는 청지기로서의 사명을 회복하게 된다. 물론 우리는 각자의 은사와 재능에 따라 이 세상의 모든 분야, 정치, 경제, 과학, 예술, 교육, 가정에서 하나님이 맡기신 사명을 감당해야 한다. 그런데 돈에 관해서 우리는 좀 더 특별한 주의를 기울여야 한다. 우리는 먹고 살기 위해서 반드시 돈을 사용해야 하기 때문에 그 물질부터 제대로 관리하고 사용해야 한다. 돈을 제대로 쓰는 것, 그것이 신앙생활의 첫걸음이다.

우리가 '내 것'이라고 생각하는 모든 것에는 분명한 단서가 붙어 있다. "이 세상에 사는 동안에만"이라는 것이다. 즉, 하나님께서 우리가 사는 동안 사용하도록 허락하시고 맡겨 두신 것이다. 이건 마치 마음껏 먹을 수는 있지만 싸갈 수는 없는 잔칫집 같은 것이다. 잔칫집에서 주인이 베푼 음식은 감사하게 먹으면 되지, 내 접시에 있다고 '내 것'이라고 주장하는 것은 웃기는 일 아닌가? 이처럼 세상의 돈도 마찬가지다. 하나님께서 주신 것으로 삶을, 영혼을 풍요롭게 하는 데 쓰고, 주신 분께 감사하는 자세를 늘 가져야 한다. 돈은 이 세상으로 그 쓰임이 제한되는 것이다. 한 푼도 가져갈 수 없다. 그래서 주님께서 "보물을 땅에 쌓아두지 말고… 오직 너희를 위하여 보물을 하늘에 쌓아 두라"고 하셨다. 그런데 돈과 관련해서 신실해야 한다는 것은 무엇을 의미하는 것일까? 돈에 신실한 사람은 돈이 없어서 사고 싶은 것 못 사고, 하고 싶은 일 못하는 사람들이 아니다. 신실한 성도는 돈이 있으니까 마음대로 사고, 하고 싶은 것 마음대로 하는 사람들이 아니다. 돈에 신실한 성도는 설령 돈이 있어도 꼭 있어야 할 것이 아니면 안 사고, 꼭 해야 할 일이 아니면 돈이 충분해도 안 하는 사람들이다. 돈에 대한 이런 태도는 돈에 대한 금욕적 포기나 돈의 넘치는 여유가 아니라 유일하고 진정한 주인 되시는 하나님에 대한 신뢰에서 나오는 것이다.

이런 것이 궁금해요!

질문 1. 요즘 일각에서는 교회에 십일조를 내지 말고 사회에 기부하자고 말
하는데, 교회에 십일조를 꼭 내야 하나요?

왜 이런 물음이 나올까요? 이와 같은 현실과 맞물려서 일부 사람들은
교회에 내는 헌금에 대해서 거부감을 표현하고 그 돈을 차라리 사회에
기부하는 것이 좋겠다고 이야기를 많이 하곤 합니다. 물론 잘못 쓰이는
것을 방지한다는 측면에서는 일리가 있는 이야기이지만, 전적으로 맞
는 이야기는 아닙니다. 왜냐하면 기독교인들이 십일조를 내고 또 교회
에 각종 헌금을 준비해서 나오는 이유는 기부하는 것과는 그 의미가 다
르기 때문에 그렇습니다. 그것은 나의 삶의 주권과 내 재산의 주권이
하나님께 있음을 고백하고 실천하는 일입니다. 내 삶의 모든 것이 하나
님의 것임을 인정하고, 그 가운데 우리의 삶에서 가장 중요한 것의 일부
를 하나님께 드리는 행위가 바로 헌금입니다. 그러므로 헌금을 다른 단
체에 기부하는 일은 좋은 일처럼 보이지만, 잘못하면 하나님의 주권을
거부하는 일이 되기가 쉽습니다. 하나님의 것은 하나님께 드리고, 그 외
의 것을 사회에 기부하는 신앙이 우리에게 요구됩니다.

이런 점에서 우리가 해야 할 일은 교회에 헌금 드리는 일을 거부하는
것이 아니라 교회가 건강하게 재정을 사용할 수 있도록 교회를 올바로
세워 가는 일에 노력을 기울여야 합니다. 교회가 교회로서의 역할을 다
하도록, 즉 사회에 복음을 전하고 봉사하는 일에 재정을 올바로 사용할
수 있도록 교회에 소속되어 있는 우리가 최선의 노력을 다해야 할 것입
니다.

질문 2. 저는 전문 경영인이 되려고 합니다. 기독교인으로서 바람직한 경영
인이 되기 위해서는 어떻게 해야 하나요?

먼저 기독교적 가치에 대해서 생각해 볼 필요가 있습니다. 기독교의
가치는 재화를 서로 나누고, 다른 사람을 섬김으로써 복음을 사회에 증
거하는 일입니다. 즉, 이익을 남기는 것보다는 손해를 보더라고 더 많이
베풀고 더 많이 나누어 줌으로써 그리스도의 사랑을 증거하는 것이 기
독교의 가치입니다. 더 나아가 약자들을 보호하고 배려하면서 사회적
인 어려움을 사랑으로 극복하는 일이 일반적인 기독교의 가치입니다.
하지만 기업의 가치는 다릅니다. 기업은 이윤을 창출하기 위한 경제적
인 활동을 하는 것입니다. 그러므로 기업에서는 이윤을 남기기 위해서
최선의 노력을 다합니다. 그런데 우리가 생각해 볼 것은 이윤을 창출하
는 것이 비기독교적인가 하는 문제입니다. 이것에 대한 대답은 사실
"예"와 "아니오"로 할 수 있는 것은 아닙니다. 중요한 것은 하나님이 내
삶의 주인이 됨을 인정하고 있는가, 아닌가의 문제이기 때문에 그렇습
니다. 그러므로 우리는 모든 이윤 창출 활동이 나쁘다든지 혹은 모든
경제활동은 착한 일을 위해서만 해야 한다든지 하는 이분법적인 사고
를 벗어날 필요가 있습니다. 먼저 우리가 생각해야 하는 것은 이윤 창출
을 제일의 가치로 삼고, 어떤 일을 해도 돈만 벌면 된다는 천박한 자본주
의적인 사고를 벗어나야 한다는 것입니다. 우리 사회가 보장할 수 있는
제도적인 것들을 따르는 차원에서 기업의 목표를 이윤 창출로 삼는 것
은 매우 중요합니다. 그리고 그렇게 창출된 이윤을 기독교의 가치에 맞
게 쓰는 일이 그다음으로 일어나야 하겠습니다.
이런 점에서 기업을 하는 사람들이 어떤 가치를 지향해야 하는가를

깊이 생각한다면, 앞으로 기독교인으로서 기업을 경영하는 데에 좋은 모범이 될 수 있을 것입니다. 좋은 기업 활동으로 남긴 이윤을 더욱 많이 사랑하는 데에 쓰는 것이 바로 기독교 기업인이 가야 할 길일 것입니다. 노동자들을 보호하고 배려해 주면서 사회를 생각하고 이윤을 사회로 돌리는 기독교 기업인들이 더 많이 나와야 할 것입니다.

질문 3. 기독교인은 '부자 나사로'가 되면 안 되나요?

청렴한 부자가 많이 나오면 된다는 가르침은 현재 기독교인들에게 널리 퍼져 있는 것이 현실입니다. 가난한 것이 불편한 것이 사실입니다. 그래서 사람들은 솔직해지자고 합니다. 아무도 가난하게 살고 싶어 하는 사람은 없는데, 억지로 가난해지는 것이 좋은 것이라고 말하는 것은 거짓말을 하는 것이라고 말하곤 합니다. 또한 현대 자본주의를 살아가는 사람들에게 있어서 가난하다는 것은 능력이 없음을 말하는 것이고, 더 나아가서 게으른 것은 죄이고, 그러므로 가난한 것도 죄라고 하는 인식이 크게 자리 잡고 있습니다.

그러므로 우리에게 먼저 중요한 것은 부자가 되는 일과 가난하게 사는 일에 대한 이분법적인 사고를 벗어나는 것입니다. 내 삶의 주권을 가지신 분이 하나님임을 인정하고 하나님을 섬기는 일에 가장 중심을 삼고 있는 사람은 '부자로 살고 싶다' 혹은 '가난하게 사는 것이 하나님의 뜻이다'라는 생각을 하기 이전에 하나님께서 나에게 주신 것을 어떻게 하면 하나님의 뜻을 이루는 데 사용할 것인가를 생각하는 사람일 것입니다. 하나님께서 내 삶의 주인이시고, 그리스도인은 이 세상을 사는 동안 하나님으로부터 받은 것을 누리고 살아가는 사람이라는 믿음을 가지고 살아가는 사람은 청부론(청렴한 부자)에 대해서 생각할 필요도 없습니다. 주어진 것을 맡은 사람으로서 살아가기 때문입니다. 분명 예수께서는 두 주인을 섬길 수 없다고 하시면서 부자가 하늘나라에 가는 것은 정말로 어려운 일이라고 말씀하고 계십니다. 이것은 부자가 잘못된 사람이라는 의미가 아니라 부자로 살기 위해서, 즉 돈을 모으기 위해서 노력하고 돈을 위해서 살다 보면, 하나님과는 멀어지는 것이 너무 당연한 이치임을 말씀하시는 것입니다.

사실 한국 사람들처럼 전쟁과 가난을 경험해 본 사람들은 배고픔의 고통을 너무 처절하게 알고 있기에, 그 가난을 떨쳐버리기 위해서 모든 것을 다 바쳤습니다. 그런 노력으로 오늘날 이만큼의 경제성장을 이루고 먹고살 만한 나라가 되었습니다. 하지만 이러한 과정을 하나님의 축복으로 믿고, 더 많은 것을 얻는 것이 하나님의 더 큰 축복이라고 생각하는 것은 잘못된 신앙입니다. 많은 것을 얻은 것만큼 잃은 것도 많습니다. 무엇보다도 하나님에 대한 올바른 신앙을 잃어버린 것은 아닌지 걱정이 됩니다. 우리에게 필요한 것은 부자 나사로가 되기 위한 믿음이 아니라 내 삶의 주인이 하나님이심을 믿는 신앙입니다.

함께 보면 좋을 책들

1. 자끄 엘륄/양명수 옮김,『하나님이냐 돈이냐』(대장간, 2008)

하나님의 권세에 재물의 권세를 예속시키는 문제를 다루고 있는 책이다. 이 책은 어떻게 하면 가난한 자에게 좀 더 많은 도움을 줄 수 있을까 하는 것으로부터 시작하지만, 가난의 문제를 해결하기 위한 그리스도인의 방법은 어떻게 하면 가난하게 되신 예수 그리스도의 뒤를 따를 것이며, 어떻게 하면 가난한 자의 대열에 직접 참여할 수 있을까 하는 것으로부터 시작한다. 돈의 권세로부터 해방되는 길은 사회생활로부터 도피하는 은신 생활이 아니며, 부자가 되어 돈의 권세를 장악하는 길도 아니다. 돈의 권세로부터 해방되는 길은 우리가 비록 거래의 법칙이 지배하는 사회에 살고 있지만, 거저 주시는 하나님의 은혜를 의지하여 우리 역시도 거저 주는 삶을 실천하는 것이라고 말한다.

2. 신기형,『기업윤리』(한들, 1998)

기업이 갖는 복합적인 관계를 '언약'과 '계약'이라는 틀로 비교 설명하고, 기업이 갖는 관계의 성격과 우선순위의 설정에 대한 윤리적, 신학적 기준을 제시하려고 한다. 구체적으로 "기업에 대한 신학적 접근", "언약모델과 계약모델: 책임적인 인간관계에 대한 두 모델", "기업의 언약적 목적과 계약적 목적", "비즈니스의 언약적 가치와 계약적 가치", "인간 이해와 비즈니스", "통합하는 윤리로서의 언약 기업 윤리" 등을 다루고 있다.

3. 막스 베버/김덕영 옮김, 『프로테스탄티즘의 윤리와 자본주의 정신』
(도서출판 길, 2010)

이 책은 막스 베버의 핵심 저작에 대한 방대한 주해와 해제 그리고 보론 형식으로 '프로테스탄티즘의 분파들과 자본주의 정신'을 소개해 막스 베버 사상의 정수를 이해할 수 있도록 구성한 책이다. 이 연구에서 베버는 직업윤리에 기초하는 근대적 자본주의 정신, 즉 근대 서구 시민 계층의 합리적인 인격 유형과 행위 유형 및 생활 양식의 형성·발전이 금욕적 프로테스탄티즘이라는 종교적 이념 체계에 의해 어떻게 영향을 받았는가를 문화사적으로 추적하고 있다.

3부

성숙하게
살아가기

그래도, 교회가 희망이다

문시영

(남서울대학교 교수)

이슈의 발견: 이야기로 생각하기

이야기 하나 ☞ 예수는 좋지만, 예수쟁이는 싫다

한국 사회에서 교회에 대한 부정적 인식을 표현할 때 자주 등장하는 것이 "예수는 좋은데, 교회는 싫단 말이야!" 또는 "나는 예수에 대해 부정적으로 생각하기 싫지만, 예수쟁이들이 하는 짓을 보면 말이야 답이 없어!" 등의 말들이다. 이 말들을 곱씹다 보면 어느덧 내 자신이 교회와 관련된 '안 좋은' 이야기들에 만성이 되어 버린 것은 아닐까 하는 자괴감이 든다. 그래서인지 한국교회의 윤리를 다루는 글들을 보면, 마치 교회가 응급실에 실려 온 중환자처럼 생각이 들 정도다. 단골로 등장하는 '위기', '안티', '비관적 상황', '천덕꾸러기'와 같은 말들은 한국의 교회가 처한 윤리적 현실을 반증하는 표현들일 것이다. 어쨌든 한국의 시민사회가 종교에 관하여 가지는 감정, 특히 기독교에 대한 정서가 그리 녹록지 않은 것만은 분명해 보인다.

특히 교회를 윤리적으로 문제시하는 경우들을 만나면 마음이 우울해진다. 어떤 이들은 교회의 윤리적 자정 능력이 바닥났기 때문에 시민의 이름으로 비판해야 한다고 말하기도 한다. 과연 교회의 윤리 수준이 바닥에 있는 것일까? 교회 비판가들이 말하는 것처럼, 교회는 문제 집단일 뿐일까? 혹은 안티 세력이 말하는 것처럼 정말 기독교는 지구를 떠나야 하는 것일까?

이야기 둘 ☞ 다이어트가 필요해

오늘날과 같은 풍요의 시대에 다이어트는 웰빙을 위해 필요한 덕목으로 여겨지고 있다. 그래서인지 몰라도 다이어트 열풍은 설명이 필요 없을 정도로 정말 대단하다. 그러다 보니 굳이 다이어트가 필요하지 않을 것 같은 사람까지도 신경을 쓰는 것 같다. 다이어트에 효능이 있다는 소문만 나면 그것이 어떤 것이든 대단한 반응을 얻는다.

다이어트의 방법을 거칠게 설명한다면 마이너스 다이어트와 플러스 다이어트로 나누어 설명할 수 있겠다. 효과적인 다이어트를 하기 위해서는 버려야 할 것과 가져야 할 것이 있다. 먹지 않는다고 다이어트가 되는 것이 아니라, 잘못된 식습관을 버리고 올바른 식습관을 가지는 것이 그 첫걸음이라고 할 수 있다. 가령 다이어트에 좋다는 것만 찾아 먹기만 하고 생활 습관을 바꾸지 않으면 일시적 효과는 있을지 몰라도 요요현상을 막을 수 없을 것이다. 다이어트 효과가 아무리 탁월해도 생활습관 자체가 변하지 않는다면 그 전보다 비만해진 몸을 볼 수밖에 없다.

이것은 버려야 할 것과 가져야 할 것이 제대로 몸에서 균형을 이루지 못할 때 일어나는 현상이다.

어째서 이런 일이 일어날까? 아마도 이것은 단순히 살 빼는 데만 다이어트의 목적을 두었기 때문일 것이다. 우리에게 다이어트가 살을 빼는 것을 넘어 건강하고 행복한 삶을 이어가게 하는 출발점이라면, 신앙생활에 있어서 다이어트는 우리에게 어떤 의미를 가질까?

개념 빚기: 교회 윤리, 교회 안팎의 윤리

교회가 사회에 탁월한 윤리적 대안을 제안하고 그 실천을 담보하기 위해서는 먼저 교회가 교회다워야 한다. 말하자면 교회로 교회되게 해야 한다. 이 주제는 그동안 수없이 다루어져 온 문제다. 종교개혁자는 물론 현대 신학의 다양한 분야의 학자들이 교회의 모습을 말해 왔다. 다만 아쉬운 것은 교회를 윤리적 관점에서 이해하려는 노력이 그리 많지 않았다는 점이다. 교회가 사회를 향하여 어떤 일을 해야 하는지, 개인으로서 신앙인이 어떤 규범을 준수해야 하는지에 대해서는 이제까지의 기독교윤리학을 통해 수없이 다루어져 왔으나 정작 교회를 위한 윤리는 찾아보기 쉽지 않다. 실제로 교회 안에서 어떤 행위 규범을 가져야 하는지, 교회 공동체는 어떤 특성을 가지고 있는지 그 자료를 찾기도 어려울 정도다. 이러한 의미에서 교회를 위한 윤리를 전개하기 위해 몇몇 실마리를 확장시키고, 그것을 토대로 풀어나갈 필요가 있다.

1. 교회의 윤리적 가능성

그렇다면 교회의 윤리적 가능성은 정말 없는 것일까? 이런 궁금함을 털어내기 위해서 우리는 영국의 기독교윤리학자 로빈 길Robin Gill의 『교인노릇하기와 기독교윤리』(*Churchgoing and Christian Ethics*)에 주목할 필요가 있다. 그는 이 책에서 조금은 진부하지만, 그렇다고 결코 간과할 수만은 없는, 주목할 만한 이야기를 꺼낸다. 교인들(churchgoers, 이 경우는 기독교 문화가 지배적인 영국의 상황을 말한다는 점에서 단순히 교회에 출석하는 사람들을 뜻하는 것이라기보다는 교회에 대한 소속감과 함께 적극적인 참여 의지를 가진 사람들을 뜻하는 것일 듯싶다)에게 윤리적 독특성이 드러난다는 것이다. 로빈 길의 조사와 분석에 따르면, 교인들에게서는 일반인에 비해 상대적으로 신앙심, 목적론적 가치관, 이타주의가 강하게 나타난다. 일반인들도 이러한 가치관을 공유하기는 하지만, 상대적으로 신앙인들에게서 더욱 두드러지게 나타난다는 것이다. 그는 특히 교회에 나간다는 것이 기독교인의 신념과 가치 및 실천과 밀접한 연관이 있다고 주장한다. 우리도 흔히 경험할 수 있듯이 교인들은 자원봉사에 참여하기를 좋아한다. 또한 안락사와 같은 생명 존엄성을 다루는 이슈들에 대해 신중한 입장을 취하며, 가정에 대한 관심이 깊고 사회질서를 존중하는 경향이 더 많이 나타난다. 물론 교인들 사이에도 특정한 사안에 대해 의견 불일치가 나타나기는 한다. 서로 다투기도 하고, 공동체들 사이에 색다른 의견들이 오고 간다. 그럼에도 불구하고 로빈 길에 따르면, 교인들에게는 일반인들과는 구별되는 독특한 요소가 있다. 말하자면 '교회 출석' 혹은 '교회 공동체에 소속되어 있음'이라는 것이 하나의 독창적인 문화 (a distinctive culture)이며, 도덕적 신념과 행위에 중요한 요소가 된다는 것이다. 이것을 바탕으로 삼고 교회 안과 밖의 윤리에 대해 접근해 보자.

2. 교회와 시민사회

교회가 시민사회의 여러 문제에 대해 방향을 제시하고 정책에 참여하는 것이 옳은가, 아니면 자기성찰을 통해 성숙한 삶의 본보기가 되어야 하는가? 시민사회가 교회에 윤리적 문제를 제기하며 소환장을 보내올 때, 교회는 움츠려 자기방어에 급급해야 하는가 혹은 초월의 가치관으로 시민사회를 섬겨야 하는가? 교회 안에서부터 복음과 윤리에 충실해야 하는가 혹은 교회 밖으로 사회를 윤리적이게 하는 일에 참여해야 하는가? 이 질문들의 답은 하나다. '교회 안팎으로' 윤리적이어야 한다는 것이다. 그렇다면 우리는 이 답을 찾아가는 과정을 어떻게 설명할 수 있을까? 먼저 '교회 안에서'라는 접근을 할 수 있을 것이다. 이것은 '교회 안에서' 교회를 교회답게 하자고 주장하는 스텐리 하우어워스^{Stanley Hauerwas}의 교회론 윤리에서 발견될 수 있다. 또 다른 하나는 '교회 밖으로'라는 표어로 설명할 수 있을 것이다. 이것은 스택하우스^{M. L. Stackhouse}가 주장하는 '교회 밖으로' 나아가 공공의 영역에서 교회의 사명을 감당하자는 관점이다. 이를 '교회 밖을 향한 윤리'라고 할 수 있을 것이다.

우리는 먼저 교회 안에서 예수 이야기에 충실한 신앙인으로 성숙되어야 비로소 교회 밖으로 나아가 하나님의 주권을 충실하게 실천할 수 있다. 교회의 사회적 책임이 중요한 것만큼이나 교회가 복음으로 무장하고 교회 안의 윤리의 중요성을 충분히 인식하는 일도 중요할 것이다. 우리가 주목해야 할 지점은 교회 윤리가 학자들의 전유물이 아니고, 학자들이 내놓는 제안은 단순한 지적 유희를 위한 것에 머물러서도 안 된다는 데에 있다. 교회 윤리라는 주제는 한국교회의 문제의식이요 신앙인의 윤리 의식으로 자리 잡아야 한다. 물론 교회 안에서 은혜 공동체성을 유지하는 것도 쉽지 않고, 공적 영역에서 책임적 그리스도인이 되는 것은 그리 쉽지 않은 과제다. 우리는 이 두 가지 가운데서 어느 하나도 생략하거나 포기할 수 없다. 우리가 교회 윤리를 논의하는 데 있어 하우어워스와 스택하우스에 주목해야 할 이유는, 하우어워스가 말한 것처럼 교회 안에서 복음에 충실한 그리스도인으로 성숙하고, 스택하우스가 힘주어 말하듯 교회 밖에서 하나님의 주권을 공공의 영역에 적용하고 변증하여야 하기 때문이다.

그래도 교회가 희망이다

1. 교회! 윤리가 필요하다

'윤리'의 이름으로 누군가를 비난하거나 정죄하고 싶지는 않다. 비난하고 정죄하고 심판하는 것으로는 신앙인의 윤리적 성숙과 교회의 윤리 세우기를 완성할 수 없다. 그렇다면 무엇으로 이것을 세워나갈 것인가?

주의를 기울이지 않더라도 주변에서 들려오는 '교회 이야기'는 교회를 통해 행복이 전해지고 복음의 능력이 나타나고 있다는 이야기보다는 '시끄러운 교회', '싸움질하는 교회', '복잡한 교회' 등등 부끄럽고 민망한 이야기만 있는 것이 아닌가 싶어 정말 안타깝다. 좋은 이야기보다는 나쁜 이야기가 더 빨리 전해지는 습성 때문이리라 생각해 보기는 하지만, 여전히 마음이 아프다. 비난받는 교회, 정말 안타까운 일이다. 우리 스스로가 교회를 비난하고 주변 사람들이 덩달아 비판하기도 한다. 민망한 것은 교회 안에서 헌신적으로 일하던 분들이 교회 안에서 상처받아 교회를 비난하는 경우다. 이 상처는 쉽게 치유되지 않는 경향이 있어 안타깝다. 이보다 더욱 안타까운 것은 교회 밖에서 교회의 모습 혹은 교인들의 삶을 보고 욕하며 비난하는 경우들이 점점 늘고 있다는 점이다. 이들의 마음속에서 교회에 대한 일말의 기대마저 사라져 버리지 않을까 싶어 더욱 안타깝다.

교회에 대한 여러 이미지 가운데서 비난받기 쉬운 모습들이 유독 강조되는 이유는 아마도 교회가 이미 시민사회 속으로 깊이 들어가 있지만 우리 자신이 그 사실을 제대로 인식하지 못하고 있기 때문이 아닐까? 시민사회가 발전할수록 교회가 성스러움의 영역에 머물지 못하고 견제와 비판의 대상으로 밀려나는 것이 일반적인 추세인 듯싶다. 합리적인 사회, 투명한 운영, 민주적인 의사결정 등 시민사회가 추구하는 요소들에 비추어 볼 때, 교회는 아직 이런 부분들에 익숙하지 못한 것이 사실이다. 그래서인지 교회는 일방적으로 매도되기 쉽고 오해받기 쉬운 상황에 놓이곤 한다. 몇 년 전에 있었던 목회자의 납세 문제는 그 대표적 예로 남아있기도 하다. 그런가 하면 갈등과 다툼으로 부끄러운 모습을 보인 경우도 간혹 있었던 것을 기억해야 한다. 또한 이런저런 이유들은 신앙인이 황무지를 헤매게 만들기도 한다. 그렇지만 그 황무지를 건널 수 있게 하는 것도 교회가 아닌가 싶다. 아쉬운 면도 많고, 비난받을 부분도 분명히 있기는 하지만, 그래도 교회만 한 곳이 없다고 생각한다.

2. 교회가 희망이 될 첫째 조건, '공공성'

시민사회 속에서 과연 교회는 무엇이어야 하는가? 이 질문에는 크게 두 가지 측면이 수반된다. 하나는 교회가 관심을 가져야 할 교회 밖에서의 윤리적 실천 과제에 관한 것이고, 다른 하나는 교회 안에서 실천해야 할 과제에 관한 것이다. 말하자면 교회는 안팎으로 윤리적 성숙을 추구해야 한다는 점을 강조하고 싶은 셈이다.

위에서 말했듯이 시민사회 속에서의 교회 위상을 고민하기 위한 첫 관심사는 공공신학(public theology)을 통한 교회의 윤리적 성숙이다. 프린스턴신학교에서 공공신학의 기치를 세운 스택하우스Max L. Stackhouse는 교회가 공공의 장으로 나아가야 한다고 말한다. 교회의 공공성을 말하면 교회의 복음주의적이고 보수적인 경향과는 어울리지 않는 것으로 생각하기 쉽다. 혹은 지나간 시대의 정치신학을 재론하자는 것이냐고 물을 수도 있다. 교회의 독특한 정체성을 간과하기 쉽다고 비판할지도 모른다. 그러나 이 모든 것은 오해일 뿐이다. 스택하우스는 개혁교회가 지닌 신앙적 전통을 이어받아 교회가 시민사회를 향하여 무엇을 해야 하며 어떻게 대응해야 하는지를 성서적 근거를 통해 보여준다.

스택하우스의 공공신학은 그 기초를 성경에서 찾는다. "오직 너희는 택하신 족속이요 왕 같은 제사장들이요 거룩한 나라요 그의 소유된 백성이니 이는 너희를 어두운 데서 불러내어 그의 기이한 빛에 들어가게 하신 자의 아름다운 덕을 선전하게 하려 하심이라"(벧전2:9). 이 말씀은 그리스도께서 수행하신 왕, 제사장, 예언자로서의 삼중직을 근거로 하는 기독교인의 소명에 대한 강조라 하겠다. 또한 스택하우스에 따르면, 기독교인의 모델이 되시는 분은 그리스도이시고, 그리스도는 성경과 교회 전통 속에서 여러 역할로 묘사되었다. 초대교회에서는 제사장과 왕의 직職이 강조되었고, 중세를 지나 종교개혁에 이르러 그리스도의 삼중직이 온전히 강조되기 시작했다. 종교개혁자들은 특히 '설교하고 가르치며 증거하는 예언자'에 비중을 두었다. 문제는 개혁 신앙을 이어받은 오늘의 교회가 사회를 향한 예언자적 역할을 소홀히 하고 있다는 점이다. 이러한 뜻에서 공공신학은 기독교인들로 하여금 그리스도의 삼중직의 온전한 대리인이 되게 하는 데 관심을 가진다.

같은 맥락에서 공공신학의 핵심 가치는 '하나님의 나라'에 있다. 하나님의 통치는 교회에만 유효한 것이 아니라 공공의 영역 역시 하나님의 통치 영역이라는 인식이 그 바탕에 있는 셈이다. 하나님은 교회뿐 아니라 공공의 영역, 즉 시민사회까지도 통치하신다는 확신을 가져야 하며, 그리스도인은 삶의 모든 영역에서 하나님의 나라를 위해 헌신해야 한다는 것이다. 스택하우스의 주요 개념 중의 하나가 청지기 정신(stewardship)이라는 것만 보아도 그 취지를 짐작할 수 있다. 그는 청지기 개념이 교회 안에서의 직분에만 국한되어서는 안 되며, 시민사회의 모든 영역에 적용되어야 한다고 보았다. 청지기 개념을 재조명하고 확장시켜야 한다는 것이다.

따지고 보면 교회는 공공성 문제를 기피해서는 안 된다. 교회 건물 자체가 이미 공공의 영역 한복판에 우뚝 서 있고, 시민사회라는 공공의 영역 또한 하나님의 주권이 미치는 곳이라는 것을 생각한다면, 공공성에 대한 관심은 더욱 절실해진다. 시민적 공공성 앞에 교회가 부담스러워하거나 낯설어할 필요가 없다는 뜻이다. 오히려 기독교가 시민사회의 다층적 다원성에 관심을 가지고 적극적으로 참여하는 것은 기독교 신앙의 깊이를 더해 줄 것이다. 이러한 뜻에서 공공신학이 일깨워 준 것은 교회 안에 갇혀있지 말아야 한다는 점이다. 교회의 머리이신 주께서 온 세상을 통치하심을 믿는다면, 공공의 영역을 향하여 자신감을 가지고 하나님 나라의 비전으로 나아가야 한다는 것이다.

공공신학의 문제의식은 건강한 교회와 신앙을 발판으로 시민사회를 주도해야 한다는 것이다. 기독교 신앙에 대한 자긍심과 확신을 가지고 시민사회를 향해 당당해지자는 뜻이다. 그렇다면 교회가 관심을 가져야 할 공공의 영역이란 구체적으로 무엇인가? 스택하우스는 이것을 '글로벌 시민사회'라는 개념에 담아내었다. 특히 비정부기구들로 구성된 시민사회의 힘이 증대된 오늘의 맥락에 주목해야 한다. 동시에 시민사회가 합리화를 명분으로 종교의 영향력을 무력화하거나 배제하려는 경향이 있다는 것에도 역시 유의해야 한다. 한국적 맥락에서 교회가 시민사회로부터 따가운 눈총을 받거나 안티 운동에 내몰리는 이유도 이와 무관하지는 않을 듯싶다.

특히 기독교는 문화와 삶의 주요 분야들에 대한 신학적 통찰을 제공하고 시민사회를 위한 윤리적 가이드를 줄 수 있는 공적 담론이 되어야 한다. 이것에 관해서는 스택하우스 편저 『글로벌시대의 지역교회』(The Local Church in a Global Era)에서 그 본래적 의미를 확인할 수 있다. 이 책에서는 교회를 '정의의 아카데미'로 보고, 사회문제들에 대한 교회의 몫을 강조하면서 교회의 중요성을 말한다. 교회가 해야 할 몫에 공공성에 대한 인식과 실천을 포함시켜야 한다는 주장인 셈이다. 이러한 흐름에서 우리는 스택하우스가 말하는 공공신학의 두 가지 의의 혹은 공공신학이 필요한 이유에 유의해야 한다.

첫 번째 이유는 기독교의 구원이란 신비한 내용을 담은 밀의종교의 개념이 아니라 공공의 영역에서 공개적이고 합리적으로 토론할 수 있는 것이기 때문이다. 두 번째는 기독교가 공적인 삶의 구조와 정책에 대한 가이드를 제공하는 사회윤리가 되어야 하기 때문이다. 공공의 삶(public life)을 신학의 주제로 삼자는 것이다.

물론 공공신학이 말하는 '공공성'(어쩌면 publicness라는 개념이 근접한 것일 듯싶다) 개념은 단순하지 않다. 아시아적 가치관에서 보자면 멸사봉공

減私奉公을 말하는 것일지도 모른다. 시민적 개념에서 공익성을 말하는 것과 일맥상통하는 대목이다. 그러나 교회의 공공성 이해에는 한 가지 더 중요한 요소가 고려되어야 한다. 신앙의 사사화私事化(privatization)를 넘어서야 한다는 것이다. 조금 어려운 개념이겠지만, 이렇게 생각해 보자. 사사로움의 극복은 개인에게만 해당하는 것이 아니다. '집단적 사사로움'이라는 것도 문제다. 이를테면 교회가 시민사회의 따가운 시선을 받을 때 혹은 공영방송을 통해 무엇인가 폭로될 때, 안타까운 마음이 들다가도 "우리 교회만 깨끗하면 됐지, 우리 교회 일은 아니잖아?" 하고 반응하는 경우를 생각해 보자. '우리끼리' 잘 믿으면 된다는 사고방식에는 양면성이 있다. 공동체 구성원들의 결속력을 높여주는 것이겠지만, 밖에서는 그들 전체를 사사로운 집단으로 오해하기 쉽다. 교회가 '게토'를 스스로 초래하거나 시민사회에 적응하지 못하는 '소종파'로 머물러서야 되겠는가. 한마디로 하나님의 나라를 위한 노력에 있어서 시민사회를 향한 관심을 배제해서는 안 된다는 뜻이다.

어찌 보면 시민사회가 교회를 향하여 시비를 거는 것은 교회의 공공성에 대한 요구일지 모른다. 비록 듣기 싫고 가슴 아픈 이야기들이지만, 시민사회의 문제 제기는 교회로 하여금 공신력을 회복하여 공공을 위한 섬김에 나서 달라는 요구일 수 있다. 이러한 노력이 지체되거나 생략된다면 시민사회는 더욱 거세게 교회에 시비를 걸어올 것이다. 그러나 비난받는 것이 무서워서 혹은 그들에게 등을 떠밀려서 뭔가를 해야 한다면, 이것처럼 자존심 상하는 일도 없다. 우리 스스로 공공성에 대한 실천 의지를 가져야 마땅하다. 예를 들어 교회의 재정 및 의사결정 구조 등 교회의 투명성에 대한 요구가 뒤따르겠지만, 그보다 먼저 짚어야 할 것이 있다. 무언가 숨기기에 급급하다는 인상을 주어서는 안 된다. 자기

들끼리의 이야기에 만족하는 사람들이라고 오해를 받아서도 안 된다. 우리의 구원은 '쉬쉬'해야 할 정도로 부끄러운 것이 아니지 않는가? 예수 그리스도를 통한 구원의 확신은 너무나 자랑스럽고 당당하며 누구에게라도 전해야 하는 구원의 기쁜 소식 아닌가. 우리가 교회 안에 머물러서는 안 되는 이유가 여기 있다. 한마디로 공공신학은 시민사회 속에서 교회가 관심을 가져야 할 모든 문제를 다룬다. '교회 밖으로' 모든 문제에 관심을 가질 수 있고 또한 그렇게 해야 한다는 메시지가 담겨 있다. 즉, '소통'의 메시지를 담고 있는 셈이다. 말하자면 공공신학은 개혁 신앙을 기초 삼아 '교회 밖으로', 공공의 영역을 향하여, 시민사회로 나아가 그들과 소통하기 원하는 신학이요 윤리라고 보는 것이 좋겠다.

우리가 믿기로, 삼위일체이신 하나님은 이 세상과 소통하신다. 하나님은 모든 영역을 통치하시며, 그리스도께서는 이 세상에 성육신하셨으며 또한 성령께서는 지구촌의 구원 가능성에 생명력을 주신다. 우리가 이러한 '소통'의 삼위일체 신앙을 가지고 있는 한, '소통'으로서의 공공성은 그리 멀리 있는 과제가 아니다. 어찌 보면 공공신학은 시민사회에서 교회가 이제까지 해 왔던 많은 일들을 엮어내고 근거를 제공하는 이론적 틀이라 할 수 있다. 교회가 시민사회를 향하여 구체적으로 실천해 왔던 일들 속에 이미 공공신학적 특성이 들어 있다. 다만 시민사회가 즐겨 쓰는 용어와 잘 맞아떨어지지 않았거나 익숙하지 못했을 뿐이다. 시민사회가 요청하는 공익성, 투명성, 도덕성과 소통하려는 노력이 제대로 이루어진다면 한국교회는 시민사회를 향해 더욱 큰 영향력을 발휘할 수 있을 듯싶다.

그러나 스택하우스에게 한계가 없는 것은 아니다. 가정과 성性의 문제와 같은 구체적인 부분들로부터 다양한 사회문제들에 관심을 가지는 것은 좋지만, 교회가 사회와 소통할 수 있는 통로들을 사회정책의 문제로 설명하려는 것은 오히려 협소한 접근일 듯싶다. 필자가 보기에 교회가 탁월하게 실천해 온 '섬김' 혹은 '나눔'은 정책이나 제도에 속하는 것이 아니라 해도 교회의 중요한 공공성이요 소통의 통로일 수 있다. 스택하우스는 이러한 소프트웨어의 가치들을 간과하는 듯싶다. 교회와 시민사회의 소통은 입법청원을 통한 사회정책의 수립 등에 국한되는 것이 아니라 '섬김'을 통해서도 얼마든지 가능하리라 본다. 오히려 문제는 '교회 밖으로의' 윤리적 관심과 관련하여 시민사회가 교회를 그다지 환영하는 분위기가 아니라는 점이다. 스택하우스가 말한 것처럼, 교회는 공공의 삶에 대해 설교와 교육을 통해 정치적, 경제적 삶에 가이드를 제공해야 하건만, 오늘의 교회는 이 역할에 얼마나 충실하고 있는가?

한편에서는 오히려 '교회 밖으로' 나가기도 전에 '교회 안의 공공성'부터 해결하라는 요구가 거세다. 목회자 납세 논란, 지역사회와의 갈등, 교회 재정 투명성 등에 관하여 시민사회의 거센 요구가 밀려오고 있다. '교회 안의 공공성'이 의심받는 상황에서는 아무리 '교회 밖의 공공성'을 말한들 공허한 외침에 그치지 않을까 무척이나 염려스럽다. 어느 영화 대사처럼 "너나 잘하세요~"라는 핀잔을 듣기에 딱 좋다. 아무래도, '교회 안의 공공성 세우기'부터 재론해야 하지 않을까 싶다.

3. 교회가 희망이 될 둘째 조건, '교회됨'

시민사회를 살고 있는 교회가 관심을 가져야 할 또 하나의 과제는 '교회됨'이다. 교회다운 교회가 되는 것이야말로 교회가 희망이 될 둘째 조건이라 할 수 있다. 이 문제에 관한 탁월한 통찰을 하우어워스[S. Hauerwas]

에게서 볼 수 있다. 「타임」지는 2001년 그를 미국 최고의 신학자(America's Best Theologian)라고 격찬했고, 기포드 강연(Gifford Lectures)에 초청받을 정도로 유명세를 타고 있는 듀크대학의 교수다. 그의 윤리는 교회에 대한 애정이 듬뿍 묻어난다. '교회 윤리'(ecclecial ethics)라는 별명을 가진 하우어워스에 따르면, 기독교윤리는 교회의 윤리여야 한다. 단적으로 그는 교회를 탁월한 윤리적 성숙의 훈련장으로 정의한다. 신앙인은 교회를 통해 훈련받고 윤리적 성숙을 이루어야 한다는 것이다. 교회 안에 신앙인의 정체성이 자리하기 때문이다. 이 점에서 하우어워스가 '교회됨'에 내재한 윤리적 중요성과 필요성을 인식시켜 준 것만으로도 의의가 있어 보인다.

그렇다면 교회됨이란 어떻게 구현해야 하는 것인가? 하우어워스를 이해하기 위한 두 가지 계기가 있다. 하나는 요더John. H. Yoder와의 만남을 통해 얻은 '평화에 대한 신념'이요, 다른 하나는 맥킨타이어Alasdair MacIntyre의 영향을 받은 '공동체주의적 관점'이다. 이 두 가지 요소를 앞서 말한 설명에 빗대어 풀이하면, "좋은 사람의 성품은 교회 공동체의 이야기를 통해 형성되고 훈련된다" 정도로 요약할 수 있겠다. 도덕적 자아는 교회라는 공동체 안에 있는 존재이며, 교회 공동체를 통해 그의 성품이 형성되고 훈련되어 평화의 사람으로 살게 된다는 것이다. 우리는 여기에서 '공동체주의'라는 개념에 익숙해질 필요가 있다. 현대 영미 철학의 논쟁에서 '자유주의'는 이성에 입각한 윤리적 자유를 주장하지만, 공동체주의자들은 이성에 대한 추종이 오늘의 윤리적 위기를 낳았다고 본다. 위기의 극복을 위해서는 덕의 윤리를 회복해야 한다는 것이다. 공동체주의자들은 특히 자아에 관한 설명에서 칸트적 설명을 거부하고 자아의 '배경'에 관심을 가진다. 인간은 추상적인 '유령적 자아'가 아니라 '공동체 안에 있는 존재'라는 것이다.

하우어워스는 계몽주의적 기획과 포스트모던 문화를 비판하기 위해 토마스 아퀴나스의 덕의 윤리를 활용했던 도덕철학자 맥킨타이어에게 깊은 영향을 받았다. 인간을 '이야기하는 존재'로 여기는 맥킨타이어에 동의하면서 하우어워스는 공동체주의를 기독교적으로 수용하여 '교회'에 초점을 맞춘다. 인간은 공동체에 속한 존재요, 공동체가 지닌 이야기 안에서 자신을 발견하고 윤리적으로 성숙된다는 생각이다. 한마디로 그리스도인은 교회 공동체 안에 존재하며, 교회 공동체의 이야기를 통해 훈련받고 성숙된다. 기독교인의 정체성은 교회 안에 있는 존재라는 것이다. 하우어워스에 따르면, 교회는 기독교적 덕성의 훈련장이요, 예배를 통해 그리스도인을 성숙시키며 윤리적 독창성과 탁월성을 지닌 존재로 만들어 간다. 하우어워스의 윤리를 교회 윤리라고 부르는 이유가 여기 있다. 교회 공동체에 대한 강조, 교회를 통한 윤리적 훈련의 중요성을 부각시킨 셈이다.

그렇다면 교회는 신앙인의 덕성을 어떻게 훈련시키는가? 하우어워스에 따르면 신앙인은 먼저 '예수 이야기'(Jesus narrative)에 충실해야 한다. 이는 하우어워스의 윤리 형성에 있었던 또 하나의 계기, 즉 요더와의 만남을 통해 설명된다. 특히 전쟁에 대한 반대와 비폭력을 근간으로 하는 기독교적 평화의 가치는 하우어워스에게 큰 영향을 주었다. 평화주의자이며 메노나이트 신학자인 요더에게 예수 내러티브의 핵심은 십자가에 있다. 요더에 따르면, 예수께서는 십자가로 상징되는 새로운 윤리로 우리를 부르셨다. 그리스도는 근본적으로 철저히 다른 새로운 삶의 질서를 지닌 새로운 공동체를 창조함으로써 기존 사회를 위협하였으며, 십자가로 대변되는 새로운 삶의 방식에로 우리를 초대하셨다. 그리고 '예수와 같이 되는' 제자도와 본받음의 핵심에 '평화'가 있다는 것이 요더의 관점이다.

이러한 요더의 흔적들은 하우어워스의 관점에 고스란히 반영된다. 하우어워스가 맥킨타이어를 만난 것이 공동체주의를 발전시키는 계기였다면, 요더에게 감명을 받은 주제들은 핵심 가치들을 세우는 데 결정적인 영향을 주었다. 평화의 덕성과 교회 공동체의 중요성에 대한 요더의 암시가 하우어워스 윤리의 토대인 셈이다. 더구나 요더가 교회를 예수 이야기의 공동체로 보았던 점 또한 하우어워스에게 중요한 흔적으로 남아 있다. 요더가 교회를 하나의 정치적 공동체로 간주하고 국가의 대안이라고 보아 영적 정치 행위를 강조했던 것도 그중 하나다.

하우어워스에 따르면, 기독교인은 교회 공동체 안에서 '예수 이야기'를 통해 하나님에 대하여, 우리 자신에 대하여 배운다. 그 배움을 통해 하나님의 백성, 평화의 백성으로 성숙된다. 예를 들어 예수께서 점령군 로마인들에 대한 적개심보다 용서와 자유의 비전을 제시한 것은 중요한 가치를 지닌다. 신앙인들은 예수 이야기를 따라 우리 시대를 향한 평화의 메신저가 되어야 한다는 것이다. 이러한 확신은 교회 안에 예수 내러티브라는 무한하고도 풍부한 윤리적 원천이 있다는 점을 재인식시켜 주었다는 점에서 혹은 교회는 예수 내러티브를 따라 윤리적 성숙을 이루어야 함을 확인시켜 주었다는 점에서 큰 의의를 지닌다. 다른 무엇, 즉 프로그램이나 이벤트 혹은 번영을 선언하는 설교가 교회의 본질이 아니라는 점을 일깨워 준 것이기 때문이다. 요컨대 교회로 교회되게 하는 지름길은 특별한 노하우 혹은 프로그램에 있지 않다. 예수 내러티브에 충실한 공동체가 되는 것이다.

그러나 하우어워스의 윤리가 평화만 강조하는 것은 아니다. 평화가 그의 윤리에서 중요한 이슈인 것은 분명하지만, 우리가 그를 주목하는 더 중요한 이유가 있다. 그것을 살펴보기 위해서는 전반적으로 그의 윤리에서 시민사회와 '다른' 길을 강조는 대목에 초점을 맞추는 것이 좋겠다. 평화에 대한 강조 역시 애국주의와 자본주의에 찌든 시민사회의 방식과는 다른 길을 살아가는 모습 중 하나다. 그가 교회를 향하여 미국의 시민사회와 경제 시스템 그리고 의료 문제에 이르기까지 '다른' 길을 살아야 한다고 말하는 이유 역시 이러한 배경에서 이해되어야 한다.

하우어워스는 시민사회 속에서 '다르게 살기'를 제안한다. 그가 그렇게 주장하는 근거와 모델은 교회가 지닌 예수 이야기이다. 십자가를 통해 평화를 가르치신 그리스도의 길을 따르는 것이 '다르게 사는' 삶의 핵심이다. 단순하게 다른 방식이 아니라 '탁월함으로서의 다름'이다. 교회가 십자가의 길을 따라 평화를 위해 살아가면, 결국 시민사회가 따라오게 될 것이며, 이 길을 묵묵히 가는 것이 교회를 교회되게 하는 본질이기 때문이다. 하우어워스에 따르면, 신앙인은 시류에 영합하는 존재라기보다 나그네 된 거류민(resident aliens)이다. 일찍이 누군가 말했던 것처럼, 그리스도인과 교회는 세상에 살지만 세상에 속하지 않은 존재라는 주장과 일맥상통하는 듯싶다. 세상 가치와 전혀 다른, 독특한 삶의 원리를 따라 살자는 것이다. 세상과 전적으로 다른 원리를 따라 산다는 것은 어설프게 동화되지 말자는 것과 같은 뜻이다. 정책을 제시하고 개입하는 것 자체가 타협이요 어떤 의미에서는 세상의 방식에 굴복하는 것이라고 생각한 셈이다. 그에 따르면, 오히려 세상에 영향을 주는 사람이 되어야 한다. 이 시대 문화에 만연된 쾌락주의, 우상숭배에 가까운 국가숭배 등에 맞서 우리의 삶을 하나님께 드리자는 것이다. 그리스도인은 야비하고 불의한 세상에서 '예배'라는 잔치를 베풀 수 있는 소망의 사람이기 때문이다. 또한 예수께서 세상 나라를 지배하려 하신 것이 아니라 새로운 나라, 즉 하나님의 나라를 세우려 하셨던 그 길을 따르자는 것이다. 교회는 이 세상에 있지만 이 세상에 속하지 않은 나라이기 때문이다.

이 길을 간다는 것 자체가 쉽지는 않다. 어쩌면 교회 역시 이 세상에 존재하기 때문에 '불편한 동거'일지도 모른다. 솔직히 세상으로부터 따돌림을 당하거나 교회 스스로 세상에서 물러나 은둔하자는 뜻으로 들리기 쉽다. 이러한 비판을 의식한 듯 하우어워스는 자신의 생각이 세상에서 은둔하라는 것이 아니라고 항변한다. 그리스도인은 예수 이야기의 공동체에 속한 자이므로 세상과는 '다르게' 살아야 한다는 것이다.

하우어워스가 '예수 이야기'의 공동체와 평화를 실천할 성품과 덕의 중요성을 강조한 것은 매우 큰 의미가 있다. 하지만 기독교의 독특한 '다름'에 대한 주장이 지나쳐 윤리적 게토에 갇힐 수 있음을 간과해서는 안 된다. 이것이 그에게 소종파주의에 흐를 위험성이 있다는 비판이 따라다니는 이유다. 그래서 때로는 세상으로부터의 은둔주의라는 비판도 받는다. 중요한 것은 예수 내러티브의 실천을 통해 '교회됨'을 구현하는 것이야말로 교회가 희망일 수 있는 조건이 될 수 있음을 일깨워 주었다는 사실이다.

4. 교회가 희망이다. 여전히

따지고 보면 교회의 안타까운 모습은 특정 시대의 것이 아니었다. 예를 들자면 아우구스티누스의 시대에도 그런 모습은 별 차이가 없었다. 그가 진단한 당시의 교회 역시 건강하지 못한 모습, 도덕적 병약함의 증세를 보이고 있었다.

교회에 선한 자와 위선자가 섞여 있습니다. 이 세상 순례길 가는 동안 어쩔 수 없는 일입니다(『기독교 교양』 III.32).

열광적으로 교회를 칭송하던 사람도 교회 안에 선과 악이 섞여 있음을 몰랐다면, 교회 안에 들어와 실상을 알고 나서 환멸을 맛보게 될 것입니다(『시편 강해』 XCIX.12).

예수를 찾지만 현세적인 이익을 얻을 생각으로 오는 사람이 얼마나 많은지요! 사업을 벌인답시고 목회자에게 도움을 청하러 오는 사람도 있습니다. 권력자에게 쫓겨 교회당에 피신하기도 합니다. 고위공무원을 만날 연줄을 찾기 위해 오기도 합니다. 교회는 이런 사람들로 북새통입니다(『요한복음 강해』 XI.10).

교회에 거짓 맹세하는 이들과 배반자들과 범죄인들과 미신을 믿는 이들과 간음을 하는 이들과 술고래들과 대금업자와 사기꾼 등 이외에도 여러 가지 악덕을 저지른 이들도 들어 있습니다(『요한서신 강해』 III.9).

안타까움이 절로 느껴지는 현실이 아우구스티누스 시대의 교회에도 있었던 셈이다. 그렇다면 과연 오늘의 교회는 어떤 모습인가? 교회 안에 침투한 소비지상주의, 기복주의는 물론이고 권위주의적이고 율법주의적인 모습들이 우리를 실망시키고 있다. 세상이 교회 안에 들어와 버린 셈이다. 아우구스티누스의 관점대로 하자면, 하나님의 도성에 이르기 전까지 지상의 도성에 있는 교회들에 나타나는 현실적인 아쉬움이다. 이것은 하나님이 마지막에 밀과 가라지를 나누실 그날까지 불가피한 현상일지 모른다. 교회는 탁월한 윤리의 공동체가 되어야 마땅하건만, 교회의 현실이 그리 간단하지 않다. 그렇다면 교회의 윤리적 성숙은 도무지 기대할 수 없다는 것인가? 그렇지 않다. 교회는 윤리적일 수 있다. 아니, 교회는 윤리적이어야 한다.

이런 것이 궁금해요!

질문 1. 교회를 떠나거나 교회에 실망한 사람들이 많아지고 있는데, 이들에게 어떤 대답을 줄 수 있을까요?

이 물음은 우리 모두 걱정하고 있는 문제지요. 특히 교회를 향한 비난의 어두운 분위기가 더 짙어지고 있다는 점이 우리를 아프게 합니다. 새삼 말하지 않아도 잘 알고 있는 우리의 부끄러운 모습은 때론 지도자의 도덕적 위기, 권위주의, 내적 소통 구조의 문제 그리고 교회 안의 갈등과 끊이지 않는 분쟁으로 드러나기도 합니다. 이것은 교회 안팎의 위기와 맞물려 있는 표지이기도 합니다. 어쩌면 교회의 윤리적 문제들이 과거보다 훨씬 더 많아졌다기보다 그만큼 교회가 시민사회에 노출되고 있는 것이겠지요. 혹은 시민사회에 익숙한 시민적 각성의 경험들이 교회 안에 적용되기 시작한 것일 수도 있습니다. 달리 표현한다면 더 이상 교회의 문제를 좌시하지 않겠다는 시민의식이 신앙인들에게 파고든 결과라 할 수 있습니다. 그 여파로 교회를 떠나거나 교회에 실망하는 사람들이 많아지고 있음은 너무나 안타까운 일입니다.

하지만 교회 안의 부끄러운 일들을 마냥 들춰내 폭로하는 것만이 능사는 아닙니다. 교회 안에서 발견되는 여러 분쟁과 갈등 그리고 윤리적 모순들이 교회 자체를 혐오하게 하거나 기독교 신앙을 저버리게 만드는 요인으로 작용하게 해서는 안 됩니다. 오히려 교회 안에 윤리적 부끄러움이 있다면, 그것을 안타까운 마음으로 바라보고 대책을 찾아야 할 하나의 실마리로 여기고 깨달아야 합니다. 교회는 그리스도의 몸이요 성령께서 일하시는 은혜 공동체이기 때문입니다. 아쉽고 안타까운 면도 있기는 해도 가망 없을 절도는 아니라는 뜻입니다. 교회의 윤리적 가능성에 대한 긍정의 착각이 필요하다는 이야기와 통하는 대목일 듯 싶습니다.

질문 2. 교회를 교회답게 한다는 것은 무슨 뜻인지 조금 더 구체적으로 설명해 주시기 바랍니다.

마치 다이어트를 하는 사람들처럼, 우리의 모습에서 복음적이지 못한 부분은 과감하게 다이어트해야 합니다. 동시에 마땅히 강조해야 할 것은 더욱 충만하게 채워야 합니다. 한마디로 버려야 할 것은 버리고 채워야 할 것은 보충해서 꽉 채워야 한다는 뜻입니다. 그래야 바람직한 모습을 회복할 수 있을 테니까 말입니다. 우선 교회됨의 회복을 위하여 다이어트가 필요합니다. 달리 말해 교회 안에 복음 아닌 것들을 줄여가야 하는 것을 뜻합니다. 복음적이지 못한 관행, 복음에 어긋나는 문화 그리고 복음에 맞지 않는 사고방식, 이런 것들을 다이어트하자는 것입니다.

교회가 복음적이지 못한 것들을 제거해야 한다는 것은 결국 십자가를 지는 윤리, 제자도의 윤리를 따르자는 것과 다르지 않습니다. 일찍이 본 회퍼Dietrich Bonhoeffer가 말했듯이, 값비싼 은혜(costly grace)를 값싼 은혜(cheap grace)로 전락시키는 어리석음을 또다시 범하지 않도록 은혜의 참뜻을 깨닫고 그리스도의 제자도(discipleship)를 따르는 삶이 절실하다는 뜻입니다. 결국 이 말의 핵심은 교회를 복음의 공동체로 만들어 가자는 것입니다. 복음은 언제나 교회의 중심이어야 합니다. 성장을 위한 성장 프로그램, 친교적 만족을 위한 이벤트에 끌려다니는 교회가 아니라 교회다운 교회가 되는 것이 훨씬 중요하고도 본질적인 과제이기 때문입니다.

긍휼은 심판을 이기느니라(약 2:13).

함께 보면 좋을 책들

1. 스탠리 하우어워스(Stanley Hauerwas)/문시영 옮김, 『교회됨』 (북
   코리아, 2010)

스탠리 하우어워스는 2001년 *TIME*에 "the Best Theologian"으로 선
정됐을 정도로 영향력 있는 기독교윤리학자다. 그는 노트르담대학교를
거쳐 듀크대학교 기독교윤리학 교수로 재직하고 있다. 왕성한 저술 활
동을 통해 '교회로 교회됨'을 추구하는 그의 윤리에는 예수 내러티브의
성품화를 통한 교회 공동체의 성숙을 모색한다는 점에서 '교회 윤
리'(Ecclesia Ethics)라는 별명이 붙었다. 이 책은 "복음을 재발견하라", "'복
음을 성품화하라", "복음의 공동체 돼라"라는 테마의 논문을 엮었다. 그
의 논의를 따라가다 보면 교회로 교회되게 하는 윤리를 배울 수 있다.
특히 우리가 가져야 할 윤리적 책무가 '복음의 성품화'임을 깨닫게 된다.

2. 알래스데어 매킨타이어(Alasdair MacIntyre)/이진우 옮김, 『덕의
   상실』 (문예출판사, 1997)

알래스데어 매킨타이어는 덕 윤리학자 또는 내러티브 윤리학자로
알려져 있다. 그는 1981년 발간된 이 책에서 덕 윤리의 부활을 강력하게
주장했다. 그는 "나는 어떠한 성품을 형성하면서 살아야 하는가?"라는
문제가 윤리학의 무대에 다시 등장했음을 공표했다. 이 책은 현대 윤리
학의 한 흐름인 '덕 윤리' 또는 '내러티브 윤리'를 이해하는 데 있어서
가장 기본적인 책이다.

3. 조셉 코트바/문시영 옮김, 『덕 윤리의 신학적 기초』(북코리아, 2012)

『덕 윤리의 신학적 기초』는 토마스의 기본 기획을 계승하고자 하는 내용으로 구성되어 있다. 덕 윤리에 대한 개념부터 신학에 나타난 그리스도인의 덕 윤리, 신약에 나타난 그리스도인의 덕 윤리, 덕 윤리가 주는 부가적인 혜택 등에 대해 자세하게 설명하고 있다.

기독교인

복을 벗고 십자가를 입는 삶

이지성

(루터대학교 교수)

이슈의 발견: 이야기로 생각하기

이야기 하나 ☞ '교회를 나가다'와 '나쁜 그리스도인들'

최근 『시민 K 교회를 나가다』라는 흥미로운 책 한 권이 출판되었다. 이 책의 출간과 함께 토론회가 열렸는데, 주제는 현재 개신교의 모습을 진단하고 바람직한 교회에 대한 대안을 찾자는 것이었다. 지난 몇 년 동안 한국 사회에서 벌어지고 있는 안티 기독교의 모습은 교회를 개혁하려는 것이 아니라, 기독교 자체에 대한 거부라는 데 많은 참석자가 동감하는 모습이었다. 특히 기독교가 본연의 모습을 잃고 세상과 발맞추어 가는 양상에 대한 비판에는 귀를 기울일 필요가 있다는 반성의 소리도 있었다.

『시민 K 교회를 나가다』라는 책은 "한국 개신교의 성공과 실패, 그

욕망의 사회학"이라는 부제가 붙어 있다. 책의 제목에서 '나가다'라는 표현은 두 가지 의미를 담고 있다. 즉, 교회를 '떠나다'라는 뜻과 교회를 '출석하다'를 동시에 말하고 있다. 현재 한국교회와 기독교인들의 모습을 비판적으로 성찰하면서, 또 한편으로 하나의 대안을 제시하고 있다. 그 처방전은 바로 '작은 교회'다. 그런데 저자가 말하는 작은 교회는 크기에 급급한 교회가 아니라, 어쩌면 대형교회의 형식을 해체하는 교회다. 그리고 이 교회는 무엇보다 타자를 아우르는 교회여야 한다고 주장한다.

사실 그동안 이러한 비판은 비단 이 책뿐 아니라 한국 사회와 언론 그리고 교회 밖에서 지속적으로 들려 왔다. 과연 교회가 왜 이런 처지에 놓이게 되었는지, 많은 전문가가 비판을 하고 대안을 제시하기도 한다. 하지만 필자는 조금 다른 생각을 해본다. 교회라는 집단이 아닌 교회의 구성원인 기독교인은 과연 어떤 모습으로 비춰질까?

이야기 둘 ☞ 진정 가치 있는 길

하우어워스는 교회가 나아가야 할 길을 제시하기 위해 한 가지 비유를 든다. 그는 멀리 엘리베이터 쪽으로 앞질러 가던 사람이 갑자기 뒤돌아서서 우리에게 자기가 기다릴지, 먼저 갈지를 묻는 상황을 가정한다. 만약 그때 우리가 계단을 가리키며 멀지 않으니 계단으로 가라고 했다고 하자. 이 경우 우리에게 질문을 던진 사람은 "그 말이 아니지 않냐?"고 따질 것이다. 질문은 우리를 기다릴지 말지였는데, 대답은 계단을 이용하라니….

하지만 곰곰이 생각해 보면 이 대답 또한 적절할 수도 있다. 왜냐하면 그는 엘리베이터에 익숙해져 있어서 계단 자체를 망각하고 있었기 때문에, 그 길을 제시해 주는 것 또한 적절한 대답일 수 있는 것이다. 예수 그리스도의 말씀이 바로 이와 같이 어차피 '갈' 것이라면 '계단'으로 가라는 입장이다. 물론 세상의 모든 사람은 왜 '편한' 엘리베이터가 있는데 '힘들게' 계단으로 가느냐고 반문을 펼 것이다. 하지만 원래 예수님의 이야기는 그렇게 힘든 '고통'을 말하고 있다. 세상이 온통 '쉬운' 것을 따라 질주하고 있는 마당에 진정 가치 있는 무엇을 기독교가 가지고 있다면, 그것은 결국 예수 그리스도가 겪었던 고통의 이야기를 따르고 또한 그 길이 진리의 길임을 확신하는 것이다. 예수 그리스도 안에서의 풍요로운 삶이란 많이 가진 자의 적선이 아닌 하나님의 모든 피조물이 한마음으로 나눔을 통해 가능한 것이다. 누구도 지나치게 많이 갖지 않으면서 모두 충분히 갖게 되는 삶이 바로 풍요로운 십자가의 삶인 것이다. 그것은 바로 '떡'으로 누릴 수 없는 '말씀'의 삶이다.

이러한 십자가의 풍성함을 누릴 수 있도록 부름 받은 사람들이 바로 기독교인들이다. 기독교인들이 구해야 하는 삶은 복을 구하는 삶이 아니라 세상의 모든 고통의 이야기에 귀를 기울이며, 가진 것을 내려놓고 온 피조물에 책임을 지는 사람들인 것이다. 이제는 다른 사람들의 눈에 보이는 기독교인의 모습이 어떠한지 고민하는 것을 넘어 기독교인은 과연 어떤 모습으로 세상에서 살아가야 하는지를 심각하게 고민할 때라고 생각한다.

개념 빗기: 복을 벗고 십자가를 입기

대부분 기독교인에게 왜 교회에 다니느냐고 물으면, 대부분 망설이면서 이런저런 말을 하지만 "결국은 복을 빌러 교회에 다니는 것 아니냐?"는 다그침에 마지못해 고개를 끄덕인다. 기독교인의 정체성을 찾아가는 첫걸음에서 가장 중요한 지점은 바로 여기다. 과연 기독교인들이 바라는 복은 무엇이고, 그것을 바라는 것이 당연한 것일까?

한 아프리카 노예선 선장 이야기를 읽은 적이 있다. 그는 매우 경건한 기독교인으로 선원들의 안전과 가족의 건강 그리고 자신의 안정적인 사업을 위해 언제나 열심히 기도했다. 선장은 여느 때처럼 선실에서 성경을 읽고 있었다. 그때 노크 소리가 들리면서 선원 한 명이 문을 열었다. 선원은 옆에 서 있는 아름다운 여인 한 명을 소개하면서 "선장님, 오늘 밤 적적하실 텐데 이 여자를 데리고 주무시지요?"라고 말했다. 그러자 선장은 벌컥 화를 내면서 선원과 여자를 내쫓았다. 그러고는 다시 성경을 묵상하면서 하나님께 기도를 올렸다. "주님, 간음하지 말라는 당신의 계명을 지킨 저에게 넘치도록 복에 복을 내리소서…."

언뜻 보면 이 선장의 행동은 매우 거룩하게 느껴진다. 하지만 한편으로는 좀 이상한 생각이 든다. 물론 선장이 살아 있을 때는 노예 매매가 합법적이었겠지만, 하나님을 믿는 선장이 하나님의 형상인 사람을 사고파는 행위를 했다는 것은 분명히 성경 말씀에 어긋나는 일이다. 그럼에도 불구하고 그 선장은 자신이 간음하지 않은 그 행위만을 하나님께 아뢰면서 복을 달라고 빌고 있다. 이 선장이 바라는 '복'은 무엇이었을까? 어쩌면 지금, 이 시대를 살고 있는 그리스도인들이 바로 이런 모습은 아닐까?

사람들은 누구나 복을 좋아한다. 특히 한국인의 경우 복이라는 말을 자주 사용한다. 좋은 사람을 만나면 '인복'이 있다고 하고, 자녀가 태어나 일이 잘 풀리면 '복덩어리'라고 한다. '복권'이라는 말도 생각해 보면 참 재미있는 단어다. 사람들이 이토록 좋아하는 '복'은 종교와 만나면서 '기복신앙'으로 나타나게 되었다. 그런데 기복신앙은 복을 비는 사람의 정성으로 나타난다. 새벽에 정화수를 떠놓는다든지, 100일 기도를 한다든지 하는 행위로 드러난다. 즉, 기복신앙의 특징은 자신의 근본적인 변화를 요구하지 않는다. 하지만 기독교에서 말하는 '복'은 조금 다른 면이 있다. 기독교는 기복신앙이 아니라 축복신앙이다. '복'을 받기 위해서는 그 사람이 근본적으로 변화되어야 한다. "심령이 가난한 자는 복이 있나니 천국이 저희 것이다"(마 5:3)라는 예수님의 말씀에서는 영혼이 가난한 자가 복이 있다고 한다. "영혼이 가난하게 되면 내가 복을 주겠다"라고 말씀하시지 않고, 영혼이 가난한 것이 바로 복이라고 말씀하시는 것이다.

축복(blessing)은 라틴어 *Benedicere*에서 온 말로, 문자적으로 해석한다면 '잘 말하다' 혹은 '좋은 것을 말하다'라는 뜻이다. 말 그대로 '축복'은 누군가에게 '좋은 말을 해 주는 것'이다. 따라서 하나님이 우리에게 주신 '그 좋은 말씀'을 고통과 아픔으로 가득한 이 땅 구석구석에 전하는 일이 축복인 것이다. 축복은 그 무엇으로도 살 수 없고, 어떤 것으로도 바꿀 수 없는 선물이다. '복에 복을 더하여 달라'는 말의 참뜻은 돈과 명예와 권력 등 세상적인 어떤 것과도 바꿀 수 없는 하나님의 좋은 말씀을 한없이 간구하는 기도인 것이다.

그러므로 염려하여 이르기를 무엇을 먹을까 무엇을 마실까 무엇을 입을까 하지

말라. 이는 다 이방인들이 구하는 것이라 너희 아버지께서 이 모든 것이 너희에게 있어야 할 줄을 아시느니라. 너희는 먼저 그의 나라와 그의 의를 구하라 그리하면 이 모든 것을 너희에게 더하시리라(마 6:31-33).

하나님께서 우리에게 주시는 축복은 '그의 나라와 그의 의'를 구할 때 주어진다. 그 축복의 길이 바로 십자가의 길이다. 십자가는 형벌들 가운데 가장 잔혹하고 수치스러운 벌을 받는 형틀이었다. 십자가형을 받는 죄인들은 도망친 노예나 로마제국에 반대하는 반란자들이었다고 한다. 신명기 21:23에 "나무에 달려 죽은 자들은 하나님의 저주를 받은 사람"이라는 말씀 또한 십자가가 얼마나 무서운 형벌인지 가늠하게 한다. 우리에게 매우 익숙한 '십자가'와 '예수 그리스도'의 만남은 사실은 엄청난 이율배반적인 조합이다. 모두에게 외면당하던 십자가가 지금은 누구에게나 드러내고 싶은 존재가 된 것이다. 그 의미를 드라마틱하게 변하게 만든 주인공은 다름 아닌 '예수 그리스도'이시다. 마르틴 루터는 하나님을 발견할 수 있는 유일한 곳이 바로 십자가이며, 신학의 유일한 출발점도 십자가라면서 "십자가가 모든 것을 시험한다"(Crux probat Omnia)라는 말을 남겼다. 기독교인들에게 십자가는 처음이자 마지막이며 모든 것이어야 한다는 말로 들린다.

기독교인들의 존재 이유가 되어야 하는 십자가! 그런데 여기에서 키에르케고르의 이야기가 떠오른다. "십자가의 길을 간다는 것은 마치 이삭을 바치는 아브라함의 떨리는 '믿음'을 간직한 신앙인들이 얻을 수 있는 경험의 세계"라는 고백 말이다. 본회퍼는 "값싼 은혜는 교회의 치명적인 적으로 그리스도께로 가는 길을 닫아버리는 것"이라고 말했다. 그리고 값진 은혜는 제자로의 부르심의 음성을 듣고 예수 그리스도를 따라나서는 신앙을 말한다고 보았다. 본회퍼는 마침내 자신의 죽음을 통해 불의와 타협하지 않고 십자가를 선택한 그리스도의 제자로서의 전형을 보여주었다. 십자가는 예수 그리스도를 따르는 제자도의 핵심인 것이다.

더불어 함께 걷는 책임

이제 복을 넘어서는 길에 들어서서 구체적으로 어떻게 살아가야 하는지를 고민하고자 한다. 사실 우리를 둘러싸고 있는 구체적인 사회문제들이나 윤리적 이슈들에 대해 하나하나 짚어 가며 해결점을 제시하기란 쉬운 일이 아니다. 따라서 조금은 거시적인 접근을 통해 삶의 방법에 대한 방향을 제시하고자 한다. 이 작업을 다른 말로 '기독교윤리'라고 부를 수 있을 것이다. 기독교인의 삶은 어떠해야 하는지, 달리 말하면 '기독교인의 행위는 어떤 것이어야 하며 그 근거는 무엇인지'에 대한 고민이 기독교윤리이다.

오늘날 한국교회가 그리고 기독교인들이 직면하고 있는 현실의 과제는 셀 수 없이 많을 것이다. 이에 대해서는 크게 세 가지의 길을 제시하고자 한다. 삶의 터전인 생태계의 위기를 목도하면서 무한 경쟁 사회에서 어떻게 살아가야 하는지를 총체적으로 돌아보는 작업이다. 그렇다면 이제껏 고집해 온 삶의 틀을 벗어 버리고 더불어 함께 살아갈 수 있는 새로운 마음가짐에는 과연 어떤 것이 있을까. 우선 가장 큰 영역으로서 전 지구적인 관심의 대상인 지구 생태계에 대한 기독교인의 마음가짐에 대한 문제를 제기하고자 한다. 인간과 자연이 공존하기 위한 논의를 위해 '책임'이라는 개념을 살펴보고자 한다. 다음은 기독교인들의 삶에서 외면할 수 없는 '돈'의 문제를 해결할 수 있는 방법은 없는지 생태학적 경제 모델을 통해 모색하고자 한다. 그리고 마지막으로 무한 경쟁 시대 속에서 과연 기독교인들은 함께 더불어 행복한 삶을 꾸려나갈 수 있을지에 대해 질문하고 그 해답을 내러티브 윤리에서 찾아보고자 한다.

1. 절망이 희망이다 : 책임윤리

이제까지 지구 환경 문제의 해결 방법은 대부분 인간 중심적이었다. 이런 관점에서의 해결책이란, 결국 지구를 도구로 바라보며 이용가치가 언제까지인가를 타진해 보는 정도였던 것이다. 그런데 나와 내 이웃과 지구가 함께 생명의 길을 가기 위해서는 인간 중심적인 대안만으로는 부족하며, 총체적인 생각의 전환이 필요하다. 생각과 태도의 전환이 없는 실천들은 메아리 없는 구호로 남겨지기 때문이다. 따라서 이 지구에서 인간과 자연이 공존하기 위해서는 지구의 한계를 알아내고 인간이 기술 행위를 억제하는, 즉 둘 간의 균형을 이루는 일이 필요한 것이다. 이런 작업에 대한 논의들은 학계에서 분분하게 진행되고 있지만, 여기에서는 이 문제를 실천적인 윤리학의 입장에서 풀어 보고자 한다.

『책임의 원칙 ― 기술 시대의 생태학적 원리』라는 책을 통해 인간들 스스로에게 자성의 분위기를 북돋우고 있는 한스 요나스[Hans Jonas]의 논지와 그가 주목하고 있는 '책임'이라는 개념은 이 문제를 바라보는 데 있어서 하나의 단초가 될 것이다. 한스 요나스는 기술 시대라는 새로운 상황을 맞아, 어떤 전통적 윤리관도 행동 지침으로서의 선과 악의 규범을 제시해 주지 못한다는 윤리적 공황 상태에서 새로운 실천 윤리로서 '책임'을 제시한다. 그는 막스 베버의 책임윤리에 관한 논의를 수용하면서,

현대의 제반 위기를 극복하기 위한 유일한 대안으로서의 책임윤리를 강조하는 것이다. 즉, 윤리적 논의의 출발점은 미래의 파괴적인 모습에 대한 상상에서 비롯되어야 하는데, 그 토대가 '책임'이라는 개념이다.

윤리학에서 책임의 문제는 아리스토텔레스의 면책 조건에 대한 논의 이후 책임 귀속 문제로 발전했다. 그런데 책임윤리는 근대 이후에 들어서면서 '정의', '평화' 등의 문제에 가려져서 낡은 주제로 치부되어 버렸다. 하지만 기술 문명으로 야기된 사회의 다양한 가치관 혼돈은 '책임' 문제를 전통 철학의 하나의 대안으로 다시 등장시키게 했다. 한스 요나스는 책임의 문제를 내세우기에 앞서서 우리가 이제껏 가지고 있었던 삶의 태도를 바꿔야 할 것을 주장한다. 바로 무모한 낙관주의를 버리고 현재 상황을 공포의 상황으로 인정해야 한다는 것이다.

"신은 우리를 도울 수 없다. 우리가 신을 도와야 한다. 그것이 우리 자신을 궁극적으로 돕는 길이다."

이것은 인간에게 행복을 가져다준다고 믿었던 자연 지배가 오히려 인간을 소외시키고 인간의 삶을 파국으로 치닫게 하는 생태학적 위기 상황에 대한 한스 요나스의 지적이다. 어떤 대안도 쉽게 찾기 어려운 생태계의 파괴를 목도하면서 한스 요나스는 이것은 신마저도 어쩔 수 없는 끔찍한 상황이라고 고백하는 것이다. 그러면서 그는 이 결과는 인간들의 무모한 유토피아니즘, 즉 낭만주의적 발상 때문에 벌어졌다고 진단한다. 그리고 "자연으로 돌아가라"라는 무모한 낭만주의적 발상도 거부한다. 지구 온난화와 같은 부작용은 인간들의 과학 기술에 의해 야기되었지만, 결국 기술이 해결할 수 있을 것이라는 생각도 반박한다. 인간에 의해 야기된 위험은 궁극적으로 인간에 의해서만 해소될 수 있으며, 그것은 인간이 자연의 일부라는 사실을 인정하는 생태학적 태도를 통해서만 가능하다는 것이다.

한스 요나스가 주목받는 이유는 무모한 낙관주의를 버리고 택한 '절망' 때문이다. 그는 이 절망에 직면해서 인간들이 택해야 할 삶의 자세를 제시한다. 신이 이 문제를 어떻게 하든 해결해 줄 것이라는 낭만적 낙관주의보다 '절망'의 상황을 인식한 인간들이 택해야 할 길은 바로 '책임'이라는 것이다. 인간이 만약 자연의 일부라면 자연은 결코 단순한 수단일 수 없기 때문에, 이 문제를 해결하기 위해서는 인간 중심적 사고방식을 끝내고 윤리의 대상 영역을 자연으로 확장해야 한다고 말한다. 전통윤리는 인간 중심주의 윤리학, 즉 인간 대 인간의 관계에서 문제되는 것만을 다루는 윤리학이었지만, 지금 시대에 필요한 새로운 윤리학은 '인간 대 인간'의 관계뿐 아니라 '인간 대 자연'의 관계를 윤리적 대상으로 삼지 않으면 안 된다는 말이다. 그래서 요나스는 "네 의지의 격률이 언제나 동시에 보편적 입법의 원리가 될 수 있도록 행위하라"는 칸트의 정언명법을 "자신의 행위 결과가 미래 인간의 지속적인 존립이나 활동과 일치할 수 있도록 행위하라"는 생태학적 정언명법으로 변형시킨다.

그런데 인간이 과연 어떻게 자연에 대해 책임질 수 있는 것일까? 여기서 그가 선택한 논지는 '신생아' 개념이다. 그는 신생아의 존재가 "우리 책임의 원형적 대상"이라는 것이다. 우리는 미래 후손에게 환경을 보존해야 할 책임을 지고 있는 존재다. 그래서 환경에 대한 문제는 지금 존재하는 인간에 대한 책임을 넘어 미래에 생존할 또한 지금 갓 태어난 신생아들에 대해서도 책임을 지고 있다는 것이다. 그의 책임윤리는 인간과 자연 사이의 책임에 대한 문제이면서 동시에 인간과 인간관계 속에서의 책임에 대한 논의인 것이다. 결국 한스 요나스의 책임윤리는 "어떤 사태에 대한 나의 통제가 동시에 그 사태를 위한 나의 의무를 포함한다"라는 명제를 출발로 한다. 그리고 "미성숙한 존재로서 위험에 처해 있는 모든 생명체는 책임의 대상이 될 수 있다"로 발전하면서 모든 생명체는 원칙적으로 다른 생명체와 의존관계에 있는 결여된 존재이고, 동시에 항상 위협을 받는 존재라는 점을 발견하게 된다는 말로 정리할 수 있겠다.

또한 요나스가 주목한 것은 '아는 것', 즉 지식이다. 이것이 책임윤리에서 중요한 의무가 되었고, 이 지식이 우리의 행동을 결정하는 데 중요한 역할을 하게 되었다고 말한다. 즉, "어떻게 하면 그리고 새로운 인간 행동이 단지 인간들의 이해만을 위한 것이 아닐 수 있을까?" 그리고 "어떻게 하면 우리의 의무 대상이 더 확장되어 모든 전통적 윤리관의 인간 중심적 한계를 극복할 수 있을까"를 아는 것이 중요하다는 지적이다. 이러한 논지는 점차 확대되어 인간의 삶 자체가 위협받는 이 상황에서 '존재 자체'가 '당위'로 규정되기에 이른다. 즉, 한스 요나스의 책임윤리란 '지금, 여기에서 살아남아야 하는 의무를 가진 생명체'로 정의되면서, 그 가능성이 '신생아'라는 하나의 원형으로 타진되었던 것이다.

한스 요나스가 책임윤리를 주장하기 위해 사실로부터 당위를 이끌어 내는 과정이 기존의 철학적 사유와는 벗어나는 독단적인 통찰로 이루어졌다는 점은 학계에서 부정적인 평가를 받기도 한다. 하지만 그의 윤리가 오늘날 윤리적 공황 상태에 빠진 기술 문명 상황을 순진한 '희망'이 아닌 '절망'으로 파악하고, 생태학적 위기에 직면한 우리에게 분명한 실천적 '책임'을 부과한 점은 주목할 필요가 있을 것이다. 특히 존재론과 윤리, 자연과 인간, 정신과 육체, 이상과 감성, 개인과 사회 등을 종합적으로 파악하려고 했던 총체적인 사고의 결정체인 책임의 윤리는 미래를 지향하는 기독교인들이 가져야 하는 하나의 대안적 삶의 태도로 논의될 가치가 있을 것이다.

2. 수직 성장을 멈추고 동그라미를 그리다: 생태적 경제 윤리

지난 50여 년 동안 한국 사회가 '경제 성장'이라는 질풍노도를 겪으면서 물신주의의 가치관이 세상을 지배하고 있듯이, 교회의 모습 또한 교인의 숫자와 헌금 액수를 교회 성장의 일차적인 기준으로 삼고 있는 것은 부인하기 어렵다. 하지만 교회는 이러한 '물질의 문제'에 대해 가급적이면 피하는 태도를 보인다. 사실 '물질의 문제'는 아우구스티누스 이후로 기독교에서 비본질적인 사안으로, 부차적인 것으로 다루어져 왔다. 하지만 우리는 눈앞에서 사회뿐 아니라 교회와 연계되어 벌어지고 있는 부와 가난, 돈과 부채, 금융과 자본 등의 경제문제를 하루도 빠짐없이 목도하고 있다. 교회들은 실제로는 연극 무대를 기획하고, 연출하고, 주인공으로 연기까지 하면서 자신은 그 연극의 소품인 체하고 있다. 이런 시점에서 샐리 맥페이그Sallie Macfague의 "기독교가 사랑, 사랑을 이야기하지만 물질, 구체적으로 경제에 논의 없는 사랑은 공허한 미사여구다"라는 지적이 적절하게 들린다.

맥페이그는 "경제에 대한 깊은 이해와 신학적인 성찰이 없이는 인간과 자연에 대한 실제적인 기독교의 사랑을 이야기할 자격이 없다"고 단언한다. 그리고 자신의 그러한 신학적 성찰을 담은 『풍성한 생명』을 펴냈다. 맥페이그는 기독교가 '영적'인 것에 치중해서 관념적인 사변의 화석이 되어가는 것을 멈출 수 있는 길은 우리 시대에 가장 중심적인 문제에 답할 수 있을 때 그리고 교회가 몸소 그 길을 걸을 때라고 판단한 것이다. 이에 따라 맥페이그는 생태 경제적 패러다임이 인간과 지구의 안녕을 위해 바람직하다는 결론을 내렸다. 이제 기독교인이 고민해야 할 일은 기독교 신앙이 이러한 세계관에 어떤 보탬이 될 수 있는가에 대한 것이라는 지적이다. 그는 이 질문에 대해 고민하던 중 브루거만의 글을 만나면서 통찰을 얻는다.

소비주의는 단순히 하나의 시장 전략이 아니다. 그것은 우리 사이에 있는 악령의 힘이 되었다. 우리가 당면한 신학적 질문은 과연 복음이 소비주의에 맞서 항거할 힘을 줄 수 있는가의 여부다. 교회가 풀어야 할 문제는 과연 우리의 신앙이 우리로 하여금 새로운 방식으로 살 수 있게 하는가이다.

이제 교회는 삶과 죽음 사이에서 그리고 하나님과 맘몬 사이에서 하나를 선택해야만 하는 것이다. 즉, 우리 앞에는 소비적인 삶이냐, 생태적인 삶이냐가 가장 중요한 신학적 질문이라는 말이다.

맥페이그는 현재 경제 체제에 대해 비판하면서 "소비주의는 하나의 조직적 현상이며, 세상의 모든 정치적, 경제적 구조 안에 깊이 뿌리박혀 있다"고 말한다. 그리고 그동안 경제학은 우리에게 소비자가 되도록 허용해 왔고 무엇을 원하는지를 결정하도록 허용해 왔지만, 이제는 경제학이 우리가 누구이며 무엇을 하도록 도와야 하는지 말하게 해야 하는 반전이 필요하다고 주장한다. 경제학은 단지 개인의 욕망이 아니라 인간의 발전에 이바지해야 한다는 것이다. 그는 잘못된 소비는 '죄'에 이르게 하며, 시장 자본주의는 모두가 번성하기를 원하는 하나님의 기대를 결국은 저버릴 수밖에 없다고 판단한다. 그는 북미 중산층이 저지른 지구적 불의의 대표적인 사례가 지구온난화의 문제라고 지적하면서, 21세기 시장 자본주의는 지구의 자원과 안녕 및 건강 그리고 지속가능성(sustainability)을 포함한 새로운 경제학이 필요하다고 주장한다. 그것이 바로 생태적 경제학이다. 생태적 경제학은 선호하는 바가 분명한 이론이다. 생태적 경제학은 우리의 집인 지구 행성의 안녕과 지속가능성을 선호하며, 주제는 공동체의 안녕이다. 생태적 경제학은 생태학과 경제학 그리고 세계성(ecumenicity)이라는 것에 그 이론의 토대를 두고 있다. 이 경제학의 출발점은 경쟁하는 개인들 사이의 자원의 배분이 아니라, 지속가능성과 분배의 정의다. 모든 것에 앞서 공동체가 생존할 수 있어야 하며(지속가능성), 그것은 모든 구성원이 자원을 사용할 수 있을 때(분배정의) 비로소 가능하다.

맥페이그에 의하면 실재에 대한 포스트모던 과학에서 우리가 얻은 가장 심오한 깨달음은 "우리가 지구에 속해 있다"는 사실이라고 한다. 그는 우리 인간은 지구의 한 부분이자 한 무리이기 때문에 지구와 그 활동 과정에 의존하고 있을 뿐만 아니라, 먹이 사슬의 상층부를 차지하고 있기 때문에 철저히 의존되어 있다고 주장한다. 또한 지구는 우리를 만들어 왔으며 매 순간 우리의 존재를 지탱하고 있는데, 우리는 우리가 누구인지 인정하기를 거부함으로써 우리 자신의 존재 기반을 무너뜨리고 있다고 한다. 생태적 경제학에서 지속가능성은 가장 중요한 필수 조건이며, 그 목표는 건강한 공동체를 지속시킴으로써 그 공동체의 모든 구성원이 번성하게 하는 것이다. 인간들은 일렬로 늘어선 경주자가 아닌 상호 관계성 및 의존성의 그물망으로 이루어진 하나의 원 안에 사는 존재로 보게 되는 것이다. 이러한 지속가능성은 오직 분배의 정의가 바로 서 있을 때만 가능하다. 생태적 경제학에서 물질적 재화(자연자원)의 공유는 필수적이며, 지속가능성에 이르기 위한 가장 중요한 방법이다. 또한 지속가능한 경제를 이룩하기 위해서는 최저소득과 최고소득 사이의 불평등에 한계가 있어야 하고, 자연의 부를 현재 사용할 수 있는 정도와 후손을 위해 남겨두어야 하는 정도에도 제약을 가해야 한다는 어려운 일도 포함된다.

맥페이그는 지속가능한 지구 위에서의 인간의 건강한 발전(development)은 진보(progress)를 의미하지 않는다고 이야기한다. 발전은 육성(fostering)과 양육(nurturing)을 뜻하는데, 그것은 직선적 과정이 아니라 사람과 삶의 과정이며, 성숙이고 성취라는 것이다.

3. 고통의 이야기가 구원이다 : 내러티브 윤리

앞서 책임윤리와 생태적 경제윤리는 이제껏 나도 모르게 내가 받고 있었던 자연의 혜택과 은총 덕택에 우리가 너무 편안한 삶을 누리고 있었음을 자각하는 것을 전제로 시작되었다. 더 많이 가지려고 애를 쓰는 삶에서 벗어나 "내가 가진 것을 내어놓고, 그것을 나누는 것", 그것이 비단 자연과 인간뿐 아니라 인간과 인간들이 더불어 살 수 있는 길이다. 하지만 과연 그것이 가능할 것인지를 생각해 보면, 이런 삶은 몹시 불편한 삶이라는 생각이 앞선다. 맥페이그는 이 불편함에 대해 고민하면서 생태적 경제의 모델을 예수의 비유와 치유의 이야기에서 발견한다. 그런데 기독교윤리학자 스탠리 하우어워스S. Hauerwas가 말한 것처럼 예수 그리스도의 이야기는 "사람들을 계속해서 거북하게 만드는 특성"이 있어 보인다. 옳은 지적이라고 생각된다. 늘 잘 먹고 잘사는 번영의 이야기는 금방 과거를 잊게 만들고, 현재의 실상을 제대로 보지 못하게 만든다.

반면에 불편한 기억들은 지금 우리의 모습에 새로운 통찰을 제시하기도 한다. 그래서 지금, 여기 예수의 내러티브가 필요한 것이다.

예수의 내러티브를 통해 현대 사회의 문제를 진단하고 있는 하우어워스는 진정한 기독교윤리의 과제란 "우리는 무엇을 해야 하는가"라는 일반적인 윤리 담론이 아닌 "우리는 무엇이 되어야 하는가"라고 주장한다. 그리고 그 지향할 '무엇'이란 바로 삶을 형성하는 이야기(narrative)인 성서라는 것이다. 그는 종파주의라는 비판과 한정된 윤리라는 비난을 감수하면서도 성서의 이야기를 토대로 현대 사회의 윤리적인 문제를 다루고 있다. 도식적으로 표현하자면, 기독교 공동체 내에서 구원의 확신을 가지고 하나님의 이야기, 이스라엘의 이야기, 예수 그리스도의 이야기를 듣고 그것을 자신의 삶에 표본으로 삼아 세상으로 나아가자는 것이다. 하우어워스는 자신의 내러티브를 '덕 윤리'의 토대 아래서 설명하기 시작했다. 덕 윤리는 도덕 행위자의 성품을 중요하게 생각했던 아리스토텔레스에게서 비롯되어 기본적으로 인간들의 사회와 공동체에 관심을 두고 있다. 그런데 하우어워스는 이러한 행위자들의 성품과 그 공동체에는 내러티브가 필수적인 요소라고 보는 것이다. 내러티브는 행위자 자신의 성품을 형성하는 데 도움을 주는 것과 더불어 시간과 공간 속에서 덕을 연계하는 역할을 하기 때문이다.

사실 아리스토텔레스 이후 오랫동안 윤리학에서 중요한 개념으로 자리 잡아 왔던 '덕 윤리'는 중세 아퀴나스에 의해 명맥을 유지하다가 근대에는 점차 배제되었다. 근대 이후에는 칸트식 의무론과 공리주의가 주목받은 반면, 덕이라는 개념은 의무 윤리 체계 내에서 규칙과 의무들을 보완하는 역할을 하거나 파생적 가치를 갖는 정도로 여겨진 것이다. 이와 더불어 덕을 담지하는 도덕적 행위자보다 행위 자체가 도덕을 평가하는 중요한 개념으로 사용되었다. 하지만 이러한 도덕 체계는 윤리의 상대주의로 귀착하게 되었고, 대안으로 덕 윤리가 다시 주목받게 된 것이다.

덕 윤리는 기존의 의무론과 목적론에 대해 비판하면서, 의무론과 목적론이 지나치게 행위 중심으로 일관해서 행위자의 동기를 간과했다는 점을 지적하고 대안을 모색했다. 대표적인 덕 윤리학자인 맥킨타이어는 덕 윤리가 갖는 장점과 단점을 적절하게 사용하면서 덕 윤리의 체계를 완성해 나갔다. 맥킨타이어의 관심은 현대 사회의 도덕적 분열을 극복하기 위해서 아리스토텔레스가 주장했던 목적론적인 윤리학이 다시 복원될 수 있는지에 집중되고 있다. 하우어워스가 주목한 부분은 바로 이점이다. 즉, 맥킨타이어가 덕 윤리를 구체화하기 위한 대안으로 '실천', '전통'과 더불어 사용한 '내러티브' 개념에 주목한 것이다. 맥킨타이어의 내러티브에 대한 강조는, 인간은 "본질적으로 이야기하는 동물"이라는 지적에서도 볼 수 있었다. 맥킨타이어가 지적한 것처럼, 내러티브가 인간의 삶에서 갖는 중요한 요소는 인간의 경험이 내러티브를 통해 비로소 의미를 부여받는다는 사실이다. 하지만 각기 다른 전통과 내러티브 속에서 그것들이 어떻게 통약 가능할 수 있는지에 대한 문제에 대한 맥킨타이어의 대답은 한계가 있었다.

하우어워스는 이러한 난점에 처해 있는 내러티브를 독창적으로 자신의 윤리에 접목시키고 있다. 그는 우선 아리스토텔레스에서 비롯된 덕 윤리가 맥킨타이어로 이어진 후 어떻게 자신이 그 개념들을 받아들여야 하는지에 대해 고민한다. 그리고 이러한 기본적인 개념 틀을 토대로 하우어워스는 세 가지 상호 연관되는 개념, 즉 성품(혹은 덕), 비전, 내러티브에 주목한다. 하우어워스 방식으로 지금, 여기의 내러티브를 둘러본다면, 온 세상 곳곳에서 벌어지고 있는 자연재해 그리고 가난과 불평등은 우리와 무관한 일이 아니다. 이 모든 것은 방사능보다 무서운 인간의 자만심이 빚어 놓은 자명한 결과다. 우리는 현재 눈앞에 벌어지고 있는 이 상황을 정확하게 목도하면서 끝없이 고통받아야 한다. 한스 요나스가 지적한 것처럼, 순진한 낭만주의로 이 모든 고통을 신께 맡기는 것이 아니라 똑똑히 목도해야 한다. 수많은 고통의 이야기들을 듣고 보고 만나야 한다. 아픔에 대한 부정적인 결과로 자포자기하고, 어쩌면 증오와 폭력을 드러낼 수 있다. 하지만 고통을 참아내는 과정을 통과하게 되면, 이것은 새로움을 창조하는 긍정적인 힘을 갖게 된다. 이것이 바로 예수 그리스도의 말씀에 담겨 있는 힘이다.

이런 것이 궁금해요!

질문 1. 기독교인들이 가져야 하는 삶의 태도를 '책임윤리', '생태적 경제', '내러티브'로 축약해서 설명하셨습니다. 그렇다면 좀 더 구체적으로 이 큰 틀 안에서 기독교인들이 실천할 수 있는 자세는 어떤 것이 있다고 생각하십니까?

하우어워스가 주목한 것처럼, 예수의 내러티브 안에는 우리가 발견할 많은 삶의 틀걸이들이 있습니다. 그중 개인적으로 주목하고 있는 것은 '느림'에 대한 통찰입니다. 느림은 내 곁의 모든 생명을 만나게 해 주는 첫걸음입니다. 느림에서 자신에 대한 성찰도, 다른 생명에 대한 관심과 배려도 시작됩니다. 그것이 돌봄입니다. 그다음 비로소 온 세상을 바라볼 수 있는 자격이 생기지 않을까요. 진정한 나눔. 그 나눔은 함께 생명의 문제를 고민하게 하고, 스스로 가난해질 수 있는 삶을 선택하게 한다고 생각합니다. 예수님의 3년 동안 공생애를 담은 복음서 네 곳을 다시 읽어 보길 바랍니다. 수많은 사람, 사건, 장소들이 나타나지만, 예수님은 그다지 바빠 보이지 않으십니다. 3년이라는 정해져 있는 짧은 시간 속에서 세상을 구원하셔야 하는 그 막중한 임무 속에서 예수님은 바삐 움직이지 않으셨습니다. 천천히, 느리게 그러면서도 완벽하게 자신의 일을 이루어 내셨습니다. 더불어 함께 살아가는 생명의 길에 들어서기 위해서 먼저 '느림'을 생각해 보길 권합니다.

간혹 느림은 게으름이라는 오해를 받기도 합니다. 게다가 느림의 반대말을 바쁨으로 오해하기도 합니다. 모든 것을 빨리빨리 처리해야 인정받는 생활 속에서 '빠르다'와 '바쁘다'가 혼동되는 것입니다. 그래서 바쁜 사람이 세상에서 인정받는 사람처럼 보이기도 합니다. 오죽하면 '바쁘신 분'이라고 누군가를 소개하는 것이 그를 높여 주는 인사가 되어 버렸을까요. 이렇게 바쁜 세상에게 잠시 쉬었다 가라고 말을 걸어 온 사람들이 있습니다. 이탈리아의 작은 마을 키안띠Chiantti에서 시작된 '느림(slow) 운동'. 그들은 느림이란 단순히 '빠름'의 반대가 아니라 환경, 자연, 시간, 계절을 존중하고 자기 자신을 사랑하는 것이라고 이야기합니다. 느리게 사는 삶은 단지 속도의 변화만을 이야기하지 않습니다. 전면적인 삶의 변화를 요구하고 있습니다. 느림은 나와 나를 둘러싸고 있는 그 모든 것의 존재를 깨닫게 해 주는 시작입니다.

질문 2. 생태적 경제학에서 가장 중요하게 생각하는 것은 "우리가 조금씩 덜 갖는다면"이라는 말이라고 생각합니다. 과연 기독교인이 혹은 교회가 할 수 있는 실천적인 일들은 어떤 것들이 있을까요?

몇 해 전 서울환경영화제에서 <재앙을 위한 레시피>라는 핀란드 작품이 대상을 받았습니다. 이 영화는 도심에 사는 중산층 가족이 벌이는 티격태격 탄소 다이어트 실천기를 다루고 있습니다. "그건 내 문제가 아니야", "나쁜 버릇 합리화" 등이 이 지구에 재앙을 불러일으키는 전범이라고 이야기하는 이 영화의 첫 장면이 생각납니다.

"내가 돈을 벌어서 해외여행을 다니고, 요트를 타고 낚시를 하고, 자동차를 사서 출퇴근을 하고, 대형 마트에서 원하는 물건을 왕창 사고…. 이렇게 행복하게 사는 것이 왜 지구에 해가 된다는 거지?"

사실 대부분의 사람도 이렇게 생각하고 살아갑니다. 그저 나도 남들처럼 하루하루 열심히 살아가는 것뿐인데, 그게 왜 환경을 파괴하는 일이냐고 묻습니다. 하물며 내가 왜 탄소 줄이기를 해야 하는지 되묻는 사람들도 있습니다. 생명을 살리고 탄소 배출 문제를 걱정하는 것이 특별한 사람들의 전유물들처럼 여겨지기도 했습니다. 하지만 이 영화에서는 일상에서 사람들의 발상 전환만으로 지구온난화를 막을 수 있는 길을 보여주고 있습니다. 특히 영화가 마지막으로 제시하는 레피피, '가진 것 놓지 않기'라는 지적은 많은 생각을 하게 만듭니다. 더 많이 가지려고 하는 세상 속에서 그나마 가진 것을 놓아야 이 재앙에서 벗어난다는 이야기입니다.

과연 이런 일이 가능할까요? 한 기독교 인터넷 뉴스 사이트에서 '탄소 발생 헌금'이라는 난생처음 들어 보는 헌금을 알게 되었습니다. 우리나라에서 대표적으로 생명 살리기 운동을 실천하고 있는 어떤 교회에서 벌어진 일입니다. 그 교회의 한 장로는 스스로 탄소 발생 부담금을 헌금으로 드리는데, 그 헌금은 나무를 심는 녹색 꿈 헌금으로 분류되어 몽골 사막화를 막는 기금으로 사용된다고 합니다. 그 장로는 직업상 많은 시간을 해외 출장으로 보낸다고 하는데, 환경의 소중함을 알면서도 직업적으로 어쩔 수 없이 비행기와 자동차를 많이 이용하게 되면서 책임 있는 행동이 필요하다고 생각했다고 합니다. 그것이 탄소 발생 부담금을 탄생하게 한 것입니다.

이것은 단지 환경을 생각하는 헌금의 문제를 넘어선다고 생각합니다. 기독교인들이 자신들의 삶의 자리에서 주변을 돌아보면서 고통의 이야기에 귀를 기울이고 책임을 느끼는 삶, 그것이 바로 기독교인이 걸어야 할 길이라고 생각합니다.

함께 보면 좋을 책들

1. 샐리 맥페이그/장윤재 · 장양미 옮김,『풍성한 생명』(이화여대 출판부, 2008)

본서는 지구의 신음 소리가 높아져 가고 있는 오늘날, 하나님과 세계, 그리스도와 구원 그리고 성령 안에서의 삶 등 기독교의 고전적 주제를 지구 신학의 관점에서 살펴보고 있다. 또한 우리가 스스로의 세계관 그리고 헌신 대상과 생활 방식에 대해 진지한 반성을 거쳐 지구에서의 행복한 삶을 모색할 수 있도록 인도한다.

2. 데이비드 키네먼 · 게이브 라이언/이혜진 옮김,『나쁜 그리스도인들』(살림출판사, 2008)

이 책은 바나 그룹이 3년간 10회에 걸쳐 실시한 "미국 비기독교인의 눈에 비친 기독교인의 이미지에 관한 조사"라는 논쟁적 연구를 담고 있다. 젊은 세대를 '모자이크 세대'(1984년에서 2002년 사이에 출생)와 '버스터 세대'(1965년에서 1983년 사이에 출생)로 나누어 그들의 기독교인에 대한 생각을 공정하고 솔직하게 담아낸 것이 특징이다. 저자들은 젊은 세대의 눈에 비친 기독교인의 이미지를 총 여섯 가지로 나누어 설명한다. 비그리스도인의 질책의 목소리뿐 아니라 그리스도인의 반성의 목소리를 함께 담아내 기독교가 처한 현실을 생생하게 보여주고, 그것에서 벗어날 새로운 이미지를 만드는 방법을 모색하고 있다. 나아가 새로운 이미지를 구축하기 위해서는 예수님을 따르는 그리스도인의 본질을 회복해야 함을 강조한다.

3. 한스 요나스/이진우 옮김, 『책임의 원칙 : 기술 시대의 생태학적 윤리』 (서광사, 1994)

본서는 인간 능력의 절대화와 진보 사상으로 심각해진 생태학적 문제와 지구의 위기를 분석 비판하고 극복 방법을 제시하였다. 구체적인 내용으로는 변형된 인간 행위의 본질, 목적과 존재에서 차지하는 목적의 위상에 관하여 다루고 있으며 또한 선善과 당위 그리고 존재, 책임의 이론, 위협받는 미래와 진보 사상, 유토피아 비판과 책임의 원칙에 관해 설명하고 있다.

다문화 사회에서 더불어 살기

이장형

(백석대학교 교수)

이슈의 발견: 이야기로 생각하기

이야기 하나 ☞ 혹시 '완득이'를 아시나요

몇 해 전부터 우리 사회에서는 '완득이'라는 말이 사람들의 입에 오르내리고 있다. 그렇다면 '완득이'가 누구일까? 완득이는 2008년 김려령의 소설 『완득이』의 주인공이다. 이 책은 난쟁이인 한국인 아버지와 베트남에서 온 어머니를 둔 고등학생의 성장소설이다. 가난하고 소외당하는 다문화 가정의 완득이가 주인공인데, 소설에 나온 인물들의 삶은 애잔하다. 그렇다고 해서 슬프기만 하지도 않다. 이 소설은 이 한 감독이 김윤석, 유아인을 주연으로 2011년 동명의 영화로 만들기도 하였다. 그런데 완득이는 단순히 전쟁의 상처로 남아 있는 혼혈인에 대한 상징이 아니라, 다문화 사회로 가는 길목에서 만날 수밖에 없는 우리의 이웃은 아닐까?

이야기 둘 ☞ 한국인, 당신은 누구세요

수년 전 우즈베키스탄의 한 공항에서 내가 직접 체험한 이야기를 풀어 놓으려고 한다. 나는 러시아와 동유럽을 방문할 기회가 있어서 항공기를 타고 여행길에 올랐다. 그때 내가 소지한 항공권은 우즈베키스탄의 타슈켄트공항에서 갈아타는 조건이었다. 공항에 도착해서 비행기를 갈아타기 위해 그리 넓지 않은 공항 대합실에서 몇 시간을 보내다 한 미국 청년과 이야기를 나누면서, 미처 마음이 닿지 않았던 부분에 대한 깨달음이 있었다. 청년은 내가 한국인임을 알자 중앙아시아의 고려인에 대해 이야기를 나누고자 했다. 그는 구소련 체제를 구축한 스탈린 시대에 연해주 지역에 있던 사람들을 중앙아시아로 강제 이주시키면서 어려움을 겪은 고려인들에 대해 한국 사회가 너무 무관심한 것 아닌가라고 따지듯 이야기했다. 그때 나의 관심은 복잡한 국내 문제에만 머무르고 있었던 터라 그 이야기를 듣는 순간 적잖은 충격을 받았다.

개념 빗기: 다문화, 다문화주의, 다원문화주의, 다인종사회, 국제이해 교육, 글로벌, 세계화

글로벌 사회로의 변화로 대변되는 21세기 한국 사회에서 '다문화'는 우리 사회 안팎으로 나아가려는 한국인들에게 요구되는 생존 가치라 할 수 있다. 현대 사회의 인구 이동은 대부분 경제적 활동에 따라 이뤄진다. 다른 조건보다는 임금을 얼마나 더 벌 수 있는가에 따라 이동한다. 이동은 국경을 넘어서까지 이어진다. 또 다른 인구 이동은 전쟁 때문에 발생한다. 그런데 인구의 이동은 단순히 사람들의 이동만을 이끌어 낸 것이 아니라 서로 다른 문화의 만남을 이끌어 내 필연적으로 다양한 인종들이 더불어 살아야 하는 사회를 만들어 냈다. 한국 사회 역시 예외가 아니다.

그동안 단일 민족 신화에 젖어 살던 한국인들이 다양한 인종, 문화를 배경으로 하는 사람들과 더불어 살아가는 일과 다문화적 규범에 적응하는 것은 실제로 수용하기 쉽지 않다. 더욱 어려운 것은 '다문화'라는 것이 단순한 화두가 아닌 삶의 자리에서 일어나는 일이라는 데 있어서 우리의 고민은 커져 간다. 담론의 장에서는 열띤 주제가 되고 있지만, 구체적인 삶의 현장에서는 다문화적 규범이라는 가치가 빛을 발하지 않고 있다. 게다가 정치적 차별, 노동시장에서의 불평등, 인권 유린, 사회적 격리, 따돌림, 문화적 경시 등의 문제는 단지 성인 이주자들뿐만 아니라 대를 이어지고 있다는 데 있어서 여전히 그 문제가 심각하다.

이 문제는 이방인에게 예수 그리스도의 복음을 전하는 것을 제일의 목적으로 삼는 기독교와 교회에 있어서도 간과할 수 없는 주제이며, 사회적 현상이라고 볼 수 있다. 많은 사람이 질문할 수 있다: "왜 기독교가 다문화 사회에 관심을 갖는가?" 이에 대한 근본적인 대답은 기독교와 문화의 관계에서 찾을 수 있을 것이다.

기독교는 문화와 공존하고 있다. 문화를 외면한 기독교가 겪었던 수많은 시행착오의 경험을 되풀이하지 않기 위해서는 그 사회의 문화에 대한 바른 이해와 해석 및 적용이 반드시 필요하다는 것을 상기할 필요가 있다. 즉, 다문화는 현시대 문화의 중요한 현상으로 드러나고 있기에 우리는 다문화 사회에 주목하는 것이다.

인류학자들 중 일상적으로 다문화주의라는 이름으로 통용되는 담론들을 다양한 각도에서 설명하는 이들이 있다. '차이의 다문화주의'(difference multiculturalism)와 '비판적 다문화주의'(critical multiculturalism)라는 용어도 그 한 예다. 기틀린Gitlin은 '타자에 대한 낭만적 다문화주의'와 '사회문화적 차이의 현실을 존중하는 것에 근거한 다문화주의'를 구분하고 있다. 다문화주의란 용어의 다양한 함의를 볼 수 있다.

기독교에서는 인종과 국적을 넘어서는 사랑의 실천을 제시하면서 다음과 같은 성경 구절들을 인용하는 경우가 많다.

너는 이방 나그네를 압제하지 말며 그들을 학대하지 말라 너희도 애굽 땅에서 나그네였음이라(출 22:21).

고아와 과부를 위하여 정의를 행하시며 나그네를 사랑하여 그에게 떡과 옷을 주시나니(신 10:18).

물론 기독교인들의 실천적 규범으로서 적용될 수 있는 본문들이지만, 이방인들과 나그네들에 대한 단순히 감상적인 차원의 동정이라면 좀 더 근원적인 질문을 해볼 필요가 있다. 과연 누가 본국인이고, 누가 이방인인가? 차이의 영속적인 구별은 가능하거나 의미 있는 것인가? 우리는 이제 기존의 담론들이 다양함을 늘어놓기만 하는 백과사전식 혹은 단순히 감상적 차원에 머무는 다문화 담론은 아닌지 질문을 던져보아야 한다.

UN 인종차별위원회(CERD, Commitee on the Elimination of Racial Discrimination)의 한국 관련 2007년 8월 회의보고서에 따르면, 한국은 CERD로부터 외국인과 혼혈인에 대한 인종차별적인 법과 제도 및 사회문화적인 관습을 바꾸어야 한다는 지적을 받았다. 이에 대해 정부는 우리 사회가 다문화 사회로 진행할 것임을 명확히 밝혔다고는 하지만, 일반인들의 의식은 아직 기대에 못 미치는 부분들이 많다.

한 사회의 다문화화를 이해하는 데 있어서 모형을 통한 이해가 도움이 될 수 있다. 많이 사용되는 구별 방식 가운데 하나는 다문화주의 (Multiculturalism)와 문화다원주의(Cultural Pluralism)를 나누는 것이다. 문화다원주의는 주류 사회를 중심으로 하면서 소수 민족 정책이나 이민자 정책을 포함하는 모형이고, 다문화주의는 외국인과 이민자들을 존중하면서 주류 사회와 외국인(이민자)들 간의 보다 대등한 관계와 사회 전체의 소통과 교류에 초점을 두는 모형이다. 두 모델은 각기 다른 태동 배경과 장단점을 갖고 있다. 물론 우리 사회에서 그대로 적용될 수 있는 모델은 아닐 것이다. 우리는 소위 단일민족이라는 의식을 상당 기간 갖고 있었고, 외세 강점기를 경험하기도 했다. 따라서 다문화화 과정에 있어서 좀 더 적극적인 기득권과 주도권의 포기 및 공존을 강조하는 모델이 필요할 것으로 보인다. 이 부분에 대해서는 다양한 이해관계와 입장 등이 있으므로 논란의 여지를 갖고 있다. 그러나 기독교적 가치를 우선한다면 누구나 인종, 민족, 국적에 상관없이 '하나님의 형상'을 갖고 있는 피조물들이기에, 보편성과 평등성을 우선하는 인간관과 공동체의 실현을 목표로 하는 방향으로 나아가야 할 것이다.

문화다원주의와 다문화주의

	문화다원주의	다문화주의
시행국	미국	캐나다, 호주
목표	— 주류 사회의 주도권 인정 — 주류 사회가 소수민족 집단에 대한 포용 정신 보임 — 다양한 인종 · 종교 · 문화 유지 지원	— 주류 사회 인정 — 다양한 인종 · 종교 · 문화 간의 평등한 발전 지원 — 사회적 소통 강조
정책 실행	— 자유방임적 접근 — 주류 언어 및 문화, 교육기관 지원 — 다양성 가치 교육	— 각종 문화행사 재정 및 홍보 지원 — 다문화 교육 — 언어 · 문화 서비스 제공: 이민자 정착에 활용 — 공무원의 다문화 교육 — 관광자원화

사실 타 인종과 민족에 대한 태도나 의식은 선천적으로 갖고 있다고 할 수 있을 정도로 '길들여져 있는' 의식이기도 하다. 즉, 나와 피부색이 많이 다른 사람을 만날 때 본능적으로 경계하게 된다는 고백들을 어렵지 않게 들을 수 있다. 이 문제의 해결이 그렇게 쉽지 않다는 것을 보여주는 대목이다. 이론적으로는 아무리 가깝게 여기려고 해도 무언가 설명할 수 없는 거리감과 긴장감이 놓여 있다면, 이를 극복하는 데에는 상당한 시간이 소요될 것을 예상할 수 있다. 문제는 얼마나 진정성 있는 노력을 하는가와 이를 극복하는 기간을 효과적으로 단축시키는가 하는 것이다.

다름과 차이가 함께 공존하는 세상

1990년대 이후 한국 사회는 이주 외국인 노동자의 증가와 함께 국제결혼이민자 그리고 북한이탈주민(새터민) 등 다양한 인종, 민족, 사회·문화적 배경을 가진 이주민의 수가 급격히 증가하면서 다문화 담론이 사회적 담론의 주요한 화두로 등장하고 있다. 2023년 11월 행정안전부 통계에 의하면, 국내 거주 외국인 주민은 226만 명으로 총인구 대비 4.4%에 해당한다. 뿐만 아니라 새터민의 수도 2023년 기준 3만 4천여 명에 달하고 있다. 이러한 사회적 변화는 한국인들의 삶에 다양한 영향을 미치고 있다.

단일민족 신화가 붕괴되고 있는 한국 사회에서 '다르다'라는 말의 느낌은 무엇일까? '다르다'라는 말의 어감을 찾기 위해 초등학생들이 즐겨보는 『보리 국어사전』을 펼쳐보았다. 거기에서는 '다르다'라는 것을 다음과 같이 설명하고 있다.

다르다:
1. 여러 가지가 서로 구별되다(반대말: 같다).
2. 솜씨, 생각, 행동, 수준 들이 보통보다 낫다(바뀜꼴: 다른, 달라, 다릅니다).

다른:

1. 여러 가지로 구별되는

2. 나나 우리가 아닌

이런 이해를 실마리로 삼아 우리가 살아가면서 무엇 또는 어떤 사람이 "여러 가지가 서로 구별되거나, 나나 우리가 아닌 존재"로 여겨지게 하는지 돌아보자. 그리고 누군가의 표현처럼 한국 사회에서 살아가는 한국인은 누구이며, 세계 속에서 한국인으로 살아가는 것은 무엇을 뜻하는가라는 물음을 던져보자.

1. 문화에 대한 이해가 우선이다

문화는 인간을 둘러싸고 있는 공기와 같다고 볼 수 있다. 그렇다면 우리가 처해 있는 문화에 대한 이해와 해석 없이 기독교가 생존 및 발전할 수 있을까? 생존은 가능할지 모르나 발전적인 모습과 효과적인 선교를 기대할 수는 없을 것이다. 전통적으로 기독교인들에게는 교회와 세상을 구분해서 생각하는 태도가 우세했다고 볼 수 있다. 그러나 인간은 문화적인 존재이며, 진공 속에서 살아갈 수 있는 사람은 아무도 없다. 사람은 다른 사람들 및 자연과의 관계 속에서 생겨나는 문화의 영향을 받으며 살아가는 동시에 새로운 문화를 형성하는 주체가 되기도 한다. 기독교적 가치관 및 세계관도 결국은 문화를 통해서 매개되는 것이므로 문화에 대한 세심하고 지속적인 관심이 요청되는 것이다.

2. 우리 시대의 문화: 포스트모더니즘과 다문화 사회

다문화는 실제적으로 다민족화 혹은 문화의 다원화, 다양화라는 모습으로 전개된다는 면에서 그 기원을 포스트모더니즘과 관련시켜 이해할 필요가 있다. 현대 사회를 다문화 사회로 볼 수 있는 데에는 단일 문화가 아닌 다원 문화를 지향하고 있는 포스트모던적 배경이 있다.

보통 서구에서 모던 혹은 근대라고 하면 18세기 계몽주의로부터 시작된 이성 중심의 시대를 가리킨다. 종교나 외적인 힘보다 인간의 이성에 대한 신뢰를 강조한 계몽사상은 합리적 사고를 중시했지만, 지나친 객관성의 강조로 인해 20세기에 들어서면서 도전을 받기 시작했다. 특히 니체Nietzsche와 하이데거Heidegger의 실존주의는 포스트모던적 사고에 큰 영향을 주었다. 포스트모더니즘 시대의 대표적인 사상가인 데리다 Derrida는 어떻게 글쓰기가 말하기를, 이성이 감성을, 백인이 흑인을, 남성이 여성을 어떻게 억압했는가를 보여주었다. 미셸 푸코Michel Foucault는 지식이 권력에 저항해 왔다는 계몽주의 시대 이후 발전 논리의 허상을 보여주고, 지식과 권력의 유착 관계를 지적하였다.

근대성을 논할 때 가장 중요한 기준은 합리성이었다. 즉, 어떤 사실이나 논증이 이성에 부합하면 진리로서의 타당함을 갖는다는 것이다. 이런 사고방식은 계몽주의의 산물이라고 볼 수 있는데, 가치 및 행위의 판단기준이 지나치게 이성에 의존하고 있음을 보여준다. 포스트모더니즘은 일종의 반토대주의(anti-foundationalism)의 성격을 갖고 있다. 포스트모더니즘은 개성, 자율성, 다양성, 대중성 등을 중시하면서 절대 이념을 거부하고 있기 때문이다. 사실 포스트모더니즘에 대한 평가는 다양하다. 기독교 안에서는 현대 사회가 갖고 있는 지극히 제한적이며 협소한 실증주의 · 객관주의의 압박에서 기독교를 자유롭게 해 준 측면이 있다. 우리가 아는 대로 기독교의 성경에 대한 해석 및 교리는 계시에 근거해 있는데, 편협한 합리주의는 그런 권위를 인정할 수 없다고 흔들어 놓았기 때문이다. 그러나 다양한 사고, 감성까지도 판단의 근거로 삼고 있는 포스트모던적 사고는 다원 문화화의 가능성을 열어 놓는 사고라고 하겠다.

　문화는 독립적이지 않고 언제든 상호 문화적(혹은 통관 문화적, 'intercultural' or 'transcultural')인 성격을 갖는다. 즉, 문화는 경계 안팎에서 상호 교류, 충돌, 전이, 지배, 호환 등의 과정을 통해 발전한다. 이러한 과정을 통과하면서 자신의 정체성(identity)을 잃지 않은 채, 이질적인 주변 문화들과 폭넓게 소통함으로써만 생존할 수 있기 때문이다. 기독교 신앙은 다문화 사회를 상호 문화적으로 재해석하는 체계를 담고 있으며, 더욱 효과적으로 전개할 필요가 있다.

3. 신앙인들의 책무를 찾아내고 함께 협력해야

　한국 사회는 2007년 여름을 기준으로 외국인 거주 인구가 100만 명을 돌파하였고, 결혼 이주 여성들과 2세, 3세들의 출생에 기인하여 지속적으로 외국인 인구가 증가하고 있다. 그러나 이러한 다문화 사회로의 변화에 대응한 사회적 인식의 전환이 절실함에도 불구하고 다문화 사회와 관련된 우리 사회의 논의와 그 이면에는 아직도 초보적인 의식 수준과 다양한 잠재적인 갈등 요소들이 자리 잡고 있음을 볼 수 있다. 이와 같은 사회적 현실 속에서 기독교는 성숙하고 바람직한 다문화 사회 형성에 기여할 책임이 있으며, 실제로 크게 기여하고 있는 것이 사실이다.

이 일은 일부 관련 단체나 전문가들만 할 일이 아니고, 신앙인들 모두에게 주어진 책무를 찾아내고 함께 협력할 부분을 찾는 가운데 감당할 일이다.

많은 종교학자는 종교와 관련해서 한국 사회에는 두 가지 두드러진 특징이 있다고 말한다. 그중 하나는 한국 사회가 역사적으로 주 종교를 바꾼 경험을 갖고 있다는 것이다. 예를 들어 고려 시대의 주 종교는 불교였다. 그러나 조선 사회로 넘어오면서 주 종교가 유교로 바뀌게 된다. 근대화와 더불어 실질적인 주 종교로 기독교가 급부상했다고 볼 수 있다. 사실 짧은 기간 안에 한 민족의 주 종교가 바뀐 것은 역사적으로 그렇게 쉽게 볼 수 있는 예가 아니다. 또 다른 하나의 특징은 한국 사회가 기독교, 불교, 유교 등 다양한 종교가 균형을 유지하면서, 비교적 평화적인 공존을 하고 있다는 것이다. 지구촌을 살펴보면 지금도 곳곳에서 전쟁이 끊이지 않고 있는데, 그 중요한 원인의 하나를 종교가 제공하고 있음을 부정할 수는 없을 것이다.

한국 사회는 몇 개의 종교가 비등한 세력을 형성하여 공존하면서도 다행스럽게도 그러한 물리적인 충돌은 없는 편이다. 물론 최근에 정치 문제와 관련하여 지도자들의 종교 편향을 문제 삼는 등 종교 간 갈등 양상으로 볼 수 있는 우려할 만한 일들이 없는 것은 아니나, 아직 문제가 그렇게 심각한 것은 아니다. 하지만 우리가 이런 문제에 있어서 깊이 고려해야 할 요소 중 하나는 한국 사회가 급격하게 다문화화 되고 있다는 점이다. 물론 다문화화의 정의와 바라보는 시각 등은 무척 다양하다. 그러나 전에는 볼 수 없었던 다양한 인종과 출신 국가를 배경으로 갖고 있는 사람들이 한국 사회에서 많이 눈에 띄며, 시간이 지나면서 그들이 사회의 주변부에서 중심부로 이동하는 다문화 사회로의 발전 혹은 계층적 전이 과정을 경험하게 될 것이다. 더 심각한 부작용이 전개되기 이전에 다문화화 속에서 발생하는 여러 문제를 미리 예견하고 대책을 수립할 필요가 절실하다.

4. 다문화화 속에 발생하는 갈등과 대책

사람이 사는 곳에는 어디서나 갈등이 있게 마련이다. 신학적으로 보더라도 인간의 갈등은 본성에 기인하는 내면적 갈등에서부터 시작하므로, 풀어야 할 기본적인 문제 가운데 하나라고 볼 수 있다. 이제 다문화화 사회에서 야기될 수 있는 갈등의 양상들과 그 원인들을 잘 해석하고, 효과적인 대처 방안을 마련하는 일은 한 사회의 성숙하고 안정된 발전을 위하여 매우 중요한 일이다. 혈통적 유대감에 바탕을 두는 정체성 강조는 한계를 드러내고 있다고 보이지만, 여전히 이익과 관련된 문제에 있어서는 부정적이고 예민한 태도를 보이는 사람들이 많다. 앞으로 설명하려는 세 가지 갈등은 유기적으로 연관되어 있기 때문에 도식화의 위험성을 배제할 수 없기는 하지만, 이해를 위해 구분해 볼 필요가 있다.

1) 내면적 갈등

내면적 갈등이란, 곧 정체감의 혼란에 기인한 갈등과 혼란을 말한다. 즉, "내가 누구인가"라는 질문에 대한 혼란에 빠지는 경우를 말한다. 다문화 사회에 진입하면서 대부분의 구성원이 이런 갈등을 경험한다. 이러한 갈등은 민족적, 인종적으로 다른 부모를 접하는 다문화 가정의 자녀들에게 특히 심각하게 드러나는 문제다. 물론 문화가 다른 곳에서 생활하게 되는 이주민 대다수가 경험하는 가장 보편적인 갈등의 상황이기도 하다. 기독교 상담이나 일반 상담에 있어서도 정체성 혼란을 극복하고 내면적 갈등을 치유하는 방법에 대해서는 많은 논의가 있어 온 것이 사실이다. 가장 우선적으로 내면적 갈등의 상황에 빠지는 이들에게 주목할 필요가 있다.

2) 가족 갈등

다문화 사회에서 접하는 갈등은 가족 공동체 내에서도 발생한다. 남편과 부인 사이에, 부모와 자녀 사이에, 친족 구성원 간에 발생하는 문제는 가족 갈등 차원에서 이해할 수 있을 것이다. 사실 가족은 다문화 사회를 이루는 가장 기본적인 단위이며, 한국 정부에서도 다문화 가정에 대한 법제적, 행정적 지원 등에 많은 관심을 쏟고 있기도 하다. 실제로 한국 사회에서 다문화 사회가 급속히 전개된 가장 대중적인 원인이 '농촌 총각 장가 보내기 사업' 등과 연관된 베트남, 필리핀 여성들의 집단적인 결혼 이주임을 빼놓을 수 없을 것이다. 많은 외국인 여성이 한국인 남성과의 결혼을 위해 우리 사회에 유입되었는데, 잘 적응한 사람도 있지만, 가족 내에서 많은 갈등을 야기하고 그 문제를 풀지 못해 갈등 상황을 지속하고 있는 안타까운 현실들도 어렵지 않게 접하게 된다. 가족과 가정이 안정화되지 못하면 행복한 사회를 이루어 갈 수 없다.

3) 사회적 갈등

가정 혹은 가족의 문제는 사회적 갈등으로 확산되는 과정을 거치게 된다. 한 가정에서 풀지 못한 갈등의 문제는 사회에 여러 가지 부정적인 영향을 끼치게 되며, 다문화 사회는 가정과 관련 없는 영역에서도 여러 사회적 갈등의 양상을 유발하게 된다. 중요하게 고려해야 할 문제는 외국인 노동자의 유입 등과 관련된 고용 구조의 변화, 경제 체제의 변화 등을 들 수 있다. 특히 사회 내부적 언어소통과 관련된 문제가 발생하게 되는데, 이것은 궁극적으로 어떤 언어를 우선적으로 가르칠 것인가라는 공용어 논쟁도 촉발시킬 수 있는 중요한 문제라고 볼 수 있다. 이런 다양한 갈등의 원인과 양상을 사전에 파악해서 사회적 문제로 커지기 전에 미리 대응하여야 한다.

4) 타자성에 대한 논의와 관심

다문화 담론에 참여하는 사람들도 많고, 대중 매체에서도 다문화 사회와 관련된 프로그램을 제작·방영하는 경우를 제법 볼 수 있다. 그러나 말의 풍요함에도 불구하고 인식과 실천이라는 측면은 그에 미치지 못하는 경우가 많다. 그러므로 우리는 관련학자들이 논하는 다문화 혹은 "다문화주의와 관련한 비판적 성찰"들에 귀 기울여 볼 필요가 있다. 한 건수 교수는 "비판적 다문화주의"란 글에서 한국 사회의 이주민 증가와 관련하여 외국인의 인적 구성이 갖는 특징을 다음과 같이 설명한 바 있다.

첫째, 한국 사회가 놀라울 정도로 다양한 국가 출신의 이주민이 공존하는 사회로 이행하고 있다. 둘째, 그럼에도 이주민 대부분은 몇몇 국가 출신이 압도적으로 많다. 셋째, 국내에 체류하는 외국인들은 출신 국가와 직종에 따라 명확히 구분되며, 이들의 국내 생활 역시 동일한 기준에 의해 차별화된다. 즉, 한 교수의 지적에 의하면 현상적으로는 급속히 다양화가 이루어지고 있는 것 같지만, 실제로는 일종의 경향성을 갖고 있다는 것이다. 일부는 소위 상층민들에게만 관심을 갖고, 일부는 하층민들에게만 관심을 갖는 편향성을 드러낼 소지가 다분하다고 하겠다.

풍성한 다문화 담론은 오히려 역인종차별주의(reverse racism)를 합리화하거나 특정인의 우월감을 증폭시키는 계기가 될 수도 있다. 사실 차이와 다양함은 창조의 질서 가운데 하나로 여겨질 수 있다. 조물주 하나님은 세상의 모든 것을 각기 다르게 만드셨으며, 특히 인간은 그 누구도 동일한 존재가 없다. 사실 많은 사람이 우려했던 '복제인간'이란 말도 편의상 논의된 것이지, 인간의 개별성과 존엄성을 전제로 하는 개념에 기초한다면 어불성설이다. 모두 다양하고 차이가 있는 것인데, 인간들은 나름대로의 구획을 설정하고 '끼리끼리' 뭉치기를 실천해 왔다. 그러나 이제는 "차이를 무시하고, 차이를 인정하고, 차이를 경외하라"는 외침들에 귀를 기울여야 하며, 타자성에 대한 논의와 관심을 재음미할 필요가 있다. '내가 아닌 사람'에 대한 존경은 그의 성격, 외모, 심리 상태 때문이 아니라 오직 그의 다름 때문이다. 구약 성경에는 과부와 고아에 관한 언급이 자주 나오는데, 이때는 거의 언제나 '나그네'(이방인)와 '가난한 사람'이 함께 나옴을 기억할 필요가 있다.

여호와께서 이와 같이 말씀하시되 너희가 정의와 공의를 행하여 탈취 당한 자를 압박하는 자의 손에서 건지고 이방인과 고아와 과부를 압제하거나 학대하지 말며 이곳에서 무죄한 피를 흘리지 말라(렘 22:3).

5) 다민족, 다문화, 다인종 사회와 한국교회

언어와 관련해서는 우선적으로 자신의 모국어에 대한 자존감을 잃지 않게 하는 것이 중요하며, 때가 되면 발전적으로 두 개의 언어를 공용어로 인정하는 사회적 공감대 형성도 필요할 것으로 생각된다. 한국에 이주한 대다수 여성과 이주민은 출신국의 언어와 문화에 대한 상당한 자신감과 긍지를 갖고 있는 것으로 알고 있다. 이주 초창기에 여건이 좋지 않을 때는 그들이 자국 문화에 대한 전수나 소개 등에 있어서 소극적일 수밖에 없었지만, 비교적 안정된 분위기를 갖게 된 현 상황에서는 자신의 문화와 언어에 대해 상당히 적극적인 교육과 소개의 의지를 갖고 있다.

한국교회는 오래전부터 외국인 근로자와 다문화 가족의 지원에 있어서 다양한 프로그램과 조직을 통해 접근해 왔다. 좀 더 체계적이고 적극적으로 프로그램들을 보급하고 전개할 필요가 있다. 내외적으로 문화에 대한 입장을 제대로 정리하지 못하면 기독교는 외면받는 종교가 될 것이며, 사회적 영향력을 행사할 수 없게 된다. 위기는 또 다른 기회이기도 하다는 면에서 급속한 개방과 자유화의 상황 속에서, 특히 결혼과 관련해서 다음과 같은 점을 고려해야 할 것이다.

첫째, 한국교회는 결혼관에 대한 확고한 입장 정리 및 표명을 취할 필요가 있다. 이는 개인의 문제만이 아니라 교회 공동체의 사활이 걸린 문제이기도 하다. 국제결혼 또는 결혼이민자 여성의 문제를 이제 교회 밖의 문제로만 볼 것이 아니다. 즉, 이 사회를 통합하고 안정을 기하기 위해 국제결혼을 바라보고 적극적으로 해석해 '성문 밖의 사람들'이 아니라 '성문 안 사람'으로 만드는 일에 심혈을 기울여야 할 것이다. 교회

헌법이나 교회의 규정 및 방침도 좀 더 그들에 대한 이해를 전제로 일관되게 유지될 필요가 있다.

둘째, '제3세계'에서 온 결혼이민자 여성들의 자국 문화와 한국 문화에 대한 이해를 돕기 위해 그들이 구체적으로 교회 공동체 또는 지역 공동체 속으로 들어올 수 있게 하는 문화적 접근이 필요하다. 시대를 앞서던 교회의 교육과 봉사 프로그램들이 현재는 시민단체나 행정조직의 활동보다 뒤지는 경우도 많다. 문화의 상호 이해와 언어 및 사회 적응 능력 함양을 위한 프로그램들이 좀 더 적극적으로 교회 내에 상설화될 필요가 있다. 이러한 프로그램들은 외국인 근로자 사역과 상호 연대하면 상승작용도 있을 것으로 보인다.

셋째, 한국 사회의 지나치게 물질화되고 세속화된 결혼관에 대해 경계와 대안을 제시하기 위해 모색하고, 교회 공동체 속에서 타자를 소외시키지 않고 함께하는 '배려의 윤리'를 확립하는 교육을 강화해야 할 것이다. 외국인과의 결혼 동기 자체가 아주 실용적인 성격을 띠거나 넓게 보면 일종의 매매혼으로 발생하는 경우가 있다. 무엇을 위해, 어떤 입장에서 결혼을 하는가? 결혼과 가정에 대한 근원적인 성찰을 던져볼 필요가 있다. 특히 단순히 인간의 양심과 덕성에만 호소하는 차원에 머물지 말고 매매혼을 차단하기 위한 제도적인 장치와 불건전한 결혼과 관련한 비즈니스들이 성행하지 못하도록 법과 제도적인 장치를 마련하는 일도 병행되어야 할 것이다.

6) 효과적인 커뮤니케이션을 위한 언어 교육

한국어 교육을 위한 다양한 교재와 방법이 보급되고 있기는 하지만,

아직도 그 내용을 살펴보면 기독교적인 콘텐츠를 담고 있는 경우는 거의 없는 것으로 보인다. 이 일은 개인적으로는 감당할 수 없는 일이므로 교육 전문가들의 지원을 통해서 개발과 보급 등을 장려할 필요가 있다. 또한 이중 언어 혹은 공용어의 다변화 문제에 대해서도 좀 더 적극적인 담론과 합의를 통해 대처할 필요가 있다. 물론 이 문제는 무척 예민한 문제이기도 하다. 우리말을 제대로 못 하는 사람이 어떻게 영어 등 외국어를 제대로 공부할 수 있느냐는 반문도 있을 것이다. 조기 외국어 교육과 공용어 문제 등은 좀 더 시간을 두고 신중히 질문해 볼 필요가 있다. 한국 사회는 더 이상 국제무대에서 존재 가치를 알 수 없는 위치에 있지 않다. K-Pop을 비롯한 한류의 열풍은 효과적인 커뮤니케이션을 어떻게 해야 할 것인가에 대한 물음을 던져주고 있다. 요즘 젊은이들의 외국어 구사 능력이 상당한 것도 인정한다. 한국어뿐 아니라 영어 등의 외국어가 좀 더 폭넓게 사용된다면, 다문화 사회 속에서의 복음화와 선교에는 어떻게 작용할 수 있을까?

바람직한 다문화 사회를 이루는 일은 기득권을 가진 편에서 본다면 이미 가진 것의 포기와 최소한 불편을 감수해야 하는 일이 따를 수도 있다. 이런 면에서 일종의 '노블레스 오블리주'가 필요하다고 설명할 수 있다. 문자 그대로 풀이하면 귀족(노블레스)들의 책임(오블리쥬)이란 뜻으로, "사회에서 지도층에 있는 사람들이 더 큰 책임을 지고 도덕적인 모범을 보인다"는 프랑스 말에서 유래했다. 귀족 중심 사회인 로마제국의 경우에도 귀족들은 전쟁이 났을 때 자신의 아들을 먼저 전쟁터에 보내고, 특히 전사하는 경우 명예롭게 여겼다고 한다. 이제 한국 사회는 국제적으로 지도적 위치를 갖고 있음을 고려해야 한다. 존경받는 지도자가 되기 위해서는 일정한 헌신과 책임을 다해야 한다. 그런데 진정한 노블레스 오블리주는 복음의 기초 위에서만 가능하다. 도덕과 종교의 요구 수준이 다른 경우가 많기 때문이다. 신앙생활은 다문화 사회 한 가운데서 일어나는 것이지, 교회 안에서만 이루어지는 것이 아니다. 다문화 사회는 개인적, 교회적으로 '노블레스 오블리주'를 요청하고 있다.

이런 것이 궁금해요!

질문 1. 다문화 담론에서 우리, 한국교회가 주목하고 관심을 가져야 할 것이 무엇인가요?

한국 사회가 다문화 사회로 이행 도상에 있다는 사실은 부인할 수 없는 현실입니다. 현재 한국 사회에서 통용되는 다문화 사회(multicultural society)라는 용어는 크게 두 가지의 개념을 포괄하는 용어로 사용되는데, 1) 다문화 사회의 문화적 다양성과 평등성이 강조된 '다원 문화 사회'라는 개념과 2) 인구학적 구조와 변동의 의미가 강조된 '다민족(인종) 사회'라는 개념입니다.

'다원 문화 사회'는 한 사회를 구성하는 다양한 문화가 나름의 독자성을 가지고 상호 존중의 원리 위에서 평화롭게 공존하는 사회라고 정의할 수 있습니다. 즉, 독자성, 상호 존중, 평화로운 공존이 전제된 다원 문화(multiintercultural) 사회는 단일 지배 문화(mono imperial culture)의 반대 의미로서, 주변과 중심 문화, 주류와 비주류 문화의 구분이 사라지고 모든 문화가 중심 문화로 존재하는 사회를 의미합니다. '다민족(인종) 사회'는 한 사회의 태생과 유지가, 다양한 종류의 인종과 민족 구성에 기초해 있거나 역사와 사회변동의 과정에서 정주형定住形 외국인들의 숫자 또는 외국인과 본국인이 결합한 가구 수가 늘어나는 인구학적 현상을 의미하는 것으로 이해될 수 있습니다. 그런데 현재 한국 사회에서 논의되는 다문화 관련 논의는 문화의 다양화라는 의미에서의 다문화 사회라기보다는 외국인과 결혼한 가정의 수적 확대 등 인구 구조 차원의 변동, 즉 단일 민족 사회에서 다민족(인종)적 사회로의 변화에 큰 비중을 두고 있는 것이 사실입니다. 그러나 이 둘은 함께 고민하고 논의되어야 할 문제라고 생각합니다.

질문 2. 한국 사회의 다문화화 과정은 어떤 특징이 있나요?

한국 사회의 다문화화 과정에는 다음과 같은 두 가지 특징이 있습니다. 우선 출신 국가가 다른 다양한 이주민들이 있다는 점과 이주민 대부분이 소수의 국가에 치우쳐 있다는 점입니다. 이주민 대다수가 소위 조선족 문제와 관련이 있는 중국, 미국, 베트남, 필리핀, 타이 등에 집중되고 있습니다. 다인종화와는 거리가 먼 다민족 문화 개념으로 다문화화 과정을 이해할 수 있을 것입니다. 또한 국내에 머무는 외국인들이 하는 일에 따라 계층화되고 있음도 고려해야 합니다. 즉, 전문직에 종사하는 사람들은 상당히 많은 것을 누리며 살고 있지만, 단순 생산직에 종사하는 외국인 근로자들과 아시아권 국가에서 결혼이민자들로 들어온 사람들이 겪는 고민은 사회의 계층 구조와 연관되어 다양한 경험을 하게 되는 특징이 있습니다. 소위 오래전에서부터 들어오기 시작한 선진국 이민자들은 거주지 문제나 직업선택의 자유 등에 있어서 별로 제한받는 것이 없었습니다만, 이들처럼 최근에 유입되는 이민자들은 다양한 우려의 목소리에 시달리고 있음을 고려할 필요가 있습니다.

한 민족에게만 실제적으로 적용될 수 있는 민족종교가 세계종교로 발전하는 데에는 반드시 통과해야 할 과정이 있습니다. 기독교의 경우도 교회 안에서조차 유대파와 헬라파 사이의 적지 않은 갈등이 있었던 것으로 보입니다. 물론 초대교회의 집사를 선출하는 과정 등을 보면 기득권을 가졌던 집단이 새로 유입되는 집단을 배려한 모습도 볼 수 있습니다. 이처럼 바람직한 다문화 사회로 가기 위해서는 배려와 공존의 덕목이 요청된다고 할 수 있습니다.

질문 3. 다문화 사회, 교회에 요구되는 구체적인 실천 과제는?

그동안 한국 사회와 교회는 다문화 문제를 주로 인권적 시각에서 접근하던 관점에 서 있었는데, 이제는 문화와 의식, 신앙의 차원에서 접근할 필요가 있습니다. 즉, 우리 사회의 다문화 관련 논의는 외국인 근로자들의 노동 관련 기본권 보장 문제, 불법적인 결혼 소개소 등을 통해 들어온 결혼이민 여성들과 관련된 폭력 및 학대 문제, 이주 동포 및 탈북자들에 대한 대우 문제 등 거론하기조차 부끄러운 수준의 인권 보장과 관련된 문제들이 많았습니다. 물론 아직도 미비한 점들이 많이 있지만, 외국인들과 관련된 법적, 제도적 문제들은 많이 보완되었습니다. 외국인노동자들의 인권 관련 문제도 많이 해소되었고, <다문화가족지원법> 제정과 다문화센터 설립 등을 통해 경제적인 지원도 좋아졌습니다. 특히 <다문화가족지원법>이 2008년 9월 제정되었는데, 이 법은 결혼이민자 가정 문제와 관련된 여러 정책을 제도적으로 충실하게 지원하고 있다는 평가를 받고 있습니다. 내국인들은 별 관심이 없는 경우가 많지만, 우리 사회의 중요한 구성원들인 결혼이민자, 외국인 노동자, 탈북자(새터민)들을 위한 여러 정책과 제도가 시행되고 있습니다. 이제 더 강조되어야 할 부분은 시민들의 의식 전환과 더 나아가 신앙적인 해석과 적용이라고 볼 수 있겠습니다.

선진국의 사례를 보더라도 다문화 사회 초기에는 동화주의적 관점에서 다문화 사회를 이해하려는 경향이 있었습니다. 동화주의는 흔히 '용광로 이론'이라고 하는데, 다양한 구성원들의 문화와 태도를 하나로 녹여서 동일한 것으로 만들어 내려는 태도를 말합니다. 아직도 많은 시민은 외국인들에 대해서 막연한 피해의식을 갖거나 무시하는 경우를 많이 볼 수 있죠. 그러나 이런 태도로는 바람직한 다문화 사회를 이루어 갈 수 없습니다. 이제는 '샐러드 용기 이론'이라고도 불리는 다문화주의가 적절하다고 볼 수 있습니다. 즉, 샐러드처럼 우리 사회에 유입되어 온 여러 민족, 인종들이 자신들의 정체성을 어느 정도 유지하면서 함께 공존할 수 있는 방향으로 전환될 필요가 있습니다.

특히 한국 사회는 오랫동안 단일민족 국가를 이루고 살았고, '순혈주의'에 대해 상당한 긍지를 갖고 있습니다. 그런데 순혈주의를 극복하고 바람직한 다문화주의를 이룬 모델을 기독교 역사는 보여주고 있습니다. 즉, 기독교는 이미 유대교의 종족주의와 민족주의를 극복하고 태동한 종교입니다. 유대교는 유대인들에게만 구원이 가능한, 유대인 중심의 종교 체계였기에 유대인이 아니면 모두가 이방인이라고 간주될 수밖에 없었습니다. 그러나 기독교의 구원과 복음은 유대인과 이방인을 가리지 않고 보편적으로 열려 있습니다. 이제 기독교는 이스라엘이라는 지역적, 민족적 한계를 넘어서서 온 세계인을 대상으로 구원의 길을 제시하는 세계종교가 된 것이지요.

질문 4. 다문화주의에 대한 다양한 비판이 있을 수 있다고 생각합니다. 이것에 대해 어떤 생각을 가지고 계신지요? 우리는 어떤 대안을 생각할 수 있나요?

다문화주의에 대해서 다양한 비판이 있을 수 있습니다. 자유주의자들이나 여성주의자들 입장에서는 다문화주의가 인권 억압이나 여성 차별을 유지하는 데 악용되어서는 안 된다는 점을 지적합니다. 특히 소수자에 대한 배려라는 미명하에 그들을 더욱 고립시키거나 동정의 대상으로 고립화시키는 결과를 초래할 수 있다는 면을 지적하는 사람이 많습니다. 다문화 관련 행사에서 빠지지 않고 등장하는 각국 요리 대회, 음식 축제나 전통 의상 행진 등이 과연 다문화화에 얼마나 도움이 될 수 있을까요? 오히려 차이를 고착화시키며 더욱 큰 선을 그어놓는 결과를 초래할 수도 있음을 깊이 고려할 필요가 있습니다. 결국 성숙한 다문화 사회로 진입하기 위해서는 다문화 관련 국제이해 교육 등이 절실한 문제라고 볼 수 있습니다. 지나치게 단순화되기 쉬운 시각을 버리고 문화의 다양성과 단일성, 지역성과 보편성을 동시에 이해할 수 있는 의식 전환과 이해 교육이 중요한 의미를 갖고 있습니다.

한국 사회의 다문화화 과정에 있어서 기독교는 가장 선구적인 자리에 있어야 합니다. 나와 다른 사람들을 용인해 주고 받아들여 준다는 차원을 넘어서서 그들을 귀한 존재로 인정해 주고 격려해 주는 단계로 나아가는 좀 더 근본적인 변화와 구체적인 배려를 통해 선도적인 모습을 보여주어야 합니다. 원하든 아니든, 우리 사회는 급속히 다문화화되고 있는 것이 현실입니다. 내가 정서적으로 싫다고 하여 이 문제를 피해 갈 수 없습니다. 그런데 다문화 과정에서 누군가는 기득권을 포기해야 하는 부분이 있게 마련입니다. 사실 이 문제가 다문화화 과정의 걸림돌이 되는 경우가 많습니다. 다문화 사회로의 진입이 우리 사회가 정체성을 잃어버리고 혼란에 빠지는 부정적인 모습으로 전개되어서는 안 될 것입니다. 다양한 구성원들이 공존하는 문화적 다양성을 증진시키는 바람직한 차원으로 전개될 수 있어야 합니다. 이 일은 일정한 자기 포기와 손해를 감수하지 않고는 불가능합니다. 한국교회는 그동안 한국 사회의 다문화화에 크게 기여해 왔음에 긍지를 가질 필요가 있습니다. 다문화 사회로 이행하면서 새로운 종교의 유입 등과 관련되어 우려되는 문제도 많은 것이 사실입니다. 그러나 "헬라인이나 야만인이나 지혜 있는 자나 어리석은 자에게 내가 다 빚진 자라"(롬 1:14)라는 바울의 고백을 재음미할 필요가 있습니다. 이제 다문화에 대한 바른 이해와 태도 정립을 통한 한국교회와 기독교인들의 적실성 있는 실천이 한국 사회의 바람직한 다문화 사회로의 이행을 이끌어갈 수 있을 것이라 생각합니다.

함께 보면 좋을 책들

1. 김은미 · 양옥경 · 이해영,『다문화 사회, 한국』(도서출판 나남, 2009)

이 책은 다문화 사회로 이행하고 있는 한국의 변화에 대하여 분석하면서, 이러한 사회 변화가 우리 사회 전반에 미치는 파급효과를 연구하였다. 더 나아가서 수 천 년 동안 우리가 배워왔던 '단일민족국가'에 대해 다시 한번 생각해 보고 이러한 사회 변화에 대응하는 올바른 방향에 대한 제언을 담고자 하였다.

2. 이장형,『다문화 시대의 기독교윤리』(북코리아, 2012)

이 책은 세계 보편종교인 기독교가 어떻게 다문화 사회를 선도하였고 이끌어 왔는가를 잘 보여주고 있다. 특히 저자는 다문화 사회로 변하고 있는 한국의 사회를 기독교의 눈으로 살펴보고, 다문화를 역사적으로 이루어 온 기독교를 분석함으로써 우리 사회에서 기독교인이 어떻게 다문화에 대비할 것인가를 말하고 있다. 이 외에도 세상 정치에 어떻게 참여해야 하는가를 보여주는 2부는 세상과 교회와의 관계를 어떻게 세워 나갈까를 고민하는 기독교인에게 혜안을 줄 수 있을 것이다.

3. 유네스코 아시아, 태평양 국제이해교육원, 『다문화 사회와 국제이해
   교육』(동녘, 2008)

이 책은 점점 다문화 사회가 되어가고 있는 한국 사회에서 다문화를
올바로 이해하는 길을 제시하고자 유네스코에서 다양한 필진을 동원하
여 연구한 결과로 나타난 책이다. 다문화는 이제 우리나라가 필연적으
로 겪을 수밖에 없는 문제임을 인정하고, 다양성을 새롭게 인식하고, 다
양성을 통해 민족 간의 차이를 넘어서 인간의 보편성으로 하나되는 길
을 보여준다. 기독교인으로서 다문화를 어떻게 볼 것인가를 알게 하는
아주 중요한 책이다.

역사

한국인과 기독교윤리 사상

오지석

(숭실대학교 교수)

이슈의 발견: 이야기로 생각하기

이야기 하나 ☞ 에헴, 나는 동방예의지국에서 산다고!?

우리나라 사람들은 예로부터 우리나라를 '동방예의지국東方禮儀之國'
이라고 스스로 부르기 좋아하고 또한 다른 사람들이 그렇게 불러주기
를 기대한다. 왜 우리는 이 말에 주목하는가? 아마도 이것은 우리가 생각
하고 있는 윤리 의식 또는 윤리 사상과 밀접한 관계가 있다고 여기기
때문일 것이다.

군이 국어사전의 정의를 찾아보지 않더라도 우리는 동방예의지국
이라는 말을 '동쪽에 예의 바른 나라', '예의가 바른 민족', '윤리강상倫理綱
常이 확립되어 있는 나라' 등이라고 마음에 새긴다. 하지만 21세기의 한
국 사회가 그런 의미에서 진정한 '동방예의지국'일까? 왠지 모르게 뒷덜

미가 편안하지 않다. 도대체 왜 그럴까? 개화와 쇄국의 소용돌이 속에
살았던 한 인물 박규수의 생각에서 그 불편함의 뿌리를 더듬어 보자.

> "나는 우리나라 사람들이 즐겨 예의지방禮義之邦이라고 일컫는 것을 천히
> 여긴다. 천하 만고에 나라를 이루고서 도대체 예의 없는 데가 어디 있다는
> 말이냐? 이는 중국 사람이 그 둘레의 오랑캐 가운데서 예의 바른 자를 칭찬
> 하여 예의지방이라고 한 것에 지나지 않은 것이므로 이것은 원래 수치스럽
> 게 여길 말이요, 스스로 천하에 호언할 것이 못 되는 것이다."

이야기 둘 ☞ 한국인 그 나태함과 게으름에 놀라다[1]

19세기 말 한국 땅에서 활동하던 서양 선교사들은 이구동성으로 한
국인들을 자립정신이 없고 게으르다고 보았다. 특히 문명화와 기독교
를 하나로 보려고 했던 당시의 선교사들과 개신교인을 비롯한 지도자
들은 게으름을 가장 먼저 치유해야 하는 병으로 여겼다. 한국 선교 초기,
주로 평양을 중심으로 활동했던 미국 북장로회 소속 선교사 스왈른W.
L. Swallen(蘇安論) 목사의 "한국기독교인의 인격유형"(Types of Korean Christian
Character)라는 짧은 글 가운데 "근면과 검소"라는 항목에서도 이런 생각
의 흔적을 찾아볼 수 있다:

> 일반적으로 볼 때, 한국인은 태생적으로 게으르다. 그 안에서 태어나 자란

---

1 이 부분은 "우리 안의 금칙어 풀기 – 게으름 그리고 절제," 「새생명」 2009년 봄호의 내용을 일부
발췌했다.

다. 느릿한 기질로 인해 그들은 육체적이든 정신적이든 간에 지속적이거나 시종일관된 노동에 종사할 마음을 완전히 잃어버리게 된다. 한국인은 필시 북동아시아 지역 민족 가운데 가장 게으를 것이다. … 그럼에도 불구하고 복음이 한국 신앙인의 인격에 너무나 급격하고 영속적인 변화를 가져와 자신의 주변 환경에 굴하지 않는 활력을 갖게 한 것을 우리는 알고 있다.

이런 시각은 한국 사회를 계몽해야 한다고 하면서 개방과 개화를 외친 지식인들과 기독교를 서구에서 들어 온 문화의 보고라고 생각한 신앙인들의 가슴 한복판에 깊이 새겨 이어져 왔고, 그런 전통 속에서 자란 이들에게 금과옥조金科玉條가 되었다. 그래서 게으름을 꾸짖는 것을 한국 교회의 좋은 전통으로 삼기도 한다. 이런 전통은 제3세계에 선교하거나 선교를 꿈꾸는 이에게서도 종종 나타난다. 하지만 현재 한국 사회를 게으른 사회라고 하지 않는다. 오히려 너무 노동의 강도가 강하고 빠름에 대해 걱정하고 있는 것을 보면 참으로 아이러니하다.

개념 빗기: 윤리(倫理) · 기독교윤리 사상 · 기독교윤리학

우리는 도덕이라는 말과 윤리라는 말을 섞어서 쓴다. 거기다가 예의, 규범이라는 말도 함께 사용한다. 우리는 윤리라는 말을 인간이라면 마땅히 지켜야 할 도리 정도로 여긴다. 그리고 그런 의미로 사용하는 데 불편함을 느끼지 못한다. 그런데 유치원에서 대학교에 이르기까지 '윤리' 또는 '도덕'이라는 말이 사용된 교과목을 만나면 고개를 이리저리 흔든다. 또 학교에서 배우는 윤리 또는 윤리학이라는 말은 하루하루 살아가는 생활과는 다소 거리감이 있다고 생각한다. 왜 그럴까? 혹시 우리가 이 말을 제대로 모르는 것은 아닐까? 아니면 우리가 알고 있는 말과 전혀 다른 뜻을 가진 것은 아닐까?

전통사회에서는 사람이 지켜야 할 도리를 오륜五倫(父子有親, 君臣有義, 夫婦有別, 長幼有序, 朋友有信) · 오상五常(仁義禮智信)이라는 말을 사용하여 설명했다. 성리학이 지배했던 조선 사회의 지배 계층은 우리 사회를 도덕적으로 만들고자 하였다. 특히 이들은 두 차례의 외세 침입(왜란과 호란)을 겪으면서 도탄에 빠진 사회에 '이利'보다는 '예禮'를 중시하는 정책을 세워 위기를 벗어나려고 했다. 이런 흐름은 유교의 윤리 의식이 지배계층만이 아니라 일반 백성들의 삶에 이르기까지 직접적인 영향을 미치게 되는 계기가 되었다. 그 이후 오늘날까지도 이러한 윤리 의식은 우리가 살아가는 데 무시할 수 없는 사회적 규범으로 자리 잡고 있다. 그러나 과연 '윤리' 또는 '도덕'이 그런 뜻만 가지고 있는 것일까? 혹시 서세동점西勢東漸 시대의 산물 또는 서구화 과정에서 번역된 서양말은 아닐까? 이런저런 물음을 던질 수 있을 것이다. 이런 물음을 가지고 '도덕'과 '윤리' 또는 '윤리학'이라는 단어의 뜻에 대해 고민할 필요가 있다. 이런 고민을 해결하기 위해 동서양의 사상이 의미 있는 첫 만남을 시도한 16세기로 거슬러 올라가 보자.

16세기부터 중국에서 활동하던 예수회 선교사들을 중심으로 소개된 서양의 기독교윤리는 인간 중심의 윤리를 강조하던 조선 지식인 사회와 민중들의 삶에 방향 전환을 요청하는 것이기에 충격적이었다. 왜냐하면 서양의 기독교윤리는 인간관계 속에서 벌어지는 일들에 대한 당위를 논하는 전통적 윤리를 하나님을 중심으로 하는 윤리로 변화시킬 것을 요구하는 코페르니쿠스적 의식의 전환을 사람들에게 요구하는 것이었기 때문이다. 특히 유교에서도 사해동포四海同胞를 가르쳤지만, 그 근본에 있어서는 효孝와 충忠과 같은 수직적 인간관계에 치중하던 조선인들에게 모든 사람은 하나님의 자녀요 형제라는 수평적 인간관계를 설명하는 기독교의 사상은 몹시 불순한 것으로 여겨졌다. 이러한 분위기는 18세 말 정조 시대의 종말과 함께 폭발하여 천주교인들에 대한 폭력적 억압으로 나타났다. 이에 대해 정하상丁夏祥 같은 이는 천주교인들이 임금에 대한 충성과 부모에 대한 효도가 하나님의 명령이기에 더 철저하다고 변론하기도 했다. 하지만 조선의 지배 계층은 지존으로 섬겼던 임금보다 더 크고 높은 존재가 있다는 것에 대해 용납할 수 없었다. 하지만 초기 천주교인들은 '십계명'과 『칠극七克』 등을 한글로 번역하여 읽고, 공부하고, 전파하면서 이 땅에서 기독교인은 어떠한 삶을 살아야 하는가에 대한 고민을 풀어내고자 했다. 또한 죄罪가 무엇이고, 죄의 문제를 어떻게 해결할 것인가에 답을 찾기 위해 적극적으로 행동하게 되었다.

서세동점西勢東漸의 시대라고 불리기도 하고, 개항의 시대라고 불리는 19세기 후반기에 천주교만 있던 조선에도 새로운 종교의 바람이 불기 시작했다. 천주교는 서학西學 또는 서교西教로 불렸고, 이에 대응하는 세력으로 동학東學이 등장했으며, 개항의 여파로 기독교의 여러 종파가 앞다퉈 이 땅에 진입하기 시작했다. 이때 한반도에 발을 디딘 교파들은 장로회, 감리회, 러시아 정교회, 구세군 등이었다. 그 가운데 가장 영향력이 컸던 세력은 장로회와 감리회였다. 이들은 개신교 선교부를 만들어 기독교뿐 아니라 사회진화론에 입각한 사상들을 전파하는 데 앞장서기도 했다. 이들은 기독교인의 일상생활에 필요한 성서의 규범들을 소개하고 강조하였다. 또한 전통사회의 가치인 충과 효 그리고 단혼제單婚制(일부일처제)를 지지하였다. 하지만 이들이 전통사회와 충돌한 것은 부모와 자식의 관계를 나타내는 효를 드러내는 방식 가운데 하나인 제사 문제였다. 이것은 한국의 개신교가 21세기에 이르러서도 해결하기 쉽지 않은 문제로 남아 있다. 또한 이들은 개인의 자유권을 강조하였다. 이것은 개인의 재발견이라고 할 수 있고, 가정 윤리의 중심이 가족 공동체에서 개인으로 옮겨가는 역할을 하였다.

개신교의 기독교윤리는 기독교계 매체들뿐만 아니라 개화 초기의 정보 전달자였던 「독립신문」, 「조선 그리스도인 회보」 등을 통해서 전파되기도 하였다. 하지만 그 주요 전달 통로는 강단에서의 설교를 통해서였다. 아주 거칠게 표현한다면 한국 기독교윤리는 한국교회라는 공동체의 담론에서 출발하고 형성되었다고 할 수 있을 것이다.

기독교인으로 우리 역사와 마주하기

1. 기독교와 유교의 만남

한국 사회는 동아시아의 전통 가치와 서구의 문물들이 마치 날줄과 씨줄처럼 얽혀져 한 땀 한 땀 삶의 모습을 만들어 가고 있다. 그렇다면 과연 전통적 가치가 아직도 삶의 태도나 생활 방식 속에 뿌리 깊이 남아 있는 21세기 한국 땅에서 기독교인으로 살아간다는 것은 어떤 의미일까?

한국 사회에서 기독교인으로 살아간다는 것은 성서적 전통과 기독교 전통을 우리 것으로 받아들인다는 것을 뜻한다. 그리고 동시에 동아시아인으로 태어났기 때문에 알게 모르게 유교적 전통 속에서 교육을 받으며 자라났고, 지금도 그 문화 안에서 살아간다는 것을 의미하기도 한다. 그렇다면 과연 기독교는 우리보다 앞서 이 땅에서 살아간 이들에게 어떤 모습으로 다가왔고, 윤리 사상에 어떤 영향을 끼쳤는지 알아볼 필요가 있다. 먼저 역사 속에 나타난 기독교와 동아시아 유교가 만난 흔적을 찾아보기로 하자.

기독교와 동아시아의 유교는 역사적으로 네다섯 차례 정도의 만남이 있었다. 동아시아의 유교가 서양을 향해 나아가서 만난 것이 아니라 기독교가 동아시아를 찾아와서 갖게 된 만남이었다. 그 첫 번째 만남은

7~8세기경 중국 당나라 때 국제도시 장안을 방문한 네스트리우스파 기독교인의 방문이었다. 이들은 경교인景敎人이라고 불리며 한때 상당한 정도로 교세가 번성하였다. 그러나 그들이 유교인과 어떻게 만났는지, 이에 대한 중국 유교인들의 반응은 어떠했는지에 대해서는 알 수 없다. 13~14세 중원을 지배했던 몽골제국은 원나라를 건국했는데, 이때 기독교(경교)는 중국에서 다시 부흥해 야리가온也里可溫이라는 이름으로 160여 년간 자리매김한다. 이 무렵 서양에서 다시 한 무리의 선교사들이 건너온다. 이들은 프란체스코선교회였다. 하지만 원이 단명하자 그들은 민중 속에 뿌리를 내리지 못하고 그 흔적이 사라진다.

16세기 무렵에는 예수회 선교사들이 마카오를 중심으로 활동하기 시작하면서 기독교는 동아시아인들과 세 번째 만난다. 이때는 마테오 리치Matteo Ricci를 비롯한 예수회 선교사들이 북경에 거주하면서 유럽의 지식인 사회에 유교 사상을 전파하였다. 이들은 불교에 대해서는 반대하면서 유교를 보완해 주는 형식으로 유교 사회에 접근하였다. 마테오 리치의 이러한 태도는 로마 교황청과 다른 선교사, 선교회의 비판과 제재를 불러일으켰다. 왜냐하면 예수회 선교사들이 주로 만났던 유교는 엘리트 전승이었고, 프란체스코회 선교사들이 접했던 유교는 대중적 전승이었기 때문이다. 이 대중적 전승에는 불교나 도교의 형식과 의식이 그대로 주입되어 있었다. 이 시기의 유교 지식인들은 유교적 전승을 포기하지 않고 기독교를 받아들였다. 하지만 이는 트렌트 종교회의 이후 "교회 밖에서는 아무도 구원을 얻을 수 없다"라는 선언과 충돌하게 되었다. 이것은 로마 교황청과 청 왕조의 기나긴 싸움을 불러일으켰으며, 교황청에서는 예수회의 해산으로, 청 왕조에서는 황제의 명으로 기독교가 금지되었다. 이러한 결과는 서로에 대한 몰이해와 성급함으로 인한 것이었다.

마테오리치의 유교에 대한 우호적 접근에 호의적 반응을 보인 조선의 유학자가 있었다. 그는 정약용(1762~1836)이다. 그는 유학에 상제를 복원시키려는 마테오리치의 견해에 동의했다. 또한 그는 "자기를 미루어 남을 깊이 이해하라"는 추서推恕를 강조했는데, 이는 "네 이웃을 네 몸과 같이 사랑하라"는 기독교의 계명과 일치한다. 하지만 대부분의 조선조 유학자는 기독교에 대해 수용하기보다는 경직된 태도를 취했다. 위청척사의 대변자로 알려진 화서華西 이항로(1792~1868)는 유학을 정학正學, 정도正道로 규정하며 지키려 노력했다. 이에 반해 기독교를 사회의 도덕이나 제도에 나쁜 영향을 미치는 것으로 지목해 배척하려고 했다. 이후 서세동점의 파도가 최고조에 다다랐던 시기에 네 번째 만남이 이뤄진다. 이 만남은 상인들 및 군함과 함께 온 선교사들이 활동하면서 이루어졌다. 이때의 선교사와 기독교로 개종한 사람들은 자신들이 복음의 선구자로서 종교적 무지와 어둠 속에 있는 동아시아인들에게 빛을 주었다고 생각했다. 또한 이들 가운데 많은 사람은 기독교뿐만 아니라 사회진화론의 세례를 받았다. 그래서 자신들의 행동에 대해 "이것이 기독교적 태도인가?"라는 물음을 던지는 데 인색했다. 어쨌든 동아시아 세계를 공고히 떠받치고 있던 유교는 그 중심에서 벗어나기 시작했고 붕괴되었다. 그런데 유교가 붕괴된 빈자리의 대부분은 한국을 제외하고는 기독교가 아닌 사회주의 사상이나 공산주의가 차지했다.

기독교와 유교의 다섯 번째 만남은 오늘의 한국 사회에서 펼쳐지고 있다. 이 둘의 만남은 더 이상 서로 포교를 위해 싸움을 불사하는 분위기에서 진행되고 있지 않다. 오늘날 한국에서 기독교와 유교의 만남은 예수와 공자의 만남도 아니고, 선교사와 선비들 사이의 설득을 위한 대화나 공방 형태의 만남도 아니다. 그저 평범한 기독교인과 유교인이 일상에서 만난다. 그런데 이들은 모두 전통적 가치관을 바탕에 두고 살아간다. 기독교로 개종하기 위하여 포기한 것이 없는 기독교인과 유교인의 만남이 대부분이다. 그러다 보니 더 이상 상대를 자극하거나 공격적 언사를 통해 설득하거나 박해나 척사와 같은 형태는 나타날 수 없다. 그렇다고 해도 기독교인들이 유교인들에 비해 자기 정체성이 상대적으로 뚜렷하기 때문에 만남과 대화에 적극적이다. 성경을 읽고 예수를 따르겠다고 하면서도 유교의 경전을 읽기도 하는 이들이 등장하고 있다. 이것을 우리는 어떻게 이해할 수 있을까?

2. 번역, 새로운 윤리를 이끌다

동아시아에서 기독교윤리는 예로부터 전해 온 것도 아니고, 스스로 깨우친 학문도 아니며, 생활 속에서 그 친숙함이 묻어나오는 것도 아니다. 기독교는 서양인 선교사들이 동아시아에 건너와 전파한 종교다. 기독교윤리도 이들의 활동과 전혀 무관하지 않다. 다시 말해 기독교윤리는 서양 선교사들이 동아시아에 전파한 것이다. 우리가 알다시피 무엇이든 다른 문화권에 전파하는 과정에는 번역이라는 작업이 필요하다. 왜냐하면 번역이란 우리가 새로운 시공간으로 넘나드는 다리이고, 옛 사람과 사상을 만나는 데 없어서는 안 되는 길이기 때문이다.[2]

번역이라는 한자어 '역譯'은 '바꾼다'(易)는 뜻을 가진 '역易'의 음가에서 비롯되었다. 그렇다면 무엇을 바꾸는 것일까? 이 바꿈의 대상은 '말'

---

2 전호근 · 김시천 지음, 『번역된 철학 착종된 근대』 (책세상, 2010), 10.

(言語)이다. 말을 바꾸되 뜻이 바뀌어서는 안 된다는 것이다. 번역을 하는
이유는 소통 때문이다. 하지만 이것이 그렇게 쉽지는 않다. 원전의 말을
독자가 이해할 수 있는 말로 바꾸다 보면 원전의 뜻이 훼손되기도 하고,
원전의 말을 그대로 두면 독자가 이해할 수 없게 되어 번역의 목적인
소통을 이룰 수 없는 경우도 생긴다.3 더욱이 적절한 번역 어휘를 찾을
수 없을 때 번역자는 새로운 말을 만들어 내는 작업인 '조어造語'도 불사
하게 된다.

기독교는 서양의 학문과 동양의 경전, 고전을 번역 소개하거나 타
종교의 교리와 핵심 개념에 기독교적 관점을 투사하여 해석하는 형태
로 동아시아 세계와 만났다. 그런 일들을 앞서서 행한 이들이 16세기
일본과 중국에 들어온 예수회 선교사들이다. 우리는 이들의 노력을 간
과할 수 없다. 그들은 동아시아 세계와 소통하기 위해 중국어를 배우고,
중국어로 기독교의 교리를 전파하고자 했으며, 동아시아의 경전들을
라틴어로 번역하는 데 게을리하지 않았다. 이들은 단순히 기독교만 전
한 것이 아니라 서양의 학문들을 번역하여 소개하였고, 유럽에 중국 또
는 동아시아를 알렸다. 우리 사회는 서학서西學書 또는 한역 서학서로 불
리는 이들의 작업을 통해 낯선 서양 문물, 종교, 사상을 만나게 되었다.
서학서를 통해 만난 '서양의 기독교윤리'는 우리에게 낯선 사상이었다.
이것은 '인간 중심의 윤리'만을 이야기하던 사회가 '하나님 중심의 윤리'
에 대한 이야기가 시작되었다는 것을 뜻한다.

윤리의 역사는 대개 대립과 갈등의 역사다. 특히 서로 이질적인 윤리
학 또는 '윤리'의 개념이 만났을 때, 각각의 윤리는 이전의 윤리적 에토

---

3 위의 책, 같은 면.

스와 경쟁하지 않으면 안 되었다. 두 개의 서로 다른 윤리의 충돌의 결과는 언제나 예측불허像測不許였으며 다양한 결과들을 가져왔다. 윤리적 문제는 인간의 문제이기에 인간사의 큰 물줄기를 따르며, 역사가 그러한 것처럼 의미 있는 것도 있고, 의미 없는 것도 있다.

우리는 윤리학의 역사에서 되풀이되는 두 개의 성향을 발견할 수 있는데, 그 하나는 자신들의 체계를 유지하기 위한 배제이며, 나머지 하나는 변화를 위해 다른 문화를 섭취하면서 보이는 변용이라고 할 수 있을 것이다. 모든 윤리는 자신의 입장을 내세우고 다른 윤리는 배제하려고 하며, 그래서 이 둘 사이에는 충돌이 생겨난다. 또한 모든 윤리는 현실에 적응하려고 한다. 이것은 자신의 윤리적 풍토 속에 있는 또 다른 윤리에 스스로 적응하여 변용하지 않으면 안 된다는 것을 뜻할 수도 있다. 이들은 윤리학의 역사 안에서 작용하고 있는 모든 종류의 과정을 위한 가장 일반적인 틀거지일 수 있다. 말하자면 모든 윤리는 서로 반발하고 근본적으로 대립하는 경향이 있다. 특히 갈등이 가장 심각할 때를 살펴보면, 서로 다른 체계의 윤리가 처음 만났을 때다. 이때는 각기 다른 윤리 체계를 신뢰하는 사람들이 서로에 대한 이해는커녕 대화조차 불가능할 수 있다. 그들이 채택하고 있는 개념들은 생소하거나 아주 낯설다. 그리고 언어학적으로 그 개념들이 동일하거나 번역할 때, 거의 차이가 없다고 할지라도, 그들의 실천 윤리적 의미는 전혀 다를 수 있다.

우리는 옳은 것이 반드시 번성하지는 않는다는 것을 알고 있다. 우리는 '윤리학'의 한국적 수용 과정에서 그것을 경험했다. 현대 한국 사회는 과거와 달리 온갖 이념과 사상이 뒤섞여 공존하는 다원주의 사회다. 그런데 사회의 저변에 흐르는 정신적 가치를 확인하는 일은 특정 윤리 사상들에 대한 개별적인 연구만으로는 완전하게 이루어질 수 없다. 왜냐하면 이질적인 것들을 배제하고 특정 사상 자체가 담고 있는 뜻만을 연구하는 것은 그 윤리 사상에 담겨 있는 특수한 가치는 충실하게 밝혀낼 수 있을지 몰라도, 보편적이고 객관적인 가치를 이끌어 내기는 어렵기 때문이다. 그뿐 아니라 이질적인 사상들과의 비교나 대화가 없는 한, 그 사상이 펼쳐진 구체적인 지평 속에서 그것이 어떤 의미를 지니는지 확인하기는 어렵다. 따라서 하나의 사상이 표방하는 정신적 가치를 그려내는 작업은 반드시 그것이 이질적인 다른 사상과 어떤 관계를 맺어 왔으며, 어떤 대화를 시도했는지 밝혀내는 과정을 통해서만 가능하다고 할 수 있다.

우리가 사용하는 근대 학문의 용어들은 대부분 19세기 일본인들이 번역하면서 만든 것들이다. 철학이라는 말도 일본인이 조어한 것이고, 도덕(moral)과 윤리학(ethics)이라는 용어도 19세기 일본에서 번역·사용되기 시작하였으며, 일본을 거쳐 중국으로 건너갔다가 다시 한국으로 재수입된 용어들이다. 그렇다면 ethics를 동아시아에 처음 소개한 사람은 누구일까? 16세기 명나라 말엽, 중국에 들어가 단순히 기독교만이 아니라 서양의 다양한 학문을 함께 소개했던 예수회 선교사들의 입을 통해서 이 물음에 대한 답을 찾아보자.

우선 서양의 학제, 학문을 간략하게 소개한 알레니^{Giulio Aleni}의 『서학범』(1623년)에서는 어떻게 이야기하고 있는지 알아보자. 알레니는 『서학범』에서 라틴어 *ethika*를 음차하여 중국어로 액제가厄齊加라고 부른다. 그리고 그는 이 액제가가 '수제치평修齊治平의 학學', 즉 "의리의 학을 고찰하며 철학에서 뜻하는 사물의 정세를 다룬다"고 풀이한다. 액제가는 아리스토텔레스가 말하는 실천학 즉, 修身(윤리학), 齊家(가정학, 경제학), 治國平天下(정치학)에 해당된다. 그는 특히 '수신'에 대해서 "모든 것의 근본을 고찰하고 마땅히 선을 쫓고 악을 피하는 것이다"라고 설명하였다. 하지만 알레니의 이런 소개는 당시 조선 사회에 영향을 미치지 못했다. 그 외에도 서양의 기독교윤리에 대해 알 수 있는 기회를 제공한 책은 『천주실의天主實義』, 『교우론交友論』, 『25언二十五言』, 『칠극七克』, 『영언여작靈言蠡勺』, 『수신서학修身西學』, 『제가서학齊家西學』 등이다. 하지만 서학 논쟁으로 인해 모든 책이 금서가 되고, 1791년(정조 15년) 12월에는 강화도의 외규장각에 소장된 서학서西學書들이 소각됨으로써 기독교윤리가 조선의 지식인 사회에서 더 이상 언급될 기회를 상실하게 되었다.

기독교윤리 사상이 조선 사회의 전통적 사상과 부딪힌 것은 부자관과 남녀관 그리고 군신관과 신분관, 이해관利害觀과 사생관死生觀이다. 기독교가 부모나 임금 위에 대부모와 대군주로서 하나님을 우선적으로 내세우고 거기에 절대성과 초월성을 두는 것이 당시의 유교 지식인들에게는 사회질서를 깨뜨리는 것으로 여겨졌다. 하지만 서학서들을 통해 소개받은 서양 기독교윤리 사상에 대해 한쪽에서는 그것을 배제하려고 노력하였고, 다른 쪽에서는 섭취한 뒤 변용하였다.[4] 지식인들 사회에서는 사라져 갔지만, 민중들 속으로 뿌리를 내려가던 가톨릭은 '십계명', 『칠극』[5] 등을 통해 '인간 중심 윤리'를 중시하던 유교 사회에 '하나님

---

4 조선 후기 유학자들은 하나님의 권위를 절대시하며 새로운 질서를 요구하는 기독교에 대해 불교를 배척할 때 이미 사용한 바 있는 "아비도 임금도 없는 놈"(無父無君)의 깃발을 들고나온다. 이에 대해 초기 호교론자라 할 수 있는 이벽(李檗)은 <천주공경가>에서 "집안에는 어른 있고, 나라에는 임금 있네, 네 몸에는 영혼 있고, 하늘에는 천주 있네, 부모에게 효도하고, 임금에게 충성하네, 삼강오륜 지켜가자, 천주공경 으뜸일세"라는 표현으로 유교와 갈등을 일으키지 않고 기독교 신앙으로 이끌려고 하였다.

5 그 후에도 몇 차례의 번역이 이어졌다. 특히 『칠극』은 한국 개신교 선교 초기의 개종자에게도 영향을 주었다. 홍정후가 1895년에 발간한 『칠득』이 그 첫 번째 것이고, 1918년에는 한국 최초의 장로교 목사 가운데 한 사람인 송인서가 『칠극보감』이라는 책을 내놓았다.

중심 윤리'를 생활 속의 윤리로 전파하기 시작하였다. 천주교가 일반 민중들 속으로 전파될 수 있었던 배경은 가톨릭교회 초창기 때부터『천주실의』,『칠극』등과 같은 책들의 언문본諺文本이 있었기 때문이다.

하나님 앞에서 인간은 모두 평등하다는 믿음에 따라 형성된 기독교인들의 공동체는 당시 유교 사회의 핵심적 윤리관인 반상의 신분 질서와 남녀유별의 전통적 규범과는 대립되었다. 이것은 유교적 예교 질서에서 이탈한 것이지만, 다른 한편으로는 신분적 사회질서 아래 억압당했던 서민 대중과 부녀자들에게 새로운 희망을 부여해 주었다. 특히 서학서를 통한 축첩제 금지, 혼인 관계와 방법의 변화(개가 허용, 자유혼인, 신자 간의 혼인, 동정 생활) 그리고 형제애에 대한 제시와 교육은 유교 중심의 조선 후기 사회에 갈등을 불러일으켰지만, 새로운 인간관과 윤리 사상을 실천할 수 있게 하였다.

19세기 후반의 개항이 불러일으킨 새로운 사상의 물결은 고립과 쇄국으로 일관하던 조선 사회가 더 이상 감당할 수 없는 파도가 되었다. 서양 종교로는 가톨릭(천주교)만 알고 있던 조선 사회에 다양한 종파가 밀려들어 왔다. 그 가운데서도 현재 한국 사회에 개화 초기부터 영향력을 끼친 개신교 종파인 장로교와 감리회는 각종 매체와 선교부의 문헌들을 통해 기독교 사회윤리 사상을 전파하기 시작했다. 한국교회 초기 선교사이며, 평양을 중심으로 활동하였고, 통신 성경 공과의 장을 열었던 스왈른W. L. Swallen 선교사는 자신이 미국에서 다녔던 우스타대학의 윤리학 교재(Christian Ethics)를 번역하여 한국 기독교계에 소개하였다. 이것은 기독교윤리에 대한 체계적인 소개가 비로소 시작되었음을 알려준다. 그레고리는 이 책에서 '도덕'을 다음과 같이 정의하고 있다:

도덕학은 도덕의 이치를 논술한 것인데, 이는 도덕이 있는 자에게만 관계된 바요 또 사람은 도덕이 있은 후에야 마땅히 할 일을 감행할 것이다. 인류는 본래 자유하고, 경영하며 또한 지능과 의지와 양심이 있어서 때의 전후에 있는 일을 능히 추상하여 앞의 목적을 굳게 세우고 자기가 전진하며 완전하게 되어 평생에 마땅히 할 일을 하늘에서 주장하시는 하나님의 뜻대로 행하여야 될 줄을 아는 자이다. (중략) 사람의 도덕이라는 것은 인류가 현세에 존재하는 사이에 마땅히 행할 일을 능히 함이라.

그레고리는 도덕학 또는 윤리학을 배우는 궁극적인 목적이 "평생에 마땅히 할 일을 하늘에서 주장하시는 하나님의 뜻대로 행해야 될 줄을 아는 자"가 되는 것이라고 한다. 이는 기독교윤리가 왜 이 땅에 필요한지를 잘 설명한 것이라고 하겠다. 이 책은 평양신학교 등 그 밖의 학교에서 교재로 사용되어 초기 한국 기독교윤리를 형성하는 데 큰 영향을 끼쳤다. 또한 국내 학자로 기독교윤리를 이해하는 데 힘쓴 이는 한치진이다. 이장형[6]은 한치진에 대해 한국적 기독교윤리학의 발전 초기 단계에 공헌한 사람이라고 평가한다. 현재까지의 한국 기독교윤리학에 대한 연구는 맹용길, 강원돈, 박충구, 유경동의 연구에서 살펴볼 수 있듯이, 번역 학문으로서의 '기독교윤리'에 대한 소개가 생략되어 있다. 그런 아쉬움의 빈 부분을 한치진이 어느 정도 채워준다. 협성신학교에서 발행한 「신학세계」 17, 18합호에서 한치진은 기독교윤리학에 대해 이렇게 정의하고 있다:

---

6 이장형, "한치진을 통해본 기독사상계의 기독교윤리학 이해," 「기독교사회윤리」, 제24집(2012).

기독교윤리학은 제2세기의 유명한 감독 익나시어스의 말과 같이 '기독교의 진리대로 살자'하는 것이 그 정의이다. 어떻게 하여야 그리스도를 본받아 살까 하는 것이 기독교윤리학의 근본 문제다. 이 문제를 해결하려면 인생의 전반 사항을 조사하고 응용하지 않으면 안 된다. 이런고로 기독교윤리학은 덕성에 대한 훈련인 것뿐 아니라 현 세계에 천국을 건설하기 위하여 인간 사회의 만반 사정을 연구하려는 인간 사회과학이다.7

물론 한치진이 독창적인 사유를 통해 기독교윤리에 대한 새로운 해석을 내놓은 학자는 아니었다. 그러나 그는 자신이 국내에서 선교사들을 통해 얻은 정보와 미국 유학에서 습득한 학문적 성과를 번역과 저술의 형태로 내놓음으로써 초기 한국 기독교윤리 사상의 확립에 중요한 공헌을 하였다고 할 수 있다.

이상으로 간략하지만 한국의 기독교인이 역사 속에서 만날 수 있었던 기독교윤리 사상 일반에 대한 간단한 스케치를 마치고자 한다. 물론 1920년대부터 밀려들어 온 기독교 사회윤리에 대한 자세한 언급이나 소개 그리고 한국 신학에서 빼놓을 수 없는 최병헌, 김교신, 김재준, 한경직 등의 기독교윤리 사상에 대한 소개도 미처 못하였다. 이에 대한 변명을 하자면 아직도 주체적인 학문적 입장보다는 '번역학'이 주류로 자리하고 있는 현실에서 '기독교윤리'라는 학문의 성격에 대한 고민을 어떻게 해야 하는지에 대한 틀거지를 제공하는 것이 우선되어야 한다고 생각했기 때문이다.

---

7 한치진, "신학연구: 기독교윤리," 「신학세계」 제17권, 18권 합호(1932): 56-85.

이런 것이 궁금해요!

질문 1. 서양어 에티카(ethika)를 동양 사회에 소개한 사람은 누군가요?

동서양 사상의 의미 있는 교류는 16세기 예수회 선교사들이 일본과 중국에 도래하면서부터라고 합니다. 종교개혁의 반동으로 일어난 예수회는 설립 초기부터 해외 선교에 적극적이었습니다. 그들은 기독교를 전파하기 위해 과학기술, 예술뿐만 아니라 학문도 함께 전했습니다.

서양의 공자라고 불리던 예수회 선교사 알레니는 서양의 학문 체계를 소개한 『서학범』을 저술합니다. 이 책에서 그는 우리가 현재 윤리학이라고 부르는 서양어 'ethika'를 중국어 액제가라 음차해서 소개합니다. 그리고 그 내용을 동아시아 사람들이 익숙한 『대학大學』의 8조목(修身齊家治國平天下)에 기대어 설명합니다. 그래서 'ethika'라는 말의 뜻을 '수제치평의 학學'이라고 하지요. 물론 서양 윤리학 또는 기독교윤리 사상을 동양에 처음으로 소개한 것은 마테오리치의 『천주실의』라 할 수 있습니다. 이 『천주실의』에는 아리스토텔레스와 토마스 아퀴나스의 윤리 사상이 담겨 있습니다. 그 가운데 주목할 만한 것은 '자유의지', '실천지' 등의 개념들입니다. 이것은 기독교윤리를 이해하는 데 중요한 개념이기 때문입니다.

질문 2. 우리가 지금 사용하고 있는 '윤리'라는 말은 번역어라는 말도 있는데, 혹시 번역어라면 언제, 누가 번역한 것일까요?

현재 우리가 사용하고 있는 '윤리' 또는 '윤리학'은 번역어라 할 수 있습니다. 하지만 일상적 언어로 사용되는 윤리, 도덕이라는 말은 그 이전에도 있었습니다. 그 말들은 동아시아의 고전인『예기』나『근사록』그리고 노자의『도덕경』같은 책에서 언급되고 있습니다.

기록에 따르면 일본의 근대학자라고 불리는 이노우에 데츠지로와 이노우에 엔료가 서양어 'ethics'를 한자어 '윤리학倫理學'이라고 처음 번역하여 사용하였다고 합니다. 이노우에 엔료가 1888년 발간한『윤리통론倫理通論』에서 ethics가 왜 윤리학으로 번역되었는지를 밝히고 있습니다. 그의 말을 직접 들어봅시다:

> 윤리학은 서양말로 '에식스'라고 한다. 혹은 '모랄 필로소피' 또는 '모랄 사이엔스'라고 한다. 지금 이 말을 도덕학, 도의학, 수신학 등의 이름으로 번역하기도 하는데, 나는 특히 윤리학이라는 명칭을 사용한다. 윤리학, 즉 에식스는 선악의 표준, 도덕의 규칙을 논정論定하여 사람의 행위와 거동을 명령하는 학문을 말한다. 내가 말하는 '논정'이란 논리적으로 고려하여 구명한다는 뜻으로 가정과 억측에서 나오는 것이 아니다.[8]

이노우에 엔료는 서양어 ethics를 번역할 때 논리적인 탐구의 학문이라는 뜻에서 '윤리학'을 번역어로 선택하였습니다. 이 문제에 대해 깊이 연구한 이혜경은 서구화를 문명화의 모델로 삼은 일본 근대 사상가들에게 있어서 윤리학은 단순히 '행위의 준칙'을 연구하는 것일 뿐만 아니라 '문명'을 상징하는 것이었다고 합니다.

---

8 이혜경, "근대 중국 '倫理' 개념의 번역과 변용 ― 유학과의 관계를 중심으로," 「철학사상」 제37호 (2010), 100에서 재인용.

질문 3. 서양 선교사들이 우리에게 전해주려고 시도한 기독교윤리는 어떤
모습이었나요?

19세기 후반 개항과 더불어 선교 활동을 본격적으로 시도한 개신교
선교사들은 '문명=기독교'라는 선교 전략을 펼쳤습니다. 이 전략은 '소
중화小中華'라는 자부심을 잃게 된 이들의 마음 가운데 자리를 잡았고,
소수의 엘리트 집단은 선교사들과 교류하거나 밀접한 관계를 유지하고
있었습니다. 요즘도 교회에서 심심치 않게 듣게 되는 "세계에서 가장
부강하고 문명한 나라는 모두 개신교를 믿는 나라이고, 개신교가 문명
을 이루게 한 근본이므로 개신교를 믿어 문명을 이루어야 한다"는 입장
은 '문명=기독교'라는 도식에 대한 설명이라고 할 수 있을 것입니다. 이
것은 선교사들보다 '문명개화'를 통해 다시 '중화'로서의 가치를 창출하
기 열망했던 한국인들에게는 너무나도 절박한 것이었습니다. 다시 말
해 한국인들 가운데 개신교로 개종한 이들은 자신들의 입장을 "서양의
기계, 무기 그리고 제도를 받아들여 이용하려 하면서도 개신교를 수용
하지 않는 것은 마치 나무뿌리를 보살피려고 하지 않은 채, 줄기나 잎사
귀만이 잘 자라기를 바라는 주객 본말전도의 태도(「대한매일신보」, 1906
년 10월 9일 자)"라고 피력하였습니다.

서양 선교사들은 교회에서의 강론과 각종 매체 등을 통해 한국 사회
에 뿌리 깊게 자리하고 있는 신분 사회, 남아선호사상, 축첩제 등 생활에
서부터 변화를 시도하였습니다. 또한 사회를 건전하게 하기 위해서 게
으름, 노동, 조혼 문제, 음주, 공창제, 담배 문제들을 다루고자 하였고,
어느 정도 성과를 얻기도 하였습니다. 하지만 한국인들에게 기독교윤
리에 대한 다양하고 차원 높은 논의와 담론의 장을 제공하지는 못했습

니다. 이것은 '사회진화론'에 세례를 받고 있었던 시대적 배경과 무관하지 않습니다. 스펜서의 '사회진화론'은 19세기를 휩쓸었고, 그 영향은 고스란히 선교사들에게 전해졌으며, 그와 교류하던 신흥 엘리트와 새로운 길을 모색하고 있던 조선 지식인들에게 큰 반향을 일으켰습니다. 이것은 21세기 한국 사회에서도 여전히 큰 영향력을 행사하고 있습니다.

함께 보면 좋을 책들

1. 맹용길, 『한국기독교윤리사상 1, 2』(장로회신학대학교출판부, 1993, 1994)

첫 번째 저작은 한국 기독교윤리학의 준비 단계(김재준, 함석헌, 김교신, 한경직)에 관한 연구이고, 두 번째 저작은 기독교윤리학의 기초가 닦이고 정착되는 단계에서 기독교윤리학의 고유한 면을 가지고 공헌한 기독교 신학자들(홍현설, 윤성범, 서남동, 정하은)의 성과를 분석한 것이다. 위의 여덟 사람의 윤리 사상을 소개하고, 가급적 원문을 많이 인용하여 독자들이 스스로 판단할 수 있도록 배려하였다.

2. 유경동, 『한국 감리교 사상과 기독교윤리』(감리교신학대학교출판부, 2011)

이 책은 이 시대가 추구하는 목자상과 기독교윤리의 모델에 대한 고민을 담은 책이다. 저자 유경동은 최병헌, 신석구, 이용도, 최영신, 홍현설, 윤성범 등 감리교 사상가들에게서 기독교윤리 사상을 추출하고자 했고, 감리교의 사명에 대한 고민을 펼쳐 놓았다.

3. 손규태, 『개신교 윤리사상사』(대한기독교서회, 1998)

이 책은 종교개혁 시대와 17, 18세기의 윤리 사상, 19세기의 신학과 윤리, 종교사회주의 윤리관, 변증법적 신학과 윤리, 영미 신학자들과 현대 신학자들의 윤리 사상, 한국교회와 윤리적 현실 등을 다루고 있다. 또한 기독교윤리에 대해 역사적 접근을 할 때 길라잡이가 된다.

지은이 알림

김형민 : 독일 뮌스터대학교에서 "제3세대의 인권론"에 대한 신학-윤리적 연구로 박사학위를 받았다. 주로 인권과 동물권 분야에 관심을 가지고 연구해 왔으며, 현재 호남신학대학교 기독교윤리학 명예교수다.

노영상 : 장로회신학대학교에서 "James Moody Gustafson의 윤리 사상에 나타난 경건에 대한 연구"로 신학박사(Th.D.) 학위를 취득하였다. 장로회신학대학교 신학대학원장, 호남신학대학교 총장, 한국기독교학회 회장, 숭실사이버대학교 이사장, 총회한국교회연구원 원장 등을 역임하였다.

문시영 : 숭실대학교에서 "아우구스티누스의 윤리"로 박사학위를 받았다. 생명윤리, 덕 윤리 등에 관한 논문이 많고 또한 교회 윤리에 많은 관심을 가지고 있다. 한국기독교사회윤리학회장을 역임했고, 현재 새세대 교회윤리연구소장, 남서울대학교 교수로 재직하고 있다.

박도현 : 숭실대학교에서 "정의로운 전쟁과 평화주의"에 대한 연구로 박사학위를 받았다. 주 관심 영역은 정치 윤리, 평화주의, 행복의 문제이며, 현재 숭실대학교 베어드교양대학 겸임교수, 인천 부민교회 담임목사로 재직하고 있다.

성신형 : 미국 게렛신학교에서 "레비나스의 윤리"를 연구하여 박사학위를 받았다. 주 관심 영역은 타자 윤리, 사회적 혐오, 한국 기독교윤리, 기독교 교양교육이며, 현재 숭실대학교 베어드교양대학에 부교수로 재직하고 있다.

오지석 : 숭실대학교에서 "기독교윤리사상과 조선 지식인" 연구로 박사학위를 받았다. 동서양 윤리 사상의 물림과 엇물림, 한국의 전통 사상, 한국 기독교윤리사, 한국 근대 전환기 문화와 인문학 등의 문제에 관심을 두고 있으며, 현재 숭실대학교 한국기독교문화연구원의 HK교수로 재직하고 있다.

이상훈: 미국 프린스턴신학대학원에서 "경제와 문화"에 관한 연구로 박사학위를 받았다. 주 관심 분야는 공공신학과 초고령사회 및 '제2의 인생'이며, 한남대학교 연구교수로 재직하고 있다.

이장형 : 숭실대학교에서 "라인홀드 니버"에 관한 연구로 박사학위를 받았다. 한국 기독교윤리학의 역사, 정치 윤리, 다문화 사회 관련 주제에 관심을 두고 연구하고 있다. 현재 "이장형 교수의 니버연구소" 소장으로 백석대학교 기독교윤리학 교수로 재직하고 있다.

이재명: 미국 프린스턴신학대학원에서 "경제 문화"에 관한 연구로 박사학위를 받았다. 실천적 기독교 경제윤리 및 하나님의 형상으로서의 자기 계발 등에 관심을 갖고 연구하고 있으며, 웨스트민스터신학대학원대학교 조직신학과 겸임교수를 역임했고, 가좌제일교회 담임목사로 재직하고 있다.

이종원 : 숭실대학교에서 "기독교 생명윤리"에 관한 연구로 박사학위를 받았다. 생명 윤리, 경제 윤리, 평화 윤리 등에 관한 주제에 관심을 두고 연구와 저술 활동을 하고 있다. 현재 계명대학교 타불라라사대학에 재직하면서 교목실장과 대학교회 담임목사로 섬기고 있다.

이지성 : 숭실대학교에서 "하우어워스 내러티브 윤리"를 연구해서 박사학위를 받았다. 기독교 문화, 환경, 소수자 문제에 대해 관심을 갖고 연구하고 있다. 한국루터란아워 디렉터를 역임했으며, 현재 루터대학교 교양대학 교수로 재직하고 있다.

조용훈 : 장로회신학대학에서 신학을 공부했고, 독일 Bonn대학 신학부에서 기독교 윤리로 박사학위를 받았다. 한남대학교 기독교학과 재임 중 교목실장과 학제신학대학원장을 역임했고, 현재는 인돈학술원장과 대학교회 담임목사로 있다.